国家高端智库
NATIONAL HIGH-END THINK TANK

上海社会科学院重要学术成果丛书·专著

全球城市迭代发展的理论探索与中国实践

Global Cities: The Iteration Development and Chinese City Practice

苏宁／著

上海人民出版社

本书出版受到上海社会科学院重要学术成果出版资助项目的资助

本书是上海社会科学院创新工程团队"新发展格局战略研究"阶段研究成果

编审委员会

总　序

当今世界，百年变局和世纪疫情交织叠加，新一轮科技革命和产业变革正以前所未有的速度、强度和深度重塑全球格局，更新人类的思想观念和知识系统。当下，我们正经历着中国历史上最为广泛而深刻的社会变革，也正在进行着人类历史上最为宏大而独特的实践创新。历史表明，社会大变革时代一定是哲学社会科学大发展的时代。

上海社会科学院作为首批国家高端智库建设试点单位，始终坚持以习近平新时代中国特色社会主义思想为指导，围绕服务国家和上海发展、服务构建中国特色哲学社会科学，顺应大势，守正创新，大力推进学科发展与智库建设深度融合。在庆祝中国共产党百年华诞之际，上海社科院实施重要学术成果出版资助计划，推出"上海社会科学院重要学术成果丛书"，旨在促进成果转化，提升研究质量，扩大学术影响，更好回馈社会、服务社会。

"上海社会科学院重要学术成果丛书"包括学术专著、译著、研究报告、论文集等多个系列，涉及哲学社会科学的经典学科、新兴学科和"冷门绝学"。著作中既有基础理论的深化探索，也有应用实践的系统探究；既有全球发展的战略研判，也有中国改革开放的经验总结，还有地方创新的深度解析。作者中有成果颇丰的学术带头人，也不乏崭露头角的后起之秀。寄望丛书能从一个侧面反映上海社科院的学术追求，体现中国特色、时代特征、上海特点，坚持人民性、科学性、实践性，致力于出思想、出成果、出人才。2021年首批十二本著作的推出既是新的起点，也是新的探索。

学术无止境，创新不停息。上海社科院要成为哲学社会科学创新的重要基地、具有国内外重要影响力的高端智库，必须深入学习、深刻领会习近平总书记关于哲学社会科学的重要论述，树立正确的政治方向、价值取向和学术导向，聚焦重大问题，不断加强前瞻性、战略性、储备性研究，为全面建设社会主义现代化国家，为把上海建设成为具有世界影响力的社会主义现代化国际大都市，提供更高质量、更大力度的智力支持。建好"理论库"、当好"智囊团"任重道远，惟有持续努力，不懈奋斗。

上海社科院院长、国家高端智库首席专家

目　录

绪　论

　　2021 年,适逢美国学者萨森(Saskia Sassen)提出全球城市(Global City)概念 30 周年。这一概念,已从当初融合世界经济学与城市学的城市发展现象观察总结,逐渐成为国际化城市发展的新理论范式。而全球城市在经历了30 年的快速发展后,一方面,其自身的发展模式、群体构成、动力机制都呈现出巨大的变化与多样性特征;另一方面,各界对这一概念的理论解释和研究也不断深入和系统化。全球城市的理论解释与研究深化过程,反映出国际化城市研究领域鲜明的理论探索与实践发展之间的紧密互动,也折射出国际城市发展的动态发展特性。探索全球城市的发展逻辑,需要综合考察全球化环境的变化以及城市发展理念的演进,研究 30 年来演进发展的阶段性特征,以得到更为全面与深入的规律性认识。

第一节　全球城市发展与迭代的认知

　　全球城市的发展,受到全球化发展阶段、技术条件、城市间互动模式,以及创新动力等诸多因素变化的影响。20 世纪 90 年代以来全球化在广度和深度上的快速拓展,以及跨国公司主导下全球价值链在空间上的延伸布局,使全球城市的地位不断提升,群体数量也不断增长,并向新兴经济区域逐渐延展。交通、通信、信息等技术条件的代际变化,在提高全球城市间联系效率的同时,也使全球城市面临前所未有的人流、物流、信息流的流动压力,进而影响了城市的发展形态与沟通方式。在经历了 20 世纪后半期多种形式的城市更新后,创新要素从"硅谷"类型的郊区化空间向中心城市的快速集聚,则逐渐使全球城市的功能结构与动力体系发生了新的变化。全球城市从承载国际高端要素流动的"枢纽型"空间,逐渐向具备高端要素创造能力的"源头型"空间扩展,城市的功能体系进一步丰富。这种在 30 年中快速变化的动态性特点,对其内涵理解的关键在于,研究的基本视角,是将"全球城市"这一概念仅仅单纯理解为经济全球化、全球价值链的空间性"控制"节点(Command and Control center),还是视为有体系化功能作用的城市个体。若以后者,即具有综合功能的"全球城市"整体视角为研究思路,则能够较为全面地理解全球城市快速动态发展的更新路径。

由于全球城市自身功能与发展动力的不断变化,在这种动态演进的过程中,对于全球城市的发展观察与分析,以迭代发展的视角尝试进行思考与研究,就具有理论和实践的双重意义。在全球城市概念之前,国际学界进行过概念辨析及理论研究的"世界城市",可被视为全球城市发展的初始形态。但应当看到的是,"世界城市"概念的发展和识别,是建立在经济全球化影响范围有限的冷战后期,其发展形态具有较为鲜明的时代属性。全球城市的发展,则更多建基于冷战后经济全球化在全球范围扩展的背景与需求之下,其特点与观察着眼点与世界城市均有较大差异,似可视为代际变化。2008年全球金融危机之后,全球城市的调整和发展又出现诸多新的特点,城市功能的建构基础逐渐发生新的变化,城市群体的结构也发生较为巨大的变化。一方面,以代际变化的视角,总结全球城市的阶段性发展特点,有助于在全球城市理论研究中加入"时序"因素,减少由单纯线性研究带来的将变化因素简单堆叠的影响,能够更清晰地理解全球城市作为具有功能体系的城市空间的自我更新路径,以及此类城市主体与外部经济环境巨大变化之间的互动逻辑。另一方面,对全球城市迭代变化趋势的考察,也有助于了解和把握各主要城市正在发生的多领域变化的内在机理和经济社会需求,进而为城市的规划建设以及战略设定提供借鉴和启发。因此,以迭代视角对全球城市进行研究,具有理论和实践的双重意义。

作为全球城市中的新兴群体,中国国际化城市在近 30 年中的快速发展,已经成为全球城市迭代发展的"现象级"范例。中国城市在全球城市排名中的地位不断上升,个体数量不断增加,反映出全球城市的迭代发展,对于其自身群体规模,以及影响空间范围的正向作用。中国城市在发展为全球城市的过程中,并未简单照搬发达国家城市的"纽—伦"(NY-LON)模式,而是在承载中国对外开放职能的同时,走出了具有自身特色的独特国际化道路。上海等中国全球城市从开放门户到要素配置、科技创新、高端制造、文化交流中心的转变历程,是全球城市迭代过程在新兴经济体的重要实践,也为全球城市的认识提供了新的、多样化的样本。中国学者对于全球城市的理论思考,也逐渐超越西方范式,更多将视野置于动态演进、多样化的全球城市发展趋势之上。中国等新兴经济体全球城市的快速崛起,也影响了国际城市学界的研究视角,进而形成全球城市研究内容与视野的调整。学界与研究机构在全球城市的研究基础上,进一步提出了"新兴市场城市"(Emerging Market City)、"全球实力城市"(Global Power City)等新概念,如对于发展中区域和新兴经济体的全球城市,杨伟聪(Yeung),奥尔茨(Olds,2001)、泰勒(Taylor,2005)等学者就提出了"全球化中的城市"(Globalizing Cities)等概念。这些概念均成为全球城市研究领域扩展的重要尝试。

2021 年,全球城市的发展正在走进新的历史时点。2020 年的新冠肺炎疫情,使经济全球化的深化发展再一次面临新的挑战,国际间人员流动的断崖式下降、各国封城、封国带来的经济下行、部分国家的"内向化"政策、线上商务活动的快速普及等,使全球城市的未来发展面临新的不确定因素。在国际政治、经济、安全格局变化的 21 世纪第三个十年,全球城市何去何从,是否在迭代过程中表现出新的发展范式,成为理论和现实交织的新问题。但若我们将历史视野再向前延伸一些,我们会发现,大城市的迭代发展,似乎是一种必然。60 年前,1961 年,简·雅各布斯(Jane Jacobs)出版《美国大城市的死与生》,将大城市中心衰败与多样性消失问题揭示于世人面前。但大城市最终并未死去,而是凭借更新迭代得以复兴。30 年后,1991 年,同为女性思想者的萨斯基亚·萨森(Saskia Sassen),在《全球城市》中,阐释了顶级国际化大城市作为全球经济核心枢纽的强大功能,但作为社会学者,她更多关注了此类城市空间中的社会极化、不平等问题。今天,2021 年,当我们面对新的外部不确定环境时,大量的全球城市,已成为汇聚全球多样性元素、实现创新、兼顾社会平等、解决可持续性问题的重要空间。全球城市的迭代演进,是国际化大城市适应经济全球化发展要求,自我更新的缩影,也是城市面对危机和挑战,不断强化自身功能,成为全球经济、社会、创新、文化互动空间的变革进程。对这样的进程和未来趋势,进行综合性的分析和研究,不仅具有实践内涵,也具有时代意义。

第二节　全球城市的研究综述

　　学界对于全球城市的研究,经历了阶段性的演变。对这一问题的研究,主要基于全球化与城市的关系展开,并因全球化的发展变化而逐渐深化。作为全球经济、资本的汇聚地,要素的流动枢纽和控制中心,世界城市(World City)的发展在 20 世纪 80 年代起得到了越来越广泛的关注,并逐渐成为城市学界研究的热点领域。对这一主体的研究,成为全球城市研究的重要基础。国内外学界的学者们,从不同角度,对世界城市的概念、特征,以及发展趋势进行了阐述。同时,伴随经济全球化和全球城市化的快速发展,世界城市的内涵也不断产生新的延伸,全球城市(Global City)、全球城市区域

(Global City-Region)等理论已成为对世界城市新的理解视角。对国内外全球城市理论的研究成果进行系统的梳理和分析,有助于我们更为深刻地认识这一问题研究的沿革和发展方向,并对全球城市迭代发展的相关研究提供参考和借鉴。

一、世界城市的理论演进

对世界城市的研究,可被视为全球城市研究的先声,并在后期出现了二者之间在研究上交叠互动的情况。作为学术用语,世界城市(World City)的概念最早由帕特里克·盖迪斯(Patrick Geddes)于 1915 年提出,他在《进化的城市》(*Cities in Evolution*)一书中,明确提出这一名词,并从经济和商业等两方面将"世界城市"描述为在世界商务活动中具有最重要地位的城市。[①]当然,盖迪斯描述的"世界城市",其内涵与后期学界所认知的世界城市仍有较大差异,其主要从城市的影响力角度进行分析。20 世纪 60 年代以后,在对世界经济的认识逐渐深化的基础上,学界对世界城市的研究开始进入较为深入的阶段。1966 年,英国著名地理与规划学者彼得·霍尔(Peter Hall)在其《世界城市》(*The World Cities*)一书中将世界城市解释为对世界及主要国家产生全球规模经济、政治、文化控制力的大都市。他从政治、贸易、通信、金融、文化、科技及教育水平等方面,对 7 个世界城市进行了具体分析,从而形成了对于现代世界城市的奠基性研究。[②]但限于所处时代的制约,霍尔对世界城市概念的研究,仍更多从城市自身发展角度进行研究,对于全球化力量的城市影响仍着墨不多,这与 20 世纪 80 年代以来的世界/全球城市概念仍有较多不同之处。

20 世纪 80 年代,随着经济全球化影响力的扩大,美国学者约翰·弗里德曼与沃尔夫(J. Friedmann, G. Wolff, 1982)尝试将世界体系理论、国际

---

① Patrick Geddes, *Cities in Evolution*, Williams & Norgate, 1915.
② Peter Hall, *The World Cities*, World University Library, Weidenfeld & Nicolson, 1984.

劳动分工理论与城市化和经济全球化的概念加以联结,进而提出"世界城市"假设(the world city hypothesis)的理论探讨。①从理论范式的演进看,弗里德曼可被称为首位对"世界城市"这一概念进行体系化分析的学者,他总结了世界城市具备的 5 个主要特征:(1)世界城市是全球经济体系的主要枢纽和节点,这些城市使区域、国家以及跨国经济体系整合进全球经济的循环之中;(2)世界城市是国际资本的集聚空间;(3)世界城市是规模较大的经济社会高度整合的城市化空间;(4)根据对世界城市经济的控制能力,可对世界城市进行等级划分,世界城市对全球资本的控制能力决定城市的等级;(5)世界城市内集聚了与跨国资本高度相关的社会阶层,这一阶层的利益依赖于全球资本积累的体系化运行,这一阶层构成的文化具有国际包容性,但其意识形态偏向消费主义,这使得这一阶层与城市中其他关注地方利益的群体产生矛盾,并对此类城市群体进一步与跨国资本的互动产生影响。1995 年,弗雷德曼在世界城市的 5 个特征基础上,增加了"人口迁徙目的地"这一特征,并进一步提出了由 18 个核心城市和 12 个半外围城市构成的世界城市等级结构和布局体系。

随着信息技术的快速发展及对国际城市的重要影响不断显现,曼纽尔·卡斯特尔斯(Manuel Castells)根据对世界经济基本影响要素的结构性分析,提出了城市"发展的信息模式"(information mode of development),并以这一模式为基础,提出"信息城市"(information cities)的概念,进而从信息流动角度,为世界城市的认识提供了新的视角。卡斯特尔斯从流动空间角度考察城市网络的结构与特点,他认为,信息化条件下,信息经济和社会建构的核心是"流动空间"(space of flows),这与传统上地理视角的"地点空间"有较大区别。在此基础上,他提出"世界城市就是信息城市",拥有信息优势和新技术,特别是都具有对流动要素的控制和指挥能力,是世界城市

① John Friedmann and G. Wolff, "World city formation: an agenda for research and action", *International Journal of Urban and Regional Research*, 1982(3):309—344.

的重要特征。在世界城市的规模上,他认为世界城市群体并不局限于萨森提出的数量有限的顶级水平的全球城市。诸多世界城市依靠自身信息交换、处理及控制的能力,而成为全球信息网络中的节点,这些城市能够为资本、知识、思想等非物质性流动力量提供空间依托,因此具有对世界经济的重要影响力。同时,世界城市凭借自身的重要创新能力在全球经济活动中形成优势地位。在信息化时代,世界城市的控制力与核心功能与互动能力以网络形式得以建构,并突出表现为以现代化信息通信网络为基础的全球资本市场与金融交易互动。①

二、"全球城市"概念的提出与特征研究

"全球城市"(global city)是基于"世界城市"理论的研究和理解而出现的概念,这一概念的最初版本是由美国经济学家科恩(R. Cohen)于 1981 年提出。他基于对跨国公司的研究及国际劳动分工理论,将全球城市作为新国际劳动分工的协调和控制中心,他认为全球城市是公司组织及高级服务发展带来的,由跨国公司企业决策及公司战略布局而形成的国际性中心节点。②

1991 年,美国学者萨斯基亚·萨森(Saskia Sassen)正式提出了全球城市(global cities)的概念,并对全球城市的内涵进行了系统的分析和阐述。随后,这一概念得到了学界较广泛的认同,并由此引发了城市学界、世界经济学界对全球城市的研究热潮。萨森(1994、1995、2001)在研究中认为,早期的世界城市(world city)的定义与其定义的全球城市(global city)之间的差异在于,全球城市是经济全球化驱动下生产空间分散式集中和全球管理

---

① M. Castells, *The rise of network society*, Blackwell, 1996.
② R.J. Cohen, "The new international division of labor, multinational corporations and urban hierarchy", in M. Dear, A.J. Scott, eds, *Urbanization and urban planning in capitalist society*, Methuen, pp.287—318.

与控制功能重整的结合,代表了一种特定历史阶段的社会空间。她指出全球城市不仅是全球性协调的节点,更重要的是全球性生产的控制中心,因此研究应当更加重视全球城市中的先进生产者服务(advanced producer service)功能。萨森认为全球城市形成的重要基础是投资的全球化和金融证券化,此类城市是专业化服务的供给空间以及金融创新产品和市场的生产基地。全球城市通过提供高水平的专业化服务而担当全球经济的要素流动空间,其主要的依托在于这些城市能够集聚专业服务业机构,并创造高水平的商务服务,并形成有利于高端商务服务的空间。她通过对比纽约、伦敦与东京与世界其他主要城市对于跨国资本及跨国公司的集聚状况,进一步论证了关于信息时代全球城市控制功能趋于集中的理论假设。①卡斯特尔(1996)将萨森的概念定义进一步扩展,他认为萨森提出的全球城市是重要的二级网络,这一网络之上是一个规模更大的全球网络,这一网络由不同规模、不同能级的城市节点组成,进而使各国的区域性与地方性中心城市融入全球互动之中。

进入 21 世纪后,以英国拉夫堡大学彼得·泰勒(P.J. Taylor)教授和毕沃斯托克教授(J.V. Beaverstock)等学者为首的"全球化与世界城市研究小组与网络"(Globalization and World Cities Study Group and Network,以下简称 GaWC)团队在全球城市的网络关系方面的研究独树一帜,他们从"关系属性"出发超越了对全球城市的"静态属性"研究视角,同时强调将政治经济学纳入研究视角,从而进一步深化了全球城市的研究。GaWC 团队成员(2000、2001)利用网络分析技术提出"连锁网络模型"(Interlocking network model),根据其全球 175 家涵盖银行、金融、保险企业、会计师事务所、律师事务所、广告企业和管理咨询企业的全球性服务公司的办事处网络的布局,提出了不同层级的具有一定全球性或区域性服务功能的城

---

① Saskia Sassen, *The global city*: *New York*, *London*, *Tokyo*, Princeton university press, 1991.

市网络。泰勒等学者在世界城市与全球城市静态分析的基础上,进一步深化研究了此类城市之间的关系和网络特征,并将上述城市之间的网络归纳为"世界城市网络"(world city network)的概念。根据 GaWC 学者的研究,世界城市网络是由枢纽层、节点层、次节点层城市构成的、彼此链接的城市网络体系。全球城市与世界城市主要担当这一网络体系中的"全球服务中心"。

泰勒等学者还从世界城市区位转移的规律出发,研究世界城市的发展路径与历史轨迹,他指出:(1)不同类型的世界经济体系产生具有不同特征的世界城市;(2)世界城市在各历史阶段所起的作用是动态发展的;(3)全球化的不断发展,使世界城市在全球事务中的作用不断强化;(4)世界城市的发展活力依托于此类城市在全球经济与社会中的作用,以及此类城市链接全球与地方的能力。泰勒在《世界城市网络——全球城市分析》(*World City Network:A Global Urban Analysis*)一书中(Taylor,2003),对全球城市的发展和结构进行了分析,进一步深化了世界城市网络的研究。泰勒在 2005 年的研究中,对世界城市网络的特性变化作了新的观察,他认为世界城市网络的运行存在区域倾向特点,世界城市节点与区域内的其他世界城市间的联系强度要明显高于与区域外其他世界城市的联系强度。这一研究反映出世界城市与全球城市在经济全球化与区域化之间多样化的联动关系。德鲁德、威特洛克斯(Derudder、Witlox,2010)等学者进一步研究了全球城市在全球商品网络和全球服务网络之间的关系,他们认为全球城市处于全球商品网络与服务网络的结合点,是两类网络的聚合节点。全球城市的枢纽属性,使二者之间形成有机互动,并形成国家经济活动的空间运行形态。汉森斯(Hanssen,2012)、雅各布斯(Jacobs,2011,2014)、帕瑞特(Parnreiter,2010,2015)等学者的研究认为,全球城市是全球化的组织空间与权力控制节点。学者们还从多角度对全球城市网络进行了测度。汤斯·玛蒂纳斯(Tonts Martinus,2015)从全球 100 家能源公司的机构间联络角度进行了城市网络控制水平分析。迪茨·布鲁尔(Diez Breul,2017)从石油天然气企业的分布进行了研究,并对东南亚等区域的城市连接情况进行了研究。克拉克(Kratke,2014)则从生物医药企业以及技术装备企业的机构分布网络出发,进行了城市网络的测度。

总体上看,经历了近30年的积累,国外学者对全球城市的研究路径主要包括以下几个方面:(1)以跨国公司及相关机构的集聚程度为主要标准判定全球城市与世界城市的属性;(2)以国际金融中心等中心功能的发展探讨全球城市的作用与层次;(3)以国际分工与信息化为依据,研究世界城市与全球城市的形成机制;(4)以生产者服务业的集聚和发展状况为标准,探讨全球城市的功能与作用;(5)以全球性服务公司或服务部门的分布状况,研究世界城市网络的等级与体系。

三、我国学界对全球城市的研究

中国经济崛起以及中国城市日益成为全球城市网络中重要角色的趋势,为国内对世界城市的研究提供了强大的动力与生动的样本。目前,中国全球城市的研究力量更多集中在北京、上海、广东、香港等地。20世纪90年代以来,中国学者在国际学界研究的基础上,对世界/全球城市这一领域的诸多方向进行了广泛的研究,取得了相当多的成果,具体表现在以下几个方面:

1. 全球城市的概念与特征。在这一方面,诸多学者根据国外的研究基础,对全球城市与世界城市的概念与内涵进行了分析与研究。汤正刚(1993),宁越敏(1994),陈先枢(1996),徐巨洲(1993、1995),邓卫(1994),李立勋(1994),褚劲风(1996),汤大杰(1996),朱颖、张家睿(2015)等都对全球城市与世界城市的概念和特征等作出不同的解释。在研究中,对于这一概念的提法和解释十分多样,其名称有"国际化都市""国际化大都市""国际性城市""世界城市""现代化世界城市""国际性中心城市"等诸多提法。而从目前的趋势来看,"世界城市"与"全球城市"逐渐成为国内学界较为一致的概念称谓。而在内涵特征上,国内学者的观察则有所不同,在研究初期,有些学者将之判定为国际经济、政治与文化交流的中心,有些则认为此类城市为由核心国际性大都市与经济区域共同构成的复合城市群。而随着探讨的进一步深入,目前我国学界的判定标准与国际研究的主流逐渐一致。跨国先进服务业机构水平、跨国公司总部等因素已成为我国学界的研究全球城市较为公认的判定标准。

随着研究的深入,我国学者对全球城市的主要特点的研究日益细化,在理论层面形成诸多具有针对性、现实性的成果。周振华(2020)对全球城市发展的理论逻辑、动态逻辑、时间逻辑进行研究,并对上海等城市建设全球城市的路径进行了探索。屠启宇(2018)对全球城市理论与实践的互动迭代趋势,以及全球城市发展新范式的内涵进行了分析。陈建华(2018)对全球城市的空间二元分化机理进行了研究。刘铭秋(2020)对全球城市的空间扩张与地方性知识生产问题的关系进行了分析。苏宁、屠启宇(2018)对全球城市迭代背景下城市吸引力、竞争力、创造力的关系与互动特点进行了研究。何雪松、袁园(2017)则对全球城市的流动性特征与社会治理的挑战进行了研究。张婷麟、孙斌栋(2014)对全球城市的制造业发展情况及企业布局进行了研究,并对纽约、伦敦、东京与上海的制造业空间布局特征进行了比较研究。

2. 全球城市与区域的互动。中国全球城市的建设以及全球城市与区域的互动研究是学术界研究的另一热点。当中较为典型的如周一星(2000)对中国世界城市发展的探讨;叶舜赞(1994)基于世界城市集聚于扩散空间机制,对香港与珠江三角洲之间经济互动控制的研究;吴缚龙(2000)、吴维萍(2004)对上海的研究,魏也华等(2002、2002、2003、2006)对长江三角洲及京津的研究等。此外,还有诸多上海、北京等城市建设国际化及全球城市发展的经验性分析及政策研究(蔡来兴,1995;蔡建明、薛凤旋,2002;沈金箴、周一星，2000；周振华等 2004）。同时，对"全球城市—区域"的研究也得到了我国学界的高度重视，余丹林、魏也华（2003）、黄建富（2003）、周振华（2006、2007）、石崧（2007）、顾朝林（2009）等学者均对这一现象进行了深入的分析。

3. 我国全球城市发展机制以及全球城市网络模式。宁越敏（1991）是国内较早将国际劳动空间分工视角引入世界城市研究的学者；杨开忠（1996）则提出了"等级—空间分工"的理念；阎小培（1995，1999）研究了信息产业对全球城市体系形成的控制；姚为群（2003）的著作对全球城市的经济成因进行了探讨；陈存友等（2003）对世界城市网络的作用力问题进行了分析。屠启宇、金芳（2007）则对主要世界城市的等级分类和数据进行了综合梳理与研究。周振华（2008、2012）进一步提出了"崛起中全球城市"的概念，并探讨了发展中国家城市崛起中的模式与路径问题。周振华（2017）对全球城市的演化框架、动力与模式，以及演化形态的趋势进行了研究，并以此为基础，提出了上海作为全球城市的核心功能、空间扩展方向，以及演化中可能遇到的约束性问题。

四、对全球城市的完整认识

目前，尽管在内涵的认识上各有侧重，学界在全球城市的标准特征问题上基本形成了共识，归纳起来主要为：全球城市是全球经济文化政治社会控制节点；全球城市共同构成全球交流网络联系；世界城市网络内部存在等级体系。但从方法论上看，由于对全球城市的研究的基本方法和视角建立于发达国家全球城市的研究基础上，对发展中国家的城市，尤其是东亚全球城市等与前者有较大差异主体的发展规律和主要特征仍在探索中，研究者们开始以新的方法和视角思考非西方全球城市的发展模式，进而期冀形成对其全球城市更为完整的认知。

在全球城市研究的初始探索阶段，在世界城市的等级和类型的划分原则上基本借鉴了世界体系和依附论等理论的思想根源,即将世界城市群体根据"中心—边缘"关系划分为位于世界经济社会核心地带的世界城市和位于全球经济社会半边缘地带的世界城市,后者在等级上逊于前者、在功能上依附于前者。

综合学界的观点,作为全球城市的初始版本,在世界城市建设模式上,主要可以归纳为两种模式。理查德·希尔和金俊宇(Richard Child Hill & June Woo Kim, 2000)等学者的观点较有代表性,他们将这两种模式归纳为:市场模式和规划模式。市场模式主要强调市场力量引导下自然发展的世界城市成长模式,而规划模式则强调东亚等新兴区域世界城市在建设中的各类型政府的规划与引导作用。

希尔和金俊宇认为,无论是西方还是规划模式,在世界城市的建设条件方面存在一定的共识,其中最重要的共识在于强调世界城市所在国腹地发展背景上的后工业化发展状态,世界城市难以超越其腹地的发展阶段而单体独进地获得远高于所在区域整体发展水平的中心作用。另一项共识则是对世界城市发展中的完整功能和综合实力的认同。尽管在世界城市的崛起中,多数城市是凭借某项或某几个领域的突出表现获得城市的总体评价和全球知名度,但这并不意味着城市可以通过某几个领域的"偏科"式发展达成全球城市的发展。美国学者戴维·西蒙(David Simon, 1995)指出:"单纯靠发展某一个单项的全球功能,并不是成为世界城市的充分条件。"全球城市发展的实践支持着这样的共识,即只有通过城市各方面的完整功能的设计和综合实力的培育,方能为全球城市提供地位可靠的支撑。戴维·史密斯(David Smith, 1997)、申敬昊、廷伯莱克(Shin, Timberlake, 2000)等学者则聚焦亚太区域全球城市的发展,并提出该区域中心—外围关系及区外的城市间沟通模式。

在后发地区建设世界城市的问题上,西蒙提出了新的探索思路。1995年,他在弗里德曼早期世界城市假说基础上,归纳考虑了后发的和处于边缘地区的低等级世界城市的建设经验,提出了关于世界城市发展规律认识的新方向。

西蒙认为,建设世界城市必须有 3 个前提条件:前提一,城市所在国已实现工业化,这是由于世界城市只产生于世界体系中的核心和半边缘国家;前提二,尽管弗里德曼提出世界城市应该是重要的制造业中心,而事实上世界城市的发展未必需要经历工业、制造业发展阶段,也可以发展出第三产业;前提三,关于世界城市的人口规模,尽管有研究认为为城市的空间和人口规模(空间和人口)并非世界城市发展的充分条件,但人口规模的增长仍是世界城市发展的特点。对于世界城市的发展前景,西蒙认为,全球化和世界城市网络还在扩张,世界城市的数量还在增长,这就意味着仍将有后发城市进入世界城市行列。新兴世界城市的发展需要注重综合功能与实力的提升。

学者们对新兴区域全球城市的发展态势也进行了研究。泰勒、德鲁德(Taylor, Derudder, 2010)在 2000—2008 年世界城市层级(hierarchy)体系排名变化分析的基础上,指出全球金融危机后世界城市的网络层级体系发生较大幅度的改变,新兴国家城市的等级与地位实现了普遍性的较大提升。贝鲁布、罗德(Berube, Rode, 2010)等学者认为,全球金融危机和经济衰退进一步加速了全球经济发展的重心向新兴经济体大都市转移的趋势。

在全球城市建设的认识上,后发城市与先发城市在对全球城市概念的认识程度上存在重要差距。后发城市往往只注意到全球城市的积极意义而容易忽略全球城市在发展过程中所引致的经济、社会和空间的极化与隔离问题。而这一问题恰恰是相当一批国际重要学者(如萨森、霍尔等)所关注的。其中,全球城市的社会分化以及阶层之间的极化问题,是目前国际学界关注的重点之一。学者们的研究表明,高等级的全球城市往往是贫富悬殊最大的区域,全球化使富裕与权力集聚于这些节点,也带来了下层低技术、低收入移民的数量不断增加;同时,就业结构、福利体制的变化,以及全球城市独特的全球财富分配系统也加剧了这一问题。克里斯托弗·帕瑞特(Christof Parnreiter,2019)明确指出,全球城市是世界经济不均衡发展与组织过程中的关键节点(critical places)。而这一状况的发展事实上将在远期对全球城市的健康发展带来极大的不安定因素。

全球城市发展过程中,全球化因素与地方因素之间的互动是学者们关注的重要领域。戴维·考夫曼、托拜厄斯·阿诺德(David Kaufmann,Tobias Arnold,2018)等学者提出,全球化的城市间竞争影响了各类城市,城市需要形成有效的地方政策,以应对在全球市场中的竞争,并形成城市的自身定位。城市政府需要在经济政策、国家税收政策以及行政治理方面形成有效的地方政策应对体系,以适应全球化与知识密集型城市间竞争的考验。

除了上述问题之外,学者们还注意到,亚洲等新兴区域城市政府在构建全球城市方面的积极性以及实际推进的效果,与西方学者在研究全球城市的部分结论,呈现出较大的差异。在新兴区域全球城市的建构过程中,城市快速发展带来的宗教、种族和其他社会群体的分化,成为一些城市在国际化过程中面临的重大挑战。新兴全球城市是国际要素与信息高速汇聚的枢纽,同时也是社会矛盾和政治争端较为激烈的空间。在亚太地区的新兴国际大都市中,全球城市快速发展带来的社会成本与负面效应往往集中而彼此交叠地表现出来。城市贫富悬殊问题、极端绅士化问题、贫民窟问题、乡村土地征用转型问题、小型商业主体活力问题、交通拥堵问题、环境问题、教育不公平问题等,林林总总的挑战,使全球城市面临发展与稳定的平衡难题。如何在要素高速流动,外来因素与本地因素剧烈冲撞的条件下,形成城市的良性发展,成为新兴全球城市着力探索的重要命题。新兴全球城市人口高度密集、体量巨大,且往往承担国家重要功能的特质,也使得此类城市的发展模式必然与西方全球城市的发展大相径庭。全球城市的"东亚模式"

"南方模式"的规律认识和内涵总结,在 21 世纪 10 和 20 年代,也逐渐成为国际城市学界关注的热点问题。

五、全球城市—区域理论的启示

全球城市的形成与周边区域的发展密切相关,随着研究的深入,学者们开始将关注点从全球城市这一点状空间向外放大,逐渐扩展为对全球城市—区域(Global City-Region)的研究。这一概念的提出源于学界对以全球城市为节点的全球生产体系的整体思考。美国学者阿伦·斯科特(Allen Scott,2001)认为,全球城市区域既不同于普通意义上的城市范畴,也不同于仅有地域联系的城市连绵区,而是在全球化高度发展的前提下,以经济联系为基础,由全球城市及其腹地内经济实力较为雄厚的二级大中城市扩展联合而形成的一种独特空间现象。

霍尔则将这一新城市空间形态形容为"一种新的城市组织尺度",认为这一空间形态表现为通过整合城市化区域内部结构而形成的多中心空间结构。其特点主要体现在三个方面:首先,经济全球化对全球城市区域的出现起着重要的控制作用,区域内多城市个体的扩展与联合是经济全球化的直接后果;其二,全球城市—区域的扩展在空间联系上超越了城市本体,区域内以世界城市为核心的城市节点相互之间的经济、文化、政治联系较与其他地区的联系更为紧密,与过去的世界/全球城市概念比较,其不仅强调外部的多要素交流,也关注内部的各种联系;其三,全球城市区域不仅是经济全球化的结果,同时也是全球经济的驱动力之一。在这种有着高度经济联系的全球城市区域中,集聚了大量人力资源、资本动力、基础设施以及相关服务行业,进行着具备全球化标准的生产。如同斯科特形容的那样:"全球城市—区域已成为世界经济的区域引擎。"霍尔(2009)在全球城市区域现象分析的基础上,将全球城市区域内部出现的超越城市边界、具有专业化分工的功能区块网络进一步概括为"功能性城市区域"(Functional Urban

Regions，FURs)网络。霍尔等学者认为，全球城市区域是一种多中心的城市形态，各城市通过新型分工体系组成功能性城市区域群组，形成"可持续的集中式的分散"布局，推动超越全球城市网络范围的高端生产性服务业的知识流在城市区域尺度的扩展。

由于全球城市区域的概念将全球化与全球城市、全球城市网络以及城市群等理论要素置于一个更具完整性的研究语境下进行探讨，因此，除斯科特以外，霍尔、弗里德曼、索雅(Soja)、萨森、斯托普(Storpe)等大批国际城市知名学者纷纷加入研究行列，从不同角度对这一全球经济地理现象进行了分析。我国学者对全球城市区域的研究也不断深入，吴良镛(2003)，于涛方、吴志强(2006)，顾朝林(2009、2011)，张京祥(2013)，屠启宇(2018)，李郇(2018)等学者对全球城市区域的概念与发展特点进行了研究。李健(2012)从跨国公司生产网络角度对长江三角洲地区的全球城市—区域发展特点进行了分析，提出长三角区域中心城市间的生产网络功能与角色。黄哲、钟卓乾、袁奇峰、班鹏飞(2021)等学者以东莞为样本，研究粤港澳大湾区作为新型全球城市区域，其形成过程中的城市间价值链建构问题，以及在跨界治理、市域统筹发展，以及产业结构调整方面的主要挑战。

全球城市区域是对全球城市概念在理论及实践上的延伸，并越来越明显地成为国际政治与经济舞台上的一个独特空间。事实上，城市区域已经成为现代经济与生活的主要空间舞台，而全球化是使得这一现象得以出现的主要推动力。在全球化的大前提下，城市内的各行各业以前所未有的联系程度发展，无论是制造业或服务业，高技术产业或低技术产业，联系程度的强弱有时甚至可能决定一个产业的市场竞争力。因此，仅从城市自身角度已经无法充分解释全球化时代下的产业竞争与发展现象，而城市区域不仅是城市在空间上的扩展，也是城市功能升级、产业扩散、经济空间联系日趋紧密的过程中形成的地域现象，从而为全球化时代的区域经济发展提供合适的空间解释。

第三节　关于全球城市理论的争论

纵观目前全球城市的研究现状,学界尽管在一些问题上形成了共识,但仍存在诸多争议的方面:

一、全球城市的内涵争论

如何界定全球城市的概念,是学界争论的重要话题。对于这一概念的判定,本身就经历了较长的发展过程。但对于全球城市的标准、规模、等级、核心要素,学者们一直众说纷纭。事实上,这种争论主要源于学者们各自的关注重点有所差异,同时对于全球城市界定的指标化意味较强。同时,应当看到,全球城市的内涵和形态仍在不断发展当中,这也决定了在未来,这一问题的争论仍将继续。

二、全球城市的西方中心倾向

由于高等级全球城市大量来自发达国家,因此,对于全球城市的研究,更多依靠发达国家城市既有经验,进而带来研究中的西方模式倾向。在这一倾向影响下,国际城市学界对于发展中区域和中等发达国家一些在全球化过程中起到重要节点作用的区域性全球城市关注相对较少,对于东亚以及其他发展中城市等级结构和网络层次的研究相对不足,对于全球城市体系中的等级较低的城市研究往往较为分散。全球城市研究常常忽略一个城市成为全球城市的路径问题,这一倾向使人们忽视了对一些正在成为全球城市的区域中心的关注。同时,西方学者对东西方全球城市的发展模式差异也缺乏全面的研究,这种情况限制了对发展中的全球城市的深度认识。随着新兴区域全球城市的快速发展,以西蒙为代表的一些欧美及亚洲学者已经注意到不同区域全球城市的发展差异,并反复提出对这一问题的反思研究,得到了积极的响应,但国际学界的总体研究视角仍需进一步多样化。

三、发展模式之争

对于全球城市的发展模式,学术界存在着诸多看法。从总体上看可分为两个流派,当中以弗里德曼为代表的一派学者强调不连续城市发展模式,即将世界城市与新的国际分工直接联系,认为这一主体的发展显示出世界经济全新发展的突变性特征。而以泰勒、金、斯科特为代表的学者则主张以动态的视角看待全球城市的成因和发展过程,强调全球城市的区域联系及实践演变意义。

四、全球城市的发展稳定性问题

作为流量枢纽,全球城市集聚了大量的财富、人才、信息,但也导致了难以避免的城市内部社会分化,形成了高难度城市社会问题的解决需求及可持续发展压力。此外,全球城市的共性与个性、城市与国家政府的关系等问题,也成为在研究不断深化之后,学者们所关注的新焦点。有些学者认为,这些问题是全球城市形成过程中所不可避免的代价,而一些研究则进一步表明,对这些问题的忽视将导致全球城市未来发展的不确定性。

五、全球城市的发展依托问题

全球城市是不是脱离地方发展的独特"高地",是学界长期以来关注的重点问题,进而带来了"global"(全球化)和"glocal"(全球地方化)的发展动力争论。以伦敦的发展研究为代表,曾经有观点认为突出国际化,甚至强化全球性联系,可以使城市超越所在区域和国家的发展状态,从全球化中汲取活力,并取得更好的发展表现。所谓"英国即便沉沦,伦敦荣耀依旧"(UK sinking,London floating)的俚语就是这一思维的反映。但是,学界对于全球城市—区域的研究,实质上重新提出了全球城市的发展依托在于当地,甚至只有将投入国际竞争的空间主体从单个城市放大到城市—区域,方才能够呼应新的全球趋势,获得国际地位。

第四节　全球城市理论探索的启示与意义

从总体上看,国内外学界对全球城市的诸多主要方面已经进行了十分系统的研究,取得了丰富的成果。在全球城市的判断标准、主要内涵、形成机制、具体特点等方面,为进一步的研究奠定了坚实的基础。这些研究对于我国全球城市的研究和建设实践而言,无疑提供了较为体系化的理论背景。

但是,从学术回顾与梳理中我们也不难发现,全球城市的研究仍存在一些有待深入研究之处。其值得关注的一个方面,就是对东亚和新兴发展区域全球城市发展特性的认识仍有待深化。即便是国内学界对我国一些国际城市的研究当中,仍主要以欧美学者的主要衡量标准与研究范式作为标杆,来设定中国城市的未来发展方向。而事实上,以东京、香港、新加坡等城市为代表的东亚全球城市已经显示出与欧美同类城市较大的差异。因此,对于非西方全球城市的特性与建设路径探讨,应在一定程度上超越西方学者的固有看法,形成根据本区域城市特性的创新。同时,在学界对全球城市的初始研究当中,一个较大的研究缺失,就是关于全球城市建设路径的问题。当时绝大部分的研究,都将视角置于静态的全球城市个体或群体网络之上,直接研究概念的判定、等级划分或作用力的释放等既有因素上。而对于后发城市构建全球城市的发展路径则缺乏研究,即缺乏对全球城市变化的动态分析。

随着全球城市的发展,学界对于全球城市的研究和理解,也进入动态演进的状态。对该概念的认识变化,与经济全球化的发展与阶段性调整高度相关。例如,全球金融经济危机的发生,使得全球化遭遇全面考验,也使全球城市的发展范式面临新的审视(Nye,2010)。阿瑟·奥尔德森、贾森·贝克菲尔德、杰西卡·斯普拉格-琼斯(Arthur S. Alderson,Jason Beckfield,Jessica Sprague-Jones,2010),戴维·埃弗雷特、格雷姆·戈特茨、赛泽维·法卡蒂(David Everatt,Graeme Gotz,Sizwe Phakathi,2009),舍伍德(B. Sherwood,2009)等学者认为,全球经济的剧烈变化对于不同城市在世界经济中的地位和作用有着各不相同的影响。全球城市在经济发展速度、商业环境、就业、人才等方面均受到一定冲击,但影响深度各不相同,应对手段也各具特色,从而使全球城市个体发展的多样性趋势进一步增强。屠启宇(2013)认为,后发城市的实践将有助于修补和丰富已遭遇挑战的全球城市理论框架。周振华(2021)进一步提出了从全球化战略空间角度重新思考全球城市空间布局及功能提升的思路。

对城市与全球城市的发展过程,学界和研究者们对其发展的依托和表现也进行了研究。其中一个重要的观察视角就是城市竞争力。如倪鹏飞(2003)提出城市核心竞争力可表现为:一个城市或区域在竞争和发展过程中与其他城市或地区相比较所独具的吸引、争夺、拥有、控制和转化资源,争夺、占领和控制市场,以及创造价值,为其居民提供福利的能力。袁国敏(2005)认为,城市竞争力主要是指城市在集聚、利用各种生产要素和创造财富以及促进城市所在区域发展方面的能力。它是竞争力各方面或各要素的综合,强调的是与其他城市间综合的横向比较。世界经济论坛(2014)将城市竞争力定义为,由政策、制度、战略与流程等要素构成的体系,该体系决定了城市可持续生产力的水平。在城市创造力方面,英国学者查尔斯·兰德瑞(Charles Landry,1995,1996,2000)提出了创新城市(Creative City)较为完整的概念,认为城市要达到复兴,只有通过城市整体的创新,而其中的关键在于城市的创新基础、创新环境、文化因素。2000 年,《连线》杂志提出了全球科技创新中心城市(Global hubs of technological innovation)的概念。2006 年,世界经济论坛(World Economic Forum)与麦肯锡公司发布了"世界城市创新热图"(Innovation Heat Map)。按照活跃度(diversity)和势能(momentum)两个维度建立了世界领先城市创新能力的分析框架。这些研究都对进一步理解全球城市发展的动力机制提供了新的视角。

国内外学界对全球城市的概念内涵,以及决定全球城市地位,推动全球城市发展的作用力进行的具有针对性及持续性的研究,逐渐明确了全球城市的发展演进阶段问题,并从全球城市的竞争力、创造力等角度进行了更为全面的研究。这些研究对于我们探讨全球城市迭代问题就有重要的基础性作用和有益的启发。

第一章
全球城市迭代发展的动因与特点

　　全球城市概念的正式提出,至今已逾 30 年,而伴随着全球化进程,全球城市的快速发展,则已经历了近半个世纪的历程。在发展的过程中,全球城市不仅在数量、规模上不断增长,城市的核心功能,以及对全球经济的作用也在不断发生变化。这种变化,逐渐显示出"迭代"发展的特征,即具有功能递增特点的版本演进特性。从作为"世界城市"的 1.0 版本,到当前全球城市正逐渐形成的 3.0 版本,全球城市的迭代,受到经济全球化运行机制、技术变革、国际格局演变、国际制度变化等诸多因素的影响。上述变量因素一方面使全球城市的功能与作用不断调整和深化,同时也推动全球城市群体在全球的空间分布和力量对比发生不断扩展和变化。

第一节　全球城市迭代发展的动因

一、经济全球化运行机制发展

　　经济全球化是全球城市发展的根本动力,全球化的格局与形态变化,对全球城市的版本迭代起到重大影响作用。从发展的缘起看,全球城市的雏形与兴起,主要依托于国际分工体系的建立。国际分工体系框架下的全球价值链及全球生产网络(GPN)是世界城市与全球城市形成要素资源集聚配置能力的基础。这是全球城市第一阶段发展的重要特性。

随着全球化的深化发展,国际分工体系逐渐发生变化,发达国家处于分工上游,控制全生产链的结构逐渐被打破。新兴经济体研发能力的提升,使国际分工体系更趋多元化。由于全球城市是国际分工体系的空间节点投射,后者的变化逐渐带来全球城市发展形态及全球分布的调整。要素跨国流动使得国际分工形式发生了巨大变化,突出表现为产品的价值链被分解,国与国之间的优势更多地表现为产业价值链上某一特定生产阶段和环节的优势,从而导致国与国之间按同一产业或产品的不同生产环节或工序进行分工的现象。跨国公司对于这种分工需要具备控制力的空间依托。全球城市第二阶段发展的主要职能,就在于响应跨国公司的全球布局,进而对国际分工体系形成服务作用。国际分工体系的拓展与结构调整,使全球城市在分布空间上日益广泛,在功能体系上日渐复杂。

在全球化的运行机制上,国际直接投资超越国际贸易的新趋势,助推全球城市由 1.0 版本向 2.0 版本转变。在跨国公司快速发展,全球化规模扩张,国际直接投资日益旺盛的情况下,国际直接投资超越了国际贸易成为世界经济运行的主要形式,同时世界经济的运行机制也发生了一定的变化。全球城市强调承载服务流量,与经济全球化要素流动相关。投资国的全球城市,其核心功能在于通过专业服务业机构及跨国公司总部的集聚,实现对跨国投资的有效配置。而东道国的全球城市,则通过大量专业服务机构的进驻,形成对国际投资的有效支撑和服务。从这个角度上看,全球城市内的生产者服务业集聚,核心在于配合国际直接投资的全球扩展。

高端要素流动为全球城市从 2.0 版本向 3.0 版本转变提供基础。国际直接投资的本质是以资本为载体的生产要素的国际流动。这些生产要素包括货币资本、产品设计、技术、品牌、专利、经营管理、营销网络、高端人才等等,这些要素从投资国转移到东道国,而东道国所提供的生产要素则是土地、劳动力、资源、产业配套、激励政策和经营环境等。要素流动是广义的,它不仅包括货币资本,而且也包括技术、管理、市场营销网络等等,正是这种广义特性深化了国际经济联系。资本并非只表现为货币形式,只有作为流动资金的资本才采用货币形式,而更多的货币转化为资本,表现为技术、品牌、销售网络等特殊形式;劳动力和土地也是如此。而技术、品牌、销售网络、管理模式、知识产权、高技能人才等具有高增值特性要素的跨国流动,需要与之配套的国际化创新空间,制度环境,宜居环境,乃至人文环境。这对于全球城市的功能体系提出了新的要求,从而推升此类城市进一步提升承载能力,并实现功能的转型,从经济专精类型向经济、创新、环境、人文综合功能跃升转变。

二、经济全球化的认知模式变化

经济全球化经历了快速发展的阶段,正面临新的重大变化和调整,这种变化使各界对全球化模式和动力的认识,有从 1.0 版本向 2.0 版本演变的趋势。这种对全球化发展的认知变化,对全球城市发展的目标、动力、发展机制的思路调整产生了重要影响。从发展模式上看,传统全球城市强调的是基于全球化运行的发展思路,以及对自由市场、流量经济的依托,城市发展主要体现在要素、商品和信息流量的指数级增长,跨国公司则是全球化的主导者与城市发展的引领者。随着北京共识、新结构主义经济学等有别于传统自由主义经济理念的提出,多元发展模式、经济发展质量与包容性发展逐渐成为全球化经济思想关注的新方向。全球化 2.0 的认知,对于创新驱动、本土多元、绿色低碳、以人为本的新理念更为关注。从发展动力来看,科技不仅仅是一个行业的突破,也创造了共生融合的集群跨界创新,创造了新的基本价值导向,新的产业物质基础,促进了产业融合发展,知识资本成为发展的关键要素。

在上述变化之下,面向 21 世纪 20 年代,经济全球化进一步深化的方向,将趋向发展的新阶段,或可称为 2.0 阶段。在全球化的微观层面,以新一代信息技术、3D 打印、大数据为核心的科技革命有望使企业的定制化生产、在地化生产、分布式生产、生产消费融合成为重要经济运行模式,中小企业将广泛参与全球化进程,推动全球化的微观主体将呈现新变化。跨国公司的竞争也从生产成本竞争逐渐进入了研发成本竞争,进而推进全球部署下的研发外包。而中小企业则有进一步发育与联动发展的空间,形成了更加多元化的企业集群,进而促进微创新集成后的重大产业突破。全球化中观层面,制造业服务化、个性化定制,二、三产业深度融合将改变全球制造模式,全球创新网络(GIN)将与全球生产网络(GPN)共同形成全球要素分布的路径体系。全球公司研发外包,从原来的低成本普通劳动力,转化为低成本的全球知识劳动力。设计研发则日益工厂化、规模化。GIN 较 GPN 需要更加复杂的知识交流,强调垂直一体化,重视控制全价值链。关于全球化宏观层面,在数字化、信息化、智能化同步发展的情况下,小微企业与电子商务的结合,将使全球化与当地化力量将呈现新的组合方式,"全球化＋当地化"将成为新的运行方式。随着发达经济体部分制造业回归,以及新兴经济体制造业升级的发展趋势,现有世界经济中"虚拟"部分与"实体"部分分离的矛盾状况也将有新的变化。全球化动力的变化,不仅将对全球城市的主体认知、观念、模式、发展动力产生重要影响,也将影响全球城市体系的建构基础和变化趋向。

三、经济全球化的参与主体结构变化

经济全球化的多边主义方向,尽管遭遇美国、欧洲部分国家逆全球化思潮与行动的影响,仍在持续发生新的演化和推进。中国等新兴经济体逐渐崛起为经济全球化的重要主导力量,全球化参与主体的格局进一步调整。新兴经济体不断涌现出行业领导者的发展趋势,预示着全球价值链运行主体的结构性变化。新兴经济体力量的整体迅速崛起,已经成为未来世界经济发展的重要趋势。根据普华永道的研究表明,2050 年,新兴经济体 7 国

(E7)的经济规模,以美元市场汇率计算,将比发达国家 7 国(G7)超出 25%,若以购买力平价计算,将超出 75%。

在这一趋势影响下,关于全球生产的执行主体方面,新兴跨国公司逐渐成为与西方跨国公司并驾齐驱的全球"生产者"。来自新兴市场的跨国公司正在成为重塑全球产业的一股力量,波士顿咨询集团用全球挑战者定义这些新崛起的全球性企业。在 2000—2010 的十年内,财富世界 500 强中新兴经济体企业数量增加了两倍以上,从 21 家增加到 75 家。2010 年至 2020 年,中国在世界 500 强榜单中的上榜企业从 54 家提升至 133 家,其中大陆企业 124 家,超过美国的 121 家,位居全球第一。2010 年,福布斯 2 000 强排名中包含了 398 家新兴经济体企业,这一数字在五年内几乎增加了两倍。新兴经济体力量的崛起以及新兴跨国公司的影响力提升,将极大地影响作为新兴经济体对外经济枢纽节点城市的数量、地位、能级和作用,进而影响世界城市网络的规模构成和全球城市承载流量的流向和性质。

四、经济全球化的治理机制变化

在全球化向纵深发展的背景下,全球治理已成为全球经济政治关系调整的重要途径。冷战后建构的多层次国际经济治理体制影响力逐渐下降,世界主要经济主体的新型共治体系正在构建过程之中,以金砖国家为代表的新兴经济体的崛起,有助于改变原有南—北两层级国际权力结构,多层次国际权力博弈的复杂性和不确定性大为增加。这种全球经济治理发展的新格局将为新兴全球城市的崛起带来重要机遇。

一方面,城市等非国家行为体在诸多治理议题中的参与空间增大,作用增强。特别在气候变化、跨国移民等全球化新兴议题的治理过程中,城市不仅能够有所作为,甚至在某些情况下能够推动议题的设定。如 C40 城市联盟对于气候变化的推进就具有重要的典型意义。

另一方面,新兴全球治理平台、国际组织的构建,将为新兴全球城市提升国际影响力提供重要契机。新议题、新平台、新组织的出现,需要大量新的空间载体。新兴全球城市能够通过承载全球经济治理的实体,有效提升国际影响力。全球经济治理新趋势展现出的多元化权力结构特征,将不可避免地折射在世界城市网络之中,进而影响新兴区域全球城市的能级与地位。

第二节　全球城市的版本迭代特点

一、全球城市版本迭代核心特征

全球城市的发展,经历了 20 世纪 80 年代的依托于跨国公司全球布局的作为"世界城市"概念的 1.0 版本,以及被识别于 20 世纪 90 年代中期,快速发展于 21 世纪第一个十年的经典全球城市(Global City)2.0 版本,当前正进入全球城市 3.0 版的新迭代发展期。从整体上看,全球城市 3.0 相较世界城市,以及经典全球城市而言,具有一系列新特征。

1. 全球城市 1.0 版

全球城市 1.0 版的特征主要与 20 世纪 80—90 年代的经济全球化发展密切相关。这一阶段,在跨国公司主导下,企业内部的生产环节得以突破国界,进入全球布局阶段。生产环节全球化,使得跨国公司在主要城市建立分支结构,对全球生产网络(GPN)进行控制与协调。跨国公司总部及相关机构集聚的城市便成为全球城市的最初形态,也被称为"世界城市"。在行为主体上,全球城市 1.0 版本主要依托于跨国总部及附属机构。其依托的流通形式,主要是与全球生产网络相关的货物贸易。其发展导向,更趋向于效率导向,注重全球生产的服务效率与便利性。在类型上,1.0 版的全球城市更多是全球经济及全球生产网络的控制中心,其与次级城市,低等级合作城市之间的关系更多属于"垂直"连接,更多表现为"中心—边缘"及"核心—腹地"模式。

2. 全球城市 2.0 版

被识别于 20 世纪 90 年代中期,快速发展于 21 世纪第一个十年的 2.0 版全球城市,被视为"经典"全球城市。全球城市 2.0 版的概念识别,建立在生产与交换环节的全球化基础之上。在这一阶段,国际投资超越国际贸易,成为跨国公司构建全球经济体系的主要手段。跨国公司的资本与生产、交易体系均直接进入东道国,使生产与交换环节同步进入全球扩展阶段。这种情况下,国际经济活动与互动更为复杂,难以在跨国公司内部完成,而先进生产者服务业(APS)机构成为该阶段全球化经济的重要协调主体。这些主体的集聚地,便成为 2.0 版的全球城市。

该版本的全球城市服务的流通类型不仅是货物贸易,更扩展为服务贸易,同时此类城市本身往往就是服务贸易的发起主体。其承载的要素包括资本和劳动力。城市的发展导向更多在于形成全球化的服务功能体系,而非单纯促进生产效率。

在连接类型与城际关系上,2.0 版全球城市主要依靠世界城市网络,与各等级城市进行网络化连接互动,其城市间的互动更多呈现扁平化的互动模式。城市的经济功能类型主要为全球经济的服务中心,金融中心、贸易中心、专业服务业集聚区成为 2.0 版全球城市的"标配"。各全球城市间在国际经济功能的结构方面差别不大。同时,城市因高度与全球经济融合,而与周边区域次节点城市形成一定经济能级上的"落差",极端情况下表现为全球化的"飞地"。

3. 全球城市 3.0 版

全球城市 3.0 版,是进入 21 世纪第二个十年,经济全球化深化并发生格局转化背景下进行的新版本迭代。随着高速互联网、移动互联网、高速铁路等新技术的应用和普及,经济全球化的发展进入新阶段。消费、分配的全球化成为经济全球化的新动能。在知识、技术、品牌、数据、人才等高端要素向全球城市集聚的趋势下,全球城市的行为主体从先进生产者服务业机构个体逐渐整合为具有全球服务能力的专业化平台。全球城市具备的全球性服务平台体系决定了其网络功能,而这种平台不仅具有专业化的服务能力,而且具备全球新兴产业、新兴行业的规则制定能力。

在流通服务类型上,3.0 版全球城市在对服务贸易进行支撑的基础上,能够对数字贸易进行响应。而这种响应能力的构建,则与 3.0 版全球城市强化的创新中心功能息息相关。全球城市在进入全球化深化阶段,特别是全球金融危机后,普遍以创新能力作为城市功能拓展的方向。这表明全球城市的发展,逐渐向"内生性""源发性"发展模式转变,也表明全球城市依托的网络体系,由全球生产网络(GPN)向全球创新网络(GIN)拓展。

在发展导向上,全球城市的发展导向,也从前期的效率和功能导向,向生活导向跃升。这里的生活导向,并非个体家庭的生活概念,而是以宜居宜业,配合高端要素流动的优质人文环境和可持续性。

在经济结构上,配合高端要素流动与全球服务平台作用发挥的过程中,全球城市的经济功能结构也进一步升级,在全球城市 2.0 版的金融中心、服务中心职能普遍成为"标配"的状况下,城市在一定经济领域的专精特色成为决定全球城市能级的重要因素。

在互动方式上,全球城市 3.0 版的外部互动方式上更趋立体,不仅保持网络连接的扁平化特性,在互动对象上更趋多元,与发达国家、新兴经济体、发展中国家,乃至欠发达国家的主要城市间均能形成有效互动。同时,城市能够以自身为中介空间,形成全球—本土—区域三层次的有机互动模式。

在区域属性上,3.0 版的全球城市呈现出区域化发展的特点。全球城市以城区空间,乃至大都市区空间承载国际要素流动服务及国际分工体系需求的能力日益趋于极限,因此其影响力逐渐越出市政边界,向周边辐射,**全球城市—区域**成为 3.0 版全球城市的重要空间拓展模式。

表 1.1 全球城市版本迭代特征

	全球城市 1.0 版	全球城市 2.0 版	全球城市 3.0 版
全球化环节	生产全球化	生产—交换全球化	分配、消费全球化
行为主体	跨国公司总部	先进生产者服务业机构	全球服务平台体系
流通服务能力	货物贸易	服务贸易	数字贸易
导向	效率导向	功能导向	生活导向
服务	商品	企业	规则
功能	贸易中心	金融中心	创新中心
依托要素	基础要素:资源、土地、资本	一般要素:资本、劳动力	高端要素:知识、技术、品牌、数据、人才
技术支撑	高速海上运输、陆路运输	空中运输、洲际通信体系、互联网	高速互联网、高速铁路、移动互联网
连接方式	垂直连接、中心—边缘模式	网络连接、扁平化模式	立体连接、东—西、全球—本土—区域融合模式
类型	控制中心	全球服务中心(标配)	全球标配+专精化
周边关系	国家中心、首位城市	全球化飞地	区域整体国际化、全球城市—区域

二、全球城市迭代发展的内涵

从全球城市的迭代发展趋势可以看出,全球城市的发展模式和方向正在发生新的阶段性变化。在该概念提出的前 15 年中,全球城市的地位主要以全球流量枢纽地位为主要评价指标,城市的发展主要服务于全球化快速发展带来的全球性要素流动需要。全球城市在这一阶段的发展趋向,更多集中于国际经济功能。全球金融危机的冲击,成为促使全球城市迭代发展的重要因素。全球金融危机后,全球城市的竞争逐渐从原来以争夺经济流量枢纽的单一功能为取向,转向将创新创意作为同样重要的高端功能予以重视的新一轮的综合性竞争。全球金融危机的发生,加速了全球竞争正从资本竞争向创新竞争的转轨步伐,各国不约而同地谋求通过科技创新、文化创意,形成新的增长驱动力来走出危机阴影。这种环境的变化对全球城市发展动力的调整也产生重要影响。21世纪10年代后,一批以创新见长的城市进一步脱颖而出呈现出引领发展的能力,一方面在现实中撼动了原来的世界城市等级体系,另一方面也在理论上丰富了关于全球城市核心功能的认识。

在这种背景下,全球城市完成了作为"世界城市"的第一阶段1.0版本发展,正从第二阶段或称2.0版本开始向第三阶段的3.0版本迭代升级。全球城市发展的观念、模式,以及动力发生了变化。如果说2.0版强调的是自由市场、流量经济,这体现在要素、商品和信息流量的指数级增长,跨国公司是全球化的主导者,那么,当前3.0版的全球城市强调的则是在流量枢纽地位基础上,实现绿色低碳、以人为本、创新创意的城市发展新理念,多元发展模式成为主流,即"流量+创新"功能的平衡。在这一背景下,全球城市逐渐演化为对全球经济、社会、文化、治理等多领域均具有影响力的综合性城市节点。

1. 创新驱动模式的形成

相较国家政府,全球城市更多体现出以人为驱动力来源的体系特点。创新成为活力城市的主要标志,无论创新的规模是大是小。多样化的复合型大城市历史性地成为创新的承载空间。在新科技革命和产业变革趋势的影响下,跨国公司开始进行研发的全球布局,以通过产业创新保持国际引领、导向和控制地位。相应的,全球城市间的网络联系基础也从资源、商品、资本的流量枢纽、控制节点功能向知识、信息和人才意义上的流量枢纽、控制节点功能升级。在这种新的发展趋势下,全球城市的创造力,使其得以强化自身对全球经济、社会、文化、环境发展的表率、影响、导向和控制作用,使其产业影响范围从先进制造业、生产服务业向文化、环境等新产业领域扩张,推动城市环境营造和产业融合、联动、复合、集成发展。

全球城市由于自身的要素集聚能力、综合配套能力以及环境塑造能力,具有更强的"城市特质",自然成为全球科技创新中心的重要空间载体。在多样性的"城市特质"之外,全球城市具备一般城市难以企及的其他创新资源:其一,具备大量集聚的高水平人才优势。由于交通、信息、基础设施的便利性,大量人才积聚于顶级的全球城市之中,从而形成创新需要的多样化"人才池"。其二,雄厚的资金与完善的服务。全球城市是国际重要金融中心,能够吸引大量的风投资本和专业化服务要素集聚,进而推动创新创业企业集聚,并帮助其站稳脚跟。其三,政府支撑与政策环境。相较于中小城市,全球城市一般都具备较为强有力的市政部门,并具备相应的财力、物力以及政治资源,以制定、推进有利于企业与创新发展的政策,形成有利于开放式创新的政策环境。

全球顶级的创新中心并非一般认为的旧金山(硅谷)、波士顿、特拉维夫等创新明星城市。老牌综合性全球城市仍在多维度、综合性的创新评价中占据顶尖位置。这从一个侧面说明,城市综合服务能力的强弱对于城市创新能力的高低产生重大影响。纽约、伦敦、巴黎等城市对创新区域建设的不遗余力也从一个侧面说明全球城市对创新中心的重要支撑作用。如2010年,纽约市就提出把纽约打造为新一代科技中心的目标,并提供土地与资金用来吸引一流的院校与研究所。曾经处于衰败状态的伦敦肖尔迪奇地区(Shoreditch),经过科技创新元素的注入,已成长为伦敦的科技城或小硅谷(silicon roundabout),成功转型为城市内新的高科技主体的集聚区域。

2. 全球城市"专精特色"的作用提升

对全球城市认识的关键之处在于,高等级全球城市间并非彼此进行同质化竞争,而是城市的专精特质使之脱颖而出。全球城市能级的逐渐累积,带来了多样化的知识体系,如经济、金融、产业、文化、基础设施等。这些知识体系被不同类型的企业、政府、项目所利用。而每个城市都在这些要素的某些领域具有独特的优势,使其有别于其他城市,进而形成城市的"专精特色"。例如,香港金融中心的特色,就与上海、北京、深圳的金融体系有巨大差异。这种专业化知识体系的作用,在每个全球城市中都发挥着独特的作用。

以这一特点为核心,主要全球城市的"专精"特点,为这些城市带来了各有不同的专业化优势。这种"专精"特点明确了各个全球城市的独特作用所在。这些城市也具备一系列"标配"条件:全球水准的公共交通体系、办公楼宇条件、学校与高校体系、机场等等。这些"标配"可被视为高等级的"基础设施"。这些基础性因素则与城市的专精优势有较大区别。对于亚太区域具有悠久历史文化传承的全球城市而言,其高端优势,就在于其城市发展独特的经济与知识体系及历史积淀。

3. 全球城市网络连接向度变化:从"向西开放"到"双向开放"

全球城市网络的规模与作用力将持续扩大,而构成网络节点的城市个体的数量、国别、区域属性也将不断发生着变化。由于全球城市承载全球化的空间属性,因此这种变化不仅影响着世界城市网络的规模大小与影响范围,也意味着网络所承载的全球化要素的流动深度与方向发生重要变化。高等级全球城市的区域分布将进一步发生变化,不同区域城市个体的枢纽性作用也将发生不同的变化。从区域格局上看,亚太城市与新兴经济体城市地位的迅速提升,将成为未来世界城市网络区域格局变化的重要发展方向。

全球城市的区域实力和连接向度变化,最为明显地体现在城市的排名构成上。从2000—2018年的 GaWC 的城市连接度指数上可以看出,2000年,排名前20位的城市中,属于北美区域的为5个,欧洲区域8个,亚洲5个,大洋洲与南美洲各1个。2008年的排名中,北美区域下降为3个,欧洲下降为6个,亚洲区域迅速增加为9个,大洋洲与南美持平,各为1个。2012年的排名中,北美区域上升为5个,欧洲为6个,亚洲区域仍有7个入选。2018年排名中,北美区域调整为4个,欧洲为6个,亚洲区域为7个,大洋洲1个,南美2个。从总体上看,经过18年的发展,亚太区域的全球城市逐渐上升为全球城市网络连接的重要节点群体。

三、全球城市版本迭代的主要特点

1. 全球城市版本迭代不是前后替代关系

全球城市从 1.0—3.0 的版本迭代,核心在"迭",而非替代。从主要全球城市的发展经验来看,同一全球城市的前后版本变化,更多体现为服务重心的调整以及深化,而非另起炉灶的全面重建。在迭代过程中,城市功能体系总体上处于"做加法"状态,更多进行功能体系的完善,原有的核心功能仍然予以保留,并在某种程度上得到强化或转型。

2. 重视不同发展模式的全球城市特征

对于全球城市版本的研究,不仅应关注纵向的版本迭代,也应重视不同模式全球城市发展的差异性与路径的多样性。由于各城市发展阶段及起始条件的不同,全球城市的迭代方向类似,迭代路径却大相径庭。东亚模式的本土根植性特征,以及新兴全球城市的后发优势,均使全球城市版本的研究需要融入区域模式视角。

3. 关注流量的性质与方向

全球城市版本的重要影响因素,在于其承载的流量性质。一方面,一般要素与高端要素的属性差异,带来了全球城市服务模式和建构方向的差异,继而形成版本迭代需求。另一方面,国际经济流量的流动方向,以及相关方向之间的差别,也是全球城市版本差异需要关注的重要变量。

4. 重视全球城市专精化方向

全球城市的版本迭代,使城市间的国际化流量基础设施以及服务能力的"标配"因素对比已趋于一致。城市自身的特质及专精服务能力,成为全球城市在新一轮竞争中的重要依托。因此,判别全球城市的"个性"与"排他性"优势,成为衡量此类城市能级的新视角。

5. 关注全球城市多功能协调配合能力

随着版本迭代,全球城市的功能综合性特征愈发突出。功能间的匹配、融合与相互支撑能力,已成为形成全球城市"合力"的重要基础。原本不被关注的环境、社会、治理、文化功能,当前已成为全球城市吸引高端要素的重要基础和条件。

四、全球城市的区域差异

全球城市的迭代发展,不仅需要关注城市功能与发展模式的更新升级,也需重视不同国家、不同区域城市发展特性带来的区域模式差异。即便在全球城市2.0版本阶段,不同区域全球城市的发展,也并非遵循单一的"纽伦"模式而进行简单的模板式复制,而是根据所在国的经济发展特点乃至政治、文化、社会发展特性,建构起各具特色的建设发展模式。总体上看,全球城市的发展可分为欧美模式和东亚模式两种。在欧美发达国家中,全球城市与作为技术极存在的城市有分离存在的特点,由于城市去工业化发展的结果,其高等级的全球城市多为经济中心、贸易中心、金融中心、信息中心及交通枢纽等,强调其国际经济枢纽的控制功能和服务功能,更多关注金融、房地产、证券、保险等生产性服务业的发展。在发展模式上,欧美模式全球城市更强调国际市场的调节作用,重视移民、信息等领域的高度国际流动,具有较高的"离岸"性质。

反观亚洲地区的主要城市,包括日本东京、韩国首尔,及中国的北京、上海、台北等城市,往往既是所在国和地区现代服务业最发达的城市,又是国家级乃至世界级的高科技中心。东亚全球城市的产业结构上,往往表现为集现代服务业与先进制造业于一身的综合型特征。在新产业和技术革命的影响下,作为高科技创新中心的"技术极"中心城市对世界经济发展以及全球城市体系的重塑无疑将发挥重要作用,创新创意等要素将与资本因素一起成为驱动城市综合竞争力提升的重要动力。这就使得东亚模式的全球城市显示出独特的竞争优势与发展潜力。在发展模式上,东亚模式全球城市强调国际市场作用与本土政府作用的平衡互动,更多依托开放条件下本土企业成长与要素升级带来的带动作用,对于移民、信息等领域形成具有控制属性的稳定增长模式,城市发展具有较为明显的"在岸"特性。

表1.2　全球城市建设模式比较

	欧美模式	东亚模式
驱动类型	市场中心驱动	市场作用与政府作用同步发挥
典型城市	纽约、伦敦、巴黎	东京、首尔、新加坡
运行主体	跨国企业主导	跨国企业与本土企业合作
组织力量	金融与专业服务业力量	商业活动紧密联系政府部门、国资企业、大银行
经济理念	新自由主义,强调市场自我调节与规范	发展优先主义,战略性国家利益
发展逻辑	市场导向逻辑	规划导向逻辑
要素控制群体	先进生产者服务业群体	私营部门、政府部门共同影响
中央—地方关系	相对独立,分权治理	垂直管理,承载职能
产业结构	服务业优势主导,生产者服务业优先发展	服务业与制造业同步发展,承载先进制造业功能
产业发展基础	由商业中心发展而来,制造业基础较弱	重视制造业功能,城市与都市圈范围集聚制造业体系
空间结构和社会结构	空间极化,都市区低密度布局,社会阶层分隔,高度不平等	空间紧凑、高密度,社会融合性与互动性较好,中低不平等
移民状况	弱监管、高流量	强监管、中等流量
文化特征	多元文化、全球文化、消费主义	本土文化、儒家文化、实用主义
竞争优势	流量枢纽功能突出,要素配置能力强、范围广,跨国企业进入门槛低	流动性与根植性兼具,发展稳定性强,有利本土跨国企业发展
区域联系	偏重"离岸"属性,与区域次中心城市关系主要体现为非经济合作	核心城市带动城市群发展意愿明显,与周边城市形成经济合作网络

五、各版本全球城市的识别特征与判定指标

1. 全球城市1.0版特征与指标:识别性＋控制性

全球化1.0版被称为"世界城市",主要缘于该版本全球城市强调控制

力与指挥配置能力。经济全球化从贸易自由化及跨国公司生产全球布局开始,世界城市强调对货物贸易流量和生产全球化的服务功能。因此,以跨国公司为中心,对全球经济控制和配置的能力,就成为全球化 1.0 版本的主要指标体系建构基础。

(1) 彼得·霍尔的世界城市概念识别性要素

彼得·霍尔在 1966 年提出世界城市概念时,将世界城市的识别性要素归纳为:1)主要的政治权力中心;2)国家贸易中心;3)拥有大型港口、铁路和公路枢纽以及大型国际机场等;4)主要金融中心;5)各类专业人才集聚中心,信息汇集和传播地点;6)发达的出版业、新闻业及无线电和电视网总部;7)大的人口中心且集中相当比例富裕人口等。

(2) 弗里德曼世界城市假说的 7 项指标

弗里德曼在世界城市假说当中,以企业总部及大银行的区位作为判定的主要考虑因素。他提出了著名的判断世界城市的 7 个指标:1)跨国公司总部(含地区性总部);2)国际化组织;3)主要金融中心;4)发达的商业服务部门;5)重要制造业中心;6)主要交通枢纽;7)人口规模。1995 年,弗里德曼将世界城市的判断标准进一步发展为:1)与世界经济融合的职能;2)空间组织与协调基点;3)全球经济控制能力;4)国际资本积累之地;5)国际与国内移民的终点。

(3) 戈特曼关于世界城市识别特征的三项判断标准

著名法国地理学家、城市群概念的提出者戈特曼(Jean Gottmann)也于 1989 年对世界城市的识别特征提出了自己的看法,他认为判断标准主要为三大方面:1)人口因素;2)高等级服务业,或称"脑力密集型"产业;3)政治权力中心。当然,戈特曼的识别标准较为简略,也引起了国际学界的争议,但其提出的一些核心要素仍具有参考价值。

2. 全球城市 2.0 版特征与指标:流量性+筛选性

进入 2.0 版阶段的全球城市概念更为清晰,其依托的国际直接投资超越国际贸易的发展基础,使对 2.0 版全球城市的识别相对 1.0 版有了较为明确的方向,即对于国际要素流量的承载和链接能力。专业服务业企业以及金融资本等高端要素的流动承载力,成为衡量全球城市的重要指标。同时,这一版本的全球城市判定指标,具有较为明确的筛选特性,即聚焦于城市特定功能的选拔性评价。

(1) 萨森全球城市的判断指标

萨森(1991,1994,1996,2001,2005)以全球生产服务业的角度来进行全球城市的判定,她对于全球城市的判断指标主要基于:1)跨国公司总部集聚情况;2)金融机构状况;3)相关的企业服务的管理水平。

(2) 泰勒"全球化与世界城市研究小组与网络"等级体系

20 世纪 90 年代后期,以泰勒和毕沃斯托克为首的"全球化与世界城市研究小组与网络"从全球城市网络角度对全球城市进行了比较研究,并提出相关的等级体系。他们(2000)分析了城市按照会计、广告、金融及法律四种主要生产者服务业的分布状况,综合考察城市间的连接关系,对 122 个城市的 46 项生产者服务业进行了对比研究,区分出三种全球城市——Alpha、Beta 及 Gamma,共 55 个城市,其中 10 个为 Alpha 等级,10 个为 Beta 等级,35 个为 Gamma 等级。2002 年,泰勒的小组选取了 100 家全球性服务公司,包括会计事务所、广告公司、银行、保险公司、律师事务所以及管理咨询机构,并选择了 316 个全球各地的城市,通过特殊模型的构建进行 7 类指标的分析。小组成员从容纳力、支配力和通道三个方面入手,下设世界城市连接、国际金融连接、支配中心、全球指挥中心、地区指挥中心、高连接通道、新兴市场通道 7 种分类,对全球城市的等级进行了横向对比分析,并进而测度世界城市网络的作用力和等级体系。

3. 全球城市 3.0 版特征与指标:专精化+全面性

全球城市 3.0 版强调综合服务,以及与全球化升级相关的功能识别。从指标看,全球城市 3.0 版更多应倾向于具有综合功能的"理想城市"方向,在经济、社会、文化、生态、治理、空间等领域形成有机互补。如果说，1.0 版、2.0 版全球城市的指标判定，在于"长板比拼"，那么，3.0 版全球城市的排名竞争，在于专精特色与"综合实力"对比。

(1) 日本全球城市实力指数

由日本森纪念财团（Mori Memorial Foundation）、森大厦株式会社（Mori Building）创立的城市战略研究所（Institute for Urban Strategies）发布的"全球城市实力指数"（Global Power City Index），选取 42 个有代表性的全球城市作为研究对象，设定 11 个大类指标进行评估。The Global Power City Index（GPCI）排行榜是依据经济、研究、开发、环境等六大领域的 70 个小项目为分值指标进行计算得出的。

(2) 科尔尼公司全球城市指数

科尔尼公司（Kearney）发布的"全球城市指数"自 2008 年持续发布，2020 年的该指数选取世界 150 个城市进行分析。该评估指数分为《全球城市指数》（GCI）和《全球城市展望指标》（GCO）两类，其中《全球城市指数》从商业活动、人力资本、信息沟通、文化体验、政治互动五个方面对城市的全球发展水平进行评价，《全球城市展望指标》则从个人福祉、创新、经济、治理四个层面对全球城市的发展潜力进行分析。

(3) 普华永道"机遇之都"评估指标体系

普华永道的"机遇之都"评估体系，是该机构对全球城市调研的重要组成部分，旨在发现城市更大的发展潜力。主要从"智力资本和创新""技术成熟度""区域重要城市""健康、安全与治安""交通和城市规划""可持续发展与自然环境""文化与居民生活""经济影响力""成本"和"宜商环境"共 10 个维度 57 个变量进行综合评估。

第二章
全球城市网络体系的结构变化

2008 年全球金融危机的爆发,不仅使世界经济体系受到巨大冲击,也在区域层面产生重要影响。在其后十余年的全球化深化发展阶段中,世界城市网络(World City Network)作为全球化要素在各区域的重要空间节点体系,其内部结构调整的趋势更为明显。随着全球化的进一步发展,国际政治经济格局的新变化,进一步推动了世界城市网络的层级与个体关系演变。这种变化,一方面体现了全球要素空间配置在新的国际经济发展阶段的变化趋势,另一方面也表现出全球化与地方化力量互动的新趋向。研究世界城市网络体系在全球化深化发展阶段的变化特点,有助于我们了解全球城市与全球化相互作用的内在规律,也有助于理解中国全球城市在迭代中发展的新路径。

第一节　世界城市网络等级体系变化趋势

全球城市作为一个重要群体,已经形成覆盖全球主要经济区域的城市节点网络。金融危机后持续的全球化深化发展阶段,这一网络内部的等级体系发生了较大变化,同时,城市网络节点的构成与区域属性也有较大的调整。而这种变化的现象与特征,从一个侧面反映出全球化力量的重新布局与流向趋势。

一、世界城市网络结构的"钟形"发展趋势

随着全球化与城市化的发展,全球城市的整体实力与全球影响力的提升成为城市化发展的重要趋势。这一趋势在全球金融危机后依然得到不断延续。根据联合国人居项目学者 2008 年的统计,全球最大的 40 个巨型城市区域(mega-regions),以世界 18% 的人口,承载了 66% 的经济活动与约85% 的技术与科学创新。世界前 25 个城市拥有超过全球 50% 的财富。[1]这些实力雄厚的全球城市与其他崛起中国际化城市通过彼此的要素流通网络,构成了全球城市的网络体系。

经济全球化深化发展时期,这一网络在整体实力继续加强的同时,网络体系的结构构成与等级体系特征正在发生变化。这种变化突出的特点,就是构成网络节点的个体增加,同时,中等层级的全球城市数量增加。这就使得传统上高等级全球城市最少、中等全球城市稍多、低等级全球城市最多的金字塔形世界城市网络体系,开始有向顶端较少、中等级与低等级个体较多的"钟形"结构发展。

借助相关的世界城市网络等级测度,我们可以管窥网络结构中的层级与形质变化。前述以英国拉夫堡大学为研究基地,由中国、美国、英国、比利时等国城市学学者组成的"全球化与世界城市"(Globalization and World Cities)研究群体,是世界城市网络等级体系研究的权威群体。该群体在 2000 年与 2008 年,对世界城市网络的连接度分析,是全球金融危机前后学界认可度较高的测度数据体系之一。这一研究成果通过对金融危机前后全球 307 个城市中金融、会计、广告、法律、管理咨询等企业的连接强度分析,选取 132 个连接度高的全球城市进行跟踪分析,得出城市网络的连接度指数。因此,我们

---

[1] John Vidal, UN report, "World's biggest cities merging into 'mega-regions'", *Guardian*, 2010-3-22; United Nations Human Settlements Programme, *State of the World's Cities 2008/2009*, Earthscan, 2008.

借助这一测度体系进行分析,其数据的统一性与连贯性能够得到保证。

通过对比表 2.1 所示 2000 年与 2008 年世界城市网络连接度的指数,我们不难发现,连接度最高的前 6 个城市在个体上保持了一致,分别是纽约、伦敦、巴黎、东京、中国香港、新加坡,仅在彼此排位上出现了一些变动。这种情况,反映出世界城市网络的顶层城市的稳定性。

而从第 7 位至 20 位之间,城市的个体排位则发生了较大的变化。特别应当得到关注的是,2008 年的指数排名中,第 7—20 位的城市,其连接度指数基本处于 70—55 这一区间,绝大部分在 70—60 之间,城市与城市之间的数据差异基本在 1 以内,上海与米兰之间的差异甚至仅有 0.01。而 2000 年的数值中,第 7—20 位的城市,连接度指数的差异范围在 61—47 之间,但各城市之间的指数差距相对较大,特别是 15—20 名之间,出现较大的数据差异。两相对照,可以十分明显地发现,中等层级城市不仅在连接度上有较大提升,而且彼此间的实力差距显著缩小。换言之,这一层级城市的"厚度"有明显提升。

同时,由于这一连接度指数是以排名第一的城市为标准值 100,其他城市的数据与之进行比较而获得相关指数,因此,上述排名的变化明显地反映出,与 2000 年相比,2008 年排名 7—20 位的第二集团城市,其在网络体系中的作用明显加强,与第一集团城市的差距明显缩小。

在整体连接度上,2008 年排名第 31 位的法兰克福,其连接度指数仍有51.58,超过 2000 年排名第 17 位的旧金山。根据 GaWC 组织的数值比对,从 2000 年到 2008 年,世界城市网络的城市连接度平均升高了 0.2—0.22。2008 年,连接指数超过 20 的城市从 110 个上升到 125 个。从总体上看,307个城市之中,有 179 个的连接指数上升。[1]即便将全球城市的成长性因素置于考量范围之内,也不难看出,在世界城市网络体系中起支撑作用的中等层级城市在数量和质量上都得到了较大的发展。

---

① Ben Derudder, Peter Taylor, Pengfei Ni, "Pathways of Change: Shifting Connectivities in the World City Network, 2000-08", *Urban Studies*, 2010(8), p.1869.

表 2.1　GaWC 2000 年与 2008 年世界城市网络连接度排名与指数变化

2000 年			2008 年		
1	伦　敦	100	1	纽　约	100
2	纽　约	97.1	2	伦　敦	99.32
3	香　港	73.08	3	香　港	83.41
4	东　京	70.64	4	巴　黎	79.68
5	巴　黎	69.72	5	新加坡	76.15
6	新加坡	66.61	6	东　京	73.62
7	芝加哥	61.18	7	悉　尼	70.93
8	米　兰	60.44	8	上　海	69.06
9	马德里	59.23	9	米　兰	69.05
10	洛杉矶	58.75	10	北　京	67.65
11	悉　尼	58.06	11	马德里	65.95
12	法兰克福	57.53	12	莫斯科	64.85
13	阿姆斯特丹	57.10	13	布鲁塞尔	63.63
14	多伦多	56.92	14	首　尔	62.74
15	布鲁塞尔	56.51	15	多伦多	62.38
16	圣保罗	54.26	16	布宜诺斯艾利斯	60.62
17	旧金山	50.43	17	孟　买	59.48
18	苏黎世	48.42	18	科伦坡	58.44
19	台　北	48.22	19	芝加哥	57.57
20	雅加达	47.92	20	台　北	56.07
22	布宜诺斯艾利斯	46.81	21	圣保罗	55.96
23	孟　买	46.81	22	苏黎世	55.51
27	上　海	43.95	25	阿姆斯特丹	54.60
28	科伦坡	43.53	28	雅加达	53.29
29	北　京	43.43	31	法兰克福	51.58
30	首　尔	42.32	40	洛杉矶	45.18
37	莫斯科	40.76	46	旧金山	41.35

资料来源：Ben Derudder，Peter Taylor，Pengfei Ni.，"Pathways of Change：Shifting Connectivities in the World City Network，2000-08"，*Urban Studies*，2010-08，p.1868。

二、复合型全球城市的地位提升

在传统的全球城市理论及网络特性中，以金融、保险、地产等服务业为核心的城市具有相对较高的地位及控制力。服务业水平在相当长的时期成为评判全球城市地位的核心标准。而全球金融危机的发生以及后续全球经济的持续调整，对于上述对服务业有较大依赖性的全球城市产生了巨大冲击。而一批产业结构较为均衡的复合型全球城市则具备相对较强的外部经济风险抵御能力，在世界城市网络体系中的地位得到较大提升。

相关的评估也反映出复合型全球城市的地位明显提升。"拉塞尔"投资管理公司(LaSalle Investment Management)发布的"2009 年度欧洲区域经济发展指数"(E-REGI)报告发现，慕尼黑、巴黎等具备多样性经济体系的全球城市排位明显上升，而伦敦、法兰克福等经济结构相对单一城市则有较大幅度下降。特别值得关注的是，慕尼黑作为具备坚实、多样经济体系与强大研发能力的复合型城市首次登上榜首，而连续六年位居前列的伦敦则滑落到第 8 位。该报告认为，慕尼黑排位的迅速攀升，得益于其多样化的地方商业体系。这种体系将该市集聚的强势全球化主体与发展中的中小企业有效整合，使这些主体在不同的产业部门发挥综合性的作用。正是这种互动模式，使慕尼黑的地方经济能够有效抵御全球金融危机的冲击。①

表 2.2　2009 欧洲区域经济发展指数(E-REGI)排名

排名	城　市	变化(与 2008 相比)
1	慕尼黑	＋2
2	巴　黎	0
3	斯德哥尔摩	＋1

① LaSalle Investment Management，*The European Regional Economic Growth Index*(*E-REGI*) *2009*，2010，p.2.

排名	城　市	变化（与 2008 相比）
4	奥斯陆	＋5
5	卢森堡	＋2
6	莫斯科	0
7	赫尔辛基	＋1
8	伦　敦	－7
9	斯图加特	－3
10	哥德堡	＋4
11	乌特列支	＋8
12	苏黎世	＋10
13	维也纳	＋5
14	波　恩	＋24
15	曼海姆-卡尔斯鲁厄	－4
16	哥本哈根	－1
17	华　沙	－7
18	阿姆斯特丹	＋11
19	布鲁塞尔	＋17
20	法兰克福	－8

资料来源：LaSalle Investment Management，*The European Regional Economic Growth Index*（*E-REGI*）*2009*。

从世界城市网络的个体特性看，对于生产者服务业高度依赖的城市相对较少，而同时具备传统服务业、制造业，乃至都市型农业等多类型产业的复合型全球城市的数量相对较多。因此，复合型全球城市在全球化深化阶段的地位提升，事实上也有助于世界城市网络的稳定与平衡发展。

三、全球城市等级体系变化的动因

世界城市网络体系的钟形变化始于 21 世纪初，随着经济全球化力量向世界各个区域的扩展,越来越多的节点城市进入到全球生产链与金融、贸易、创新网络体系中。这些新兴的节点城市不仅与高等级的全球城市进行垂直联系与交往,也更加频繁地与同等级的全球城市进行经济、技术、文化、社会、政治领域的联系,同时对区域内的其他次中心城市进行辐射,带动次一级城市进入世界城市体系。这种垂直—水平—深度的多方向互动,不仅使中等层级的全球城市数量不断增加,实力不断增强,而且不断催生新兴的全球化节点城市,成为世界城市网络整体扩大的重要动力。在这种发展趋势下,世界城市网络的钟形变化,事实上是城市个体增多、网络形质趋于扁平化的表现。

在全球金融危机影响下,由于高等级全球城市受到较大冲击,其自身需要较长的恢复阶段,而中等层级的全球城市大多为复合型全球城市,经济体系的弹性较大,因此受到的冲击相对较小,恢复期较短,因此,两个层级间的差距逐渐进一步缩小,钟形的发展趋势有进一步延续的趋势。同时,随着全球经济的逐渐恢复与发展,一些地方性中心城市迅速崛起,这将进一步增大中等层级全球城市的规模与影响力,世界城市网络的等级体系在中长期内有逐渐从钟形发展为鼓形的趋势。

第二节 世界城市网络构成的区域属性变化

在世界城市网络等级变化的同时,构成这一网络的个体也在不断增加与变化之中。随着全球经济格局的变化,在城市网络节点的区域分布上,以往欧美全球城市的绝对核心地位已经不复存在,亚太地区城市、新兴经济体全球城市正越来越多地成为世界城市网络的重要核心。这种变化趋势,使得世界城市网络的区域分布更趋均衡。

一、亚太城市地位迅速提升

进入 21 世纪以来,世界城市网络的规模与作用力在持续扩大之中,而构成网络节点的城市个体的数量、国别、区域属性也在发生着变化。由于全球城市作为全球化的具体承载空间的属性,这种变化不仅影响着世界城市网络的规模大小与影响范围,也意味着网络所承载的全球化要素的流动深度与方向发生重要变化。全球金融危机爆发之后,全球城市的区域分布进一步发生变化,不同区域城市个体的枢纽性作用也发生了不同的变化。这种变化在全球金融危机后依然持续,这也从空间投射层面,显示出经济全球化力量的区域走向。

全球城市的区域实力变化,最为明显地体现在城市的排名上。从全球金融危机前后各主要机构对全球城市的等级评估上,我们可以对这种变化趋势进行相关的分析与判断。从前述 GaWC 的城市连接度指数上看,可以看出,全球金融危机前的 2000 年,排名前 20 位的城市中,属于北美区域的为 5 个,欧洲区域 8 个,亚洲 5 个,大洋洲与南美洲各 1 个。在 2008 年的排名中,北美区域已下降为 3 个,欧洲下降为 6 个,亚洲区域迅速增加为 9 个,大洋洲与南美持平,各为 1 个。亚洲区域城市群体的崛起趋势已十分明显。

2010 年 10 月,《外交政策》(*Foreign Policy*)杂志发布了"2010 年全球城市指数"(The Global Cities Index 2010),这一排名主要考察 65 个样本城市对全球市场、文化与创新的影响力与整合程度,从城市的商业行为、人力资本、信息交换、文化实力,以及政治影响力等角度进行分析。在排名前 10 位的城市中,东京、中国香港、新加坡、悉尼、首尔 5 个城市来自亚太区域,占据半壁江山。①

---

① Metropolis Now, "Images of the Worlds Top Global Cites, *Foreign Policy*", http://www.foreignpolicy.com/node/373401. 2010-10.

表 2.3　《外交政策》2010 年全球城市指数

排名	城　市	人口排名	GDP 排名
1	纽　约	6	2
2	伦　敦	28	5
3	东　京	1	1
4	巴　黎	29	6
5	香　港	31	14
6	芝加哥	25	4
7	洛杉矶	12	3
8	新加坡	38	23
9	悉　尼	43	24
10	首　尔	22	19
11	布鲁塞尔	54	48
12	旧金山	46	16
13	华盛顿	42	10
14	多伦多	36	20
15	北　京	13	33
16	柏　林	48	46
17	马德里	34	22
18	维也纳	55	40
19	波士顿	41	11
20	法兰克福	64	20
21	上　海	7	21

资料来源：The Global Cities Index 2010，*Foreign Policy*. http://www.foreignpolicy.com/node/373401. 2010-10。

　　GaWC 组织与《外交政策》杂志的排名典型地反映了全球城市综合排名体系中的区域性变化。一些专业性排名则更集中地体现了这种东亚与新兴地区全球城市地位的提升。例如，国际金融领域广泛认可的伦敦"全球金融中心指数"（The Global Financial Centers Index，简称 GFCI），其 2009 年的排名报告指出,与 2008 年的排名相比,亚洲金融中心的 GFCI 指数均有相当大的增长,排名前十的金融中心城市中,亚洲的占据了 5 席,包括中国香港、新加坡、深圳、东京、上海。2010 年 GFCI 综合排名中,由于出现了并列的情况,前十位金融中心,亚洲占了 4 席,上海则位于第 11 位。[①]

二、"新兴市场城市"的崛起

全球金融危机前后,新兴经济体力量的整体迅速崛起,成为世界经济发展的重要趋势。随着全球经济的复苏与调整,新兴经济体城市地位的重要性日益得到各界的关注。这些被称为"新兴市场城市"(emerging-market cities)的城市群体,成为世界城市网络不断扩展的重要推动力量。同时,新兴市场城市力量的提升,也反映出 21 世纪第二个十年中全球经济格局的变化趋势与区域指向。

从前述全球城市等级体系的指数排名与连接度测算上看,北京、上海、莫斯科、孟买等新兴经济体城市的排名有很大程度的提升。而作为一个整体,新兴经济体城市的全面崛起,更成为未来全球经济向纵深发展的重要契机。世界知名的商业战略咨询结构波士顿咨询集团(Boston Consulting Group)于 2010 年 9 月发布报告,对新兴市场国家的城市进行评估。报告指出,新兴市场城市在 2015 年将构成全球私人消费的 30%,私人消费增长率将以 11% 的年均速度持续增长。该机构预测,这些城市的基础建设投资在未来 20 年中将达到 30—40 万亿美元之巨。新兴市场城市被视为世界经济发展的重要推动力量。2010 年,新兴市场城市在全球 GDP 增长中贡献的份额达到 60%,该报告预计到 2015 年,这一份额将进一步达到 67%。[②]

---

① City of London, *The Global Financial Centres Index 6*. 2009-9; City of London, *The Global Financial Centres 7*. 2010.

② David Jin, David C. Michael, Paul Foo, Jose Guevara, Ignacio Pena, etc, *Winning in Emerging-Market Cities: A Guide to the World's Largest Growth Opportunity*, The Boston Consulting Group, Inc., 2010.

此类对新兴经济体城市经济重要性的评估在危机后不断出现,数据与预测的背后,反映出新兴经济体与发展中国家在全球经济体系中地位的提升。而这一地位的提升,并非这些区域与发达经济体此消彼长的"零和"博弈,而是通过新兴经济区域自身发展推动全球财富整体提升的多赢过程。前述新兴市场城市经济实力上升更多体现在对全球 GDP 增长的贡献,也体现了这一趋势。在经济全球化深化调整的新发展阶段,随着全球政治经济力量对比的进一步变化,全球化要素的流动日益趋向于集聚在以新兴经济体全球城市为核心的区域内。

三、世界城市网络区域属性变化的内生动力

全球城市等级体系中,新兴经济体城市,特别是东亚新兴城市排名的迅速提升,不仅反映了东亚以及新兴经济体国家实力的迅速增强,也显示出全球化要素在进入世界不同发展区域,与地方要素结合后,呈现出的全新发展态势。

在传统的全球城市等级体系中,欧洲与北美城市占据绝对优势地位,入围的亚洲城市,如东京、新加坡等,更多担当的是发达国家资本、商品、技术的枢纽功能,许多城市因历史原因原本就具备较强的西方属性,具有"脱亚入欧美"的整体倾向。

而 21 世纪 10—20 年代东亚、南亚、拉美等新兴经济体全球城市地位的迅速提升,并非建立在单纯依靠西方技术、资本、贸易链条的基础上。这些新兴的全球城市,是以本土优势要素资源吸引全球资本,推动全球要素地方化配置的枢纽空间。这些城市的发展体现了全球化力量与地方经济优势相结合的趋势,具有内生性特征,有别于传统基于"中心—外围"模式的依附发展模式。因此,在全球化负面效应影响西方全球城市的同时,新兴区域的全球城市并未因高等级城市的萎缩而停滞不前,反而更趋挖掘本土和区域优势,其经济地位与世界影响力的提升是具有区域性支撑的可持续过程。

第三节　全球城市间的合作趋势

由于彼此间在资本、贸易、技术上的相互连接,全球城市之间的彼此联系一直十分紧密,但个体间在全球与区域资源方面的竞争格局,使得全球城市之间的交流与联系相对处于市场主导或自发层面。经济全球化持续发展以及各国间空前密切的互动交往,也使全球城市面临诸多共同问题以及需要多方共同应对的新变化,城市个体间的主动性合作意愿进而不断加强。全球化深化阶段,全球城市间的彼此协调与合作,更多显现出正式性、针对性、跨区域的特点,与传统城市合作范式相比,在内容与形式上都有所变化。

一、经济活力重塑成为全球城市间合作的重要形式

城市组织是全球城市进行多方合作的重要形式。在面临气候变化、经济危机等全球性问题的情况下,城市组织在经济复苏、环境保护等重要领域的合作与行动大为增强。例如,欧洲城市(EUROCITIES)组织在推进区域内全球城市应对危机的合作方面就发挥了很大作用。这一组织成立于1986年,由欧洲的全球城市构成主要的支柱性力量,拥有34个国家140个大城市成员,是欧盟最为重要的跨区域城市协调组织之一。2008年全球金融危机后,为促进城市区域的经济复苏,该组织联合、协调了欧洲主要全球城市政府,推动欧盟基金向城市复兴领域的持续投入,并推动城市的包容性增长成为欧盟结构性基金的主要投入领域。同时,该组织还通过多种形式的项目与评估机制,具体推动欧洲主要城市间在危机后的技术、可持续发展、中小企业扶助等领域的合作。[1]这些措施提高了欧洲主要城市在提高城

---

[1]　EUROCITES, *Eurocities in 2009 : Annual Report*, 2009.

市活力、应对危机、实现复苏方面的能力与协调性,并为欧洲城市共同问题的解决提供了沟通的平台与渠道。随着全球城市之间合作的需求增加,与欧洲城市类似的城市综合性组织在促进全球城市的合作方面日益活跃,城市与地方政府联盟(CGLU)等全球性城市组织的行动与合作促进措施,跨越了区域与城市规模的限制,进一步深入到全球城市化的广阔区域当中去。

二、专业性世界城市组织蓬勃发展

除了综合性的城市组织之外,专业性的城市组织活动也日益频繁。例如,C40 城市组织(C40 Cities)是目前关注气候变化和环境问题的重要城市组织。该组织在危机前后,通过参与世界银行项目,资助碳交易市场、推动电动汽车使用、建立公共汽车节能系统等措施,推动全球城市的低碳技术发展与环境保护。该组织成立于 2005 年,目前已经有 40 个全球城市作为主要成员,当中包括大量新兴经济体的全球城市,该组织的主席由各成员城市市长轮流担任。这些城市组织的大量出现和活跃行动,是全球化深化阶段不同层级、不同区域的全球城市作为一个整体表达意愿,采取共同行动的重要体现。除了 C40,能源城市(Energie-Cites)、气候联盟(Climate Alliance)、创新型城市(Villes Creatives)、健康城市(Villes-sante)等专业性城市组织都在各自领域促进了城市间对相关问题的集体应对。

总体上看,全球城市的合作在全球化深化阶段,有向机制化、跨区域、专题性方向发展的趋势。这一变化的出现,不仅与全球城市在未来一段时间内面临的挑战趋同有关,也反映出全球城市在相互联系日益紧密的情况下,期望在超国家层面、跨区域维护并促进自身利益的诉求。

小　结

第一,全球化深化背景下世界城市网络的层级体系表现出"扁平化"的

发展趋势,其形质更趋厚实,区域属性更趋均衡。这种变化的趋势反映出全球化要素在与区域禀赋结合的过程中,逐渐推动世界经济的空间布局进行新的调整。长期以来形成的西方节点城市高高在上,依靠金融、信息、跨国企业总部进行全球资源控制的局面正在被打破。与经济体的崛起相同步,这些国家与区域的国际性节点城市乃至区域中心城市正在成为全球城市群体中的"中产阶层",对世界城市网络起到重要的支撑作用。从更广阔的层面来看,城市体系的这种纵向与横向变化,恰恰反映出全球化要素在区域层面深度与广度上的拓展。

第二,世界城市网络体系的钟形发展趋势,从一个侧面表明了全球化深化发展阶段国际生产体系更趋"地方化"的变化方向。全球城市理论认为,遍布全球的全球城市是基于国际生产体系要素全球配置的控制枢纽。而当前世界城市网络中,中等层级节点城市的增加,一方面显示出较高等级全球要素控制中心数量的增加,另一方面则反映出这些控制中心的"地方化"趋势。全球化深化阶段,在对全球化负面效应进行应对与反思的背景下,区域经济合作成为新的热点,本土产业的重要性得到了新的重视。而国际生产体系在控制节点布局中,由于要素流动在区域层面的横向拓展,也需要更多的"地方性"控制节点。两种作用力的叠加,带来国际生产体系控制架构的这种"下沉"走向,也为中等层级全球城市的发展带来巨大的空间。因此,世界城市网络体系的形质变化,某种程度上也反映出跨国公司国际生产体系的结构调整。

第三,世界城市组织的蓬勃发展,反映出全球城市作为非国家行为体在全球化背景下的新行为模式。若以新区域主义视角来看,全球城市及周边的一体化区域,无疑是具有开放性的政治、经济、文化复合体,这与传统区域主义将城市视为封闭、单一的政治经济行为单位有较大区别。在全球化发展面临转型的背景下,当过度的全球化要素流动受到抑制,区域合作成为重要发展方向时,全球城市因其开放特征,必然寻求对区域资源的整合以及与周边同类个体的合作。以国际政治经济学视角观之,由区域化的全球城市以及多个全球城市组成的共同体,作为非国家行为体,在自身实力不断提升,治理需求不断增强的情况下,将逐渐成长为具有独立利益诉求的国际行为体。全球城市组成的行为群体,在某些领域或具体问题上,可能具有跨国、甚至超越国家层面的具体主张与行为,从而使国际政治经济发展体系中增加新的维度与行为个体。

第三章
全球城市发展的动力结构

第一节 全球城市迭代发展与城市吸引力、
竞争力、创造力的关系

一、全球城市吸引力、创造力、竞争力的内涵与关系

从全球城市发展的趋势上看,城市吸引力、创造力、竞争力三者间呈现出相互支撑、互动发展的总体关系。其中,吸引力是全球城市发展的基本保障,决定城市集聚外部要素的水平和层次。创造力是全球城市发挥全球资源配置功能的源泉,是实现城市流量要素能级提升,以及城市自身转型发展的驱动力量。竞争力是全球城市发展与迭代升级的结果,是全球城市发挥国际引领作用的核心要件。

具体而言,吸引力主要表现为全球城市的"软实力",是实现外部要素集聚的"无形之手"。全球城市的文化、治理、环境等领域的发展水平,与吸引力的形成息息相关。

创造力则表现为全球城市的"驱动力",是实现城市内部要素升级的重要手段。全球城市的创新体系、创意能力,乃至制度创新能力,是创造力的来源与水平评判标准。

竞争力是全球城市的"硬实力"表现,是城市多方面引领作用的基础。

全球城市的经济实力、开放程度，以及人力资源水平，是其竞争力的主要
标志。

二、迭代升级背景下全球城市"三力"作用的变化方向

从全球城市网络的视角看，全球城市的迭代升级，使其吸引力、创造力、
竞争力（下文简称"三力"）的内涵与其他类型城市的"三力"属性表现出较大
的差异性。一般城市的吸引力、创造力、竞争力，更多表现为相关城市自身
的综合能级水平、创新能力，以及城市特质形成的环境影响力。而作为全球
城市网络的核心节点，全球城市的吸引力、创造力、竞争力更多指向全球高
端要素的配置需求，其作用更多在于吸引和集聚国际高端要素，这与一般城
市有很大不同。其中，全球城市的吸引力主要表现为对国际高端要素的集
聚和辐射能力，创造力主要表现为利用国际高端要素提升创新水平的能力，
竞争力则表现为对国际高端要素市场的话语权。

在全球城市迭代升级背景下，城市创造力的作用得以提升。全球化深
化发展阶段，在新科技革命和产业变革趋势的影响下，跨国公司开始进行研
发环节的全球布局，以通过产业创新保持国际引领、导向和控制地位。相
应，全球城市间的网络联系基础也从资源、商品、资本的流量枢纽、控制节点
功能向知识、信息和人才意义上的流量枢纽、控制节点功能升级。在这种新
的发展趋势下，全球城市的创造力，使其得以强化自身对全球经济、社会、文
化、环境发展的表率、影响、导向和控制作用，使其产业影响范围从先进制造
业、生产服务业向文化、环境等新产业领域扩张，推动城市环境营造和产业
融合、联动、复合、集成发展。

在这种变化情况下，全球城市的吸引力作用就得到凸显，其核心在于将
城市的包容性与社会和谐作为与国际枢纽地位或"竞争力"同样重要的目
标，或者把社会整体和谐内化为全球城市的基本要求。这就使全球城市逐
渐成为跨国发展的重要空间载体，而不仅是人类生存竞争的一个场所。相

应地,城市的发展重心也转向经济功能、社会功能、文化功能的协调,以此来弥补或者防止社会分化,促进经济、社会协调发展。

第二节　全球城市吸引力、创造力、竞争力的主要内涵与关键要素

一、城市吸引力的内涵与关键要素

1. 文化辐射作用

全球城市是所在国及国际文化发挥影响力的重要空间,其对外影响力的核心在于由思想、科技、教育、市民素质、观念意识等共同构成的文化体系以及文化的辐射能力。全球城市的吸引力和魅力,在于城市的独特精神品质,也是城市文化的内核所在。城市文化虽然是无形的,但相较有形的物质要素其影响却更为深入与久远。这就使全球城市的发展及吸引力,难以离开城市文化的辐射作用。全球城市的文化体系以物质或非物质形态对世界造成深远而广泛的影响,这种影响体现为一种无与伦比的文化辐射力。经济全球化对于城市的影响,不仅是形成跨国资本流动形成的经济与要素枢纽体系,也产生具有全球传播能力的新型文化谱系,并与区域内外的文化需求相适应、相融合,进而构建起具有同化作用的文化交流系统。从这个意义上看,全球城市的文化体系,体现出外部创新与本土传统的结合特性。在这一体系下,全球城市的文化影响范围,并不受制于城市体量与规模,而在于文化传播与创造的质量及辐射能力。

2. 人才吸引作用

全球城市是人才国际流动与集聚的交汇点。一方面,在经济全球化面临新格局的背景下,全球化因素、城市与人才三者间的互动关系更为紧密。尤其是对处于世界城市网络核心,强调要素配置力、控制力、影响力的全球

城市而言,更需要高素质国际人才的支撑。另一方面,在信息、交通技术日益发达的情况下,知识与人才的国际分布并未分散化,而是愈发在空间相对紧凑、人员高度密集的高度国际化枢纽城市集聚。这表明全球城市对人才的综合吸引力、集聚力、影响力不断增强。各主要全球城市凭借独特的要素积淀、完善的制度环境、高质量的发展机遇,形成对世界各地一流人才的吸纳能力和应用能力,继而形成"城市集聚人才、人才优化城市"的良性循环,进而在竞争中不断强化自身的竞争优势,并形成发展的特色。

二、创造力的内涵与主要要素

1. 全球知识集聚和扩散能力

对于全球城市而言,全球性的创新引领作用建立在知识集聚和对外辐射的平台之上。这些知识集聚和扩散中心主要包括由高校、科研机构、创新和创意型企业、平台机构、服务机构等组成的综合性知识平台。在创新平台之外,政府在创新体系中为创新机构和企业提供科技公共服务和创新环境塑造服务,引导社会和城市创新的发展方向。全球城市也是专业性高技术服务业的集聚地,具备对创新的高质量服务能力,金融、咨询、设计、审计、会计、律师等专业性服务机构对知识的汇集和扩散能够起到重要的支持作用。

2. 全球创新人才集聚和交流能力

创新的基础在于人才。全球性的创新枢纽也是人才集聚和交流的重要空间。能否形成有利于创新人才集聚、知识汇聚的长效机制,是其全球城市创新功能得以发展的决定性因素。在集聚创新人才的过程中,全球城市在政府的人才吸引及便利政策等手段之外,还注重推进产学研的充分结合,通过创业和就业机遇吸引人才。如在纽约就集聚了大量非营利性的创新NGO组织,其中各领域的行业协会组织发挥了重要作用。以纽约软件服务行业为例,其产业迅速发展主要得益于风险资本、软件人才和创业精神这三大因素,而在长期的发展过程中,软件服务领域的行业协会发挥了信息提供、中介服务等一系列积极作用。此外,全球城市良好的城市环境、公共服务水平、可持续发展潜力、社会文化资源都是吸引人才集聚和交流的重要条件,这些因素共同成为城市吸引力和创造力互动融合的重要基础。

3. 全球科技创新的服务能力

在全球城市的产业体系之中,以创新服务业为代表的现代服务业对于城市创新体系发展具有重要作用。其作用主要体现在:其一,作为城市重要的产业组成部分,整体提升城市创新服务水平,并提升城市创新经济活力;其二,通过专业化服务,推动服务业与制造业实现深度、高效率融合,为催生更多的技术创新、管理创新、产品创新提供条件;其三,推进高端创新资源的空间集聚,通过集群效应实现知识传播、信息共享,提高产业创新的可能性;其四,为产学研更为紧密地结合提供多样化的方案选择,例如纽约市的各种行业设计、企业管理等服务机构,能够从企业需求出发,在企业运营、业务流程、工艺流程方面,为创新型企业提供"量身定做"的针对性专业服务,并能及时高效地整合高校、企业、政府,以及相关社会组织的资源,使创新创意的效用快速释放。

4. 全球创新孵化和产业化承载能力

全球城市利用其强大的经济、人才、管理、服务优势,为创新和创意提供了优越的产业化条件,使创新型小微企业和初创企业能够快速孵化,成长为产业的活跃主体。例如纽约的专业服务业、伦敦的创意产业、巴黎的时尚产业,均体现出对创新孵化和产业化的重要推动作用。从竞争优势看,全球城市长期不断强化的全球经济中心的地位,也为创新孵化和产业化提供了重要保障。全球城市的国际经济影响力和控制力,集聚了创新孵化所需的大量优质人力资源,并提供对创新产业的需求。同时,全球城市的不断迭代发展,也使产业形态不断更新,为创新的服务化和产业化提供新的模式和机遇。

5. 全球创意和传播能力

全球城市大多也同时是国际文化大都市,是汇聚国际多元文化的枢纽

空间。跨国人才、多元文化与知识的汇聚,使全球城市具备创意产业的良好
条件。全球城市具有包容性的城市人文环境,也为创意产业的发展提供了
良好的外部环境,进而能够使新思想、新技术、新内容快速相互渗透,促进创
意、技术、文化与产业的有机融合。同时,因全球城市长期积淀的城市形象、
品牌而形成的"软实力",构成文化的辐射和影响力。同时,全球城市的先进
服务业与高质量商业网络,为创意产业的发展和传播提供了重要的平台和
渠道基础。

三、竞争力的内涵与要素

1. 竞争领先能力

全球城市的竞争领先能力包括两方面,即领先于其他城市的竞争力和
自身可持续的竞争力。全球城市竞争和发展的目标仍然是效益最大化。全
球城市竞争力的核心,是该城市与其竞争对手相较,在竞争和发展过程中所
具有的,吸引资源和要素、生产产品和服务、占领和控制市场,创造财富,以
及为居民提供更好就业生活居住条件的能力。全球城市通过不断转型与调
整,在激烈的竞争中保持领先,避免衰落和边缘化,同时还需要保持持续竞
争力,实现跨越和赶超。这集中表现为全球城市的全球化战略与当地化行
动,同时也表现为全球城市把握机遇,应对挑战,扬长补短转型升级,以及制
定并实施科学发展战略和正确竞争政策的能力。

2. 经济控制能力

全球城市的经济体系已实现了从制造业为主导向生产服务业为主导的
转型,进而向创新经济进一步转型。其核心,在于形成对全球经济的控制能
力。这种控制能力首先表现为资源配置功能和管理决策功能。全球城市最
显著的经济控制功能之一是国际金融中心功能,通过控制国际金融流量影
响全球经济。同时,国际航运中心功能和国际贸易中心功能也是全球城市
发展的重要依托。国际贸易中心不断向"综合资源配置型"转型。除了继续

保持有形商品的强大集散功能外,还强化了虚拟市场、离岸业务、电子商务和服务贸易,立足于构建商流、物流、资金流、信息流、技术流聚于一体的全球性商贸、流通体系。通过上述经济功能的发展,全球城市有效参与了各项资源和市场要素在国际间的配置,成为世界经济的枢纽与平台。全球城市经济控制功能还表现在研发创新的枢纽功能上。随着跨国公司的发展,其加大研发力度、提高全球研发创新能力的趋势日益明显。跨国公司逐渐将研发中心进行全球布局,此类研发中心往往设立在高端人才集聚、信息畅通、软硬件设施完善的全球城市与国际枢纽城市中,其一方面提高了此类城市的研发创新的核心作用,另一方面也直接带动了高端创新要素向经济节点空间集聚。

第三节 主要全球城市对吸引力、创造力、竞争力的内涵理解

纽约、伦敦、东京等主要全球城市的规划与发展实践表明,尽管不同城市对全球城市的吸引力、创造力、竞争力的概念表达各有侧重,但对上述"三力"的内涵理解仍显示出一定的共同之处和规律性认知。

一、全球城市对吸引力的理解

全球城市的吸引力,一方面与城市文化、制度、治理等"软实力"的影响作用息息相关,同时也与低碳环保、基础设施等"硬环境"有较大联系。总体上看,在纽约、东京等城市的认识上,全球城市吸引力主要表现为城市基于城市文化积淀、制度氛围、宜居环境,以及可预期的增长前景对国际人才、资本、信息等要素的集聚能力。全球城市的吸引力,是城市环境因素、城市精神与城市实力的综合作用,具体体现在城市制度环境、文化水平、治理水平,

以及绿色宜居等具有"城市品牌"识别度的领域。

全球城市在自身定位中,大多将吸引力的内涵具象化,突出其优势领域。例如纽约市在 2030 年的规划中,就将自身的未来目标定位为 21 世纪的模范城市,提出一个"更伟大、更绿色"(Greener,Greater)的纽约定位,以低碳环保以及包容性作为吸引力的来源。纽约市 2015 年发布的,面向 2040 年的《一个纽约——规划一个强大而公正的城市》规划则提出四项发展愿景,主要为:成长与繁荣之城;平等公正之城;可持续发展之城;韧性之城。纽约追求的繁荣、公正、可持续的城市精神,便构成其中长期的吸引力来源。①伦敦则将文化作为城市吸引力和创新的重要基础。2012 年,伦敦市长办公室的《全球文化都市报告》中指出:文化是世界级城市公共政策的核心,世界级城市把文化作为创意经济的引擎,作为包容文化多样性和吸引人才的磁石。因此,世界级城市必然为文化的发展,科学地安排智力和物理空间,并将走向集约化、复合化、融合化的道路。②

二、全球城市对创造力的理解

全球城市的创造力主要反映全球城市在创新创意方面的功能与引领性作用。纽约、伦敦、东京等全球城市对创造力的建构核心,在于提升城市在全球创新网络中的地位和枢纽作用。而这一网络可分为三个子网络,分别为:(1)全球知识创新网络:以高校科研院所为主体,以科学论文、专利获得、学术会议、人员访学、合作研究为载体的知识流动层。(2)全球创新创业网络:以创业者为主体的,依托各类创新创业载体(科创苗圃、孵化器、加速器等)的高竞争、高淘汰的技术开发层。具有高度全球化背景的各类创新创业融资(天使投资、风险投资、私募股权投资、众筹募资等)作为关键润滑剂,使得这一层也具备松散的全球网络化架构。(3)全球研发产业化网络:以跨国

---

① 　The City of New York, *One New York：The Plan for a Strong and Just City*, 2015-5. pp.5—6.

② 　Mayor of London, *World Cities Culture Report 2012*, 2012, p.17.

公司为主导的,由全球生产网络升级而来的,以企业研发中心全球布局及其研发服务外包为主要介质的技术开发与产业化层。全球城市的创造力,主要在于融入上述创新网络,在此类网络中发挥关键性的影响力,同时借助创新网络实现城市发展的动力升级。

相对于吸引力和竞争力,全球城市的规划目标与政策宣示中,较少直接提及"创造力"这一概念,但这一概念更多以"创新"及"创意"的形式出现。在这一领域,伦敦走在主要全球城市前列。2000 年,伦敦就提出加快推进创新与创意发展战略,由伦敦发展局牵头,15 个政府部门、10 个民间协会共同合作,制定了《伦敦科学、知识与创新战略规划》,提出将伦敦建设为"世界创新之都"。《伦敦规划 2015》中,"确保伦敦成为创新的可持续中心"成为伦敦的核心愿景之一。伦敦大都市政府(GLA)的《2020 远景规划:最伟大的城市》规划中,进一步提出后奥运时期伦敦大都市区主要发展契机为保持全球金融、商业、文化、艺术、媒体、教育、科学与创新之都的地位。[①]其中,除金融、商业之外,六个目标均与创造力相关。

三、全球城市对竞争力的理解

竞争力是全球城市长期以来高度关注的核心领域。主要全球城市对其的理解,基本集中在流量控制水平与网络节点功能层面,特别强调与其他城市之间的地位差异及引领作用。在竞争力的内涵方面,主要全球城市的理解基本一致,即在国际金融、国际贸易、国际航运以及先进产业领域的经济实力,以及资本、信息、人力等要素方面的先进性。

纽约等城市对于城市竞争力的理解,在全球金融危机后出现新的变化,在这些城市的中长期规划中,城市竞争力的内涵,在原有流量控制力比拼的基础上,更增加了城市开放、人才等方面的内容。这显示出城市竞争力与吸

---

① Greater London Authority, *2020 vision:The Greatest City on Earth*, June 2013.

引力之间的融合互动，也表现出全球城市竞争力的度量正从以经济为主的单一评判标准，向综合竞争力的多样标准演进。如在纽约面向 2040 年的规划中，对城市领导地位的视角就置于就业中。该规划提出，纽约市有成为全球经济领导者的空间与资本，可以提供高品质多元化的就业。纽约市将提供具备适应 21 世纪经济需求技能的优质劳动力。[1]伦敦则将竞争力与开放度联系起来。大伦敦政府在 2020 年远景规划中提出，伦敦未来的竞争力以及潜力释放的关键在于城市的开放度。

　　在强调多样性的同时，产业竞争力依然被伦敦等城市作为城市竞争力的核心要素。伦敦在《更宜居的城市——2030 伦敦规划》提出，应强化金融业、航运业、旅游业、商业、文化产业、创意产业、咨询服务业等的国际竞争力，提升英国产业领域资源配置能力和国际话语权。[2]《东京 2020 年城市发展战略规划》中，也提出提升城市的国际竞争力的内容，其重点一方面在于产业培育与"全球最佳商务中心城市"的建设，另一方面则注重基础设施对城市国际流量的正面作用。[3]

第四节　全球城市提升吸引力、创造力、竞争力的主要特点

　　在纽约、伦敦、东京等全球城市提升"三力"的过程中，其经验和未来战略尽管针对各城市的发展特性有所侧重，但仍然具有一些共同原则和规律。通过上述城市的发展经验，可以发现，全球城市在把握全球经济转移机遇、

---

[1]　The City of New York, *One New York：The Plan for a Strong and Just City*, 2015, p.58.

[2]　黄苏萍、朱咏：《全球城市 2030 产业规划导向、发展举措及对上海的战略启示》，载《城市规划学刊》2011 年第 5 期，第 13 页。

[3]　Tokyo Metropolitan Government, *Creating the Future：The Long-Term Vision for Tokyo*, 2015, pp.52—54.

提升城市软实力、塑造包容性制度环境、引领低碳可持续发展方向、提高城市创新体系水平、建构引领性人才培养集聚模式、推进城市经济转型、明确关键作用力释放空间,以及提升国际经济门户枢纽作用等方面显示出相似的做法和举措,这些主要举措可被归纳为十个重点方向。

一、敏锐把握全球经济重心转移的重要机遇

主要全球城市崛起过程中吸引力、创造力、竞争力的提升,与这些城市把握外部环境阶段性变化,充分利用全球经济重心转移等重要战略机遇息息相关。伦敦的崛起和吸引力形成,在于充分利用世界经济中心在19世纪向欧洲转移的态势以及英国全球经济首位地位的确立。而纽约全球城市竞争力与吸引力的提升,就在于抓住战后全球经济重心向北美转移的趋势,充分利用了美国在国际经济体系中主导权建立的战略优势地位。一战之前,纽约更多担当国内金融中心角色。二战后,纽约依托美国在全球经济中的压倒性优势,以及美元在国际货币体系中的优势地位,顺势而上,成为国际金融中心、最大的美元结算中心与跨国公司总部集聚地,形成了对国际资本、人才、技术等高端要素的强大吸引力和综合竞争力。

二、以全球文化中心为核心的城市"软实力"体系建构

纽约、伦敦等主要全球城市的吸引力塑造和提升是一个较长的过程。在这一过程中,上述城市不遗余力地提升对全球性文化的引领作用,进而形成全球的文化中心。这种文化中心地位使城市的"软实力"得以建构,并形成强大的对外辐射传播能力。如伦敦的全球城市地位,并非单纯依靠英镑等金融资源。在维多利亚时期,伦敦就以新古典主义文化,以及以世博会为代表的工业文明形成了城市的重要影响力。全球金融危机后,伦敦进一步强化自身在全球创意文化中的先锋地位,形成了以"酷伦敦"为代表独特的

城市形象和吸引力。纽约的影响力释放，一方面依托于自身的金融、贸易、生产者服务业、专业服务业等领域的优势，另一方面也建基于其自身的文化与思想成就。这与 1945 年以来，抽象表现主义艺术、后现代主义思潮在纽约的兴盛，以及纽约强大的文化传媒体系配合，使该市的城市氛围与吸引力极大提升有很大关系。

三、有利于成长型企业、人才流动的包容性制度环境

纽约、伦敦、东京的吸引力建构体系中，包容性制度环境的作用不容忽视。这种包容性的制度环境体现在对小微企业、多层次人才的政策激励，宽松的行政管理方式，优惠且具有指导性的扶持政策等。特别是纽约等城市"小微企业第一"等政策，反映出全球城市在形成有利于成长型微观经济主体发展的制度环境方面的不遗余力。这种具有包容性的制度环境，有助于提升城市发展的活力，降低城市发展的制度成本，吸引国际人才，最终提升全球城市的国际影响力和吸引力。

四、塑造有利于"激活"城市创新基因的外部条件

纽约、伦敦、东京等城市的创造力来源，在于其城市长期积累的，由国际创新人才、资本，以及创新制度体系相互融合而成的"创新基因"。而这种城市创新基因的不断释放，主要归因于城市始终着力塑造有利于激发创新活力的外部条件。这种外部条件体现在社会多样性、开放度、企业家文化、创新扶助政策等诸多层面。以伦敦为例，该城孤悬于欧洲大陆之外，进入 20 世纪后半期之后，城市发展的外部条件趋向下行，其区位优势和发展条件亦不如法兰克福等位于欧洲大陆中心地区的金融中心。但该城以包容精神，促进国际化移民社会的形成，并提升城市的企业家精神，不断激发城市的内在创新创意活力，使伦敦成为国际化程度高、国际创新人才、创新创意资源集聚的国际枢纽，并进而在英国国际地位下降背景下仍然保持了顶级全球

城市的地位。

五、引领低碳可持续发展方向

纽约、伦敦、东京等城市在全球金融危机前后,都不约而同地将低碳、绿色、可持续发展作为城市发展的主要战略与发展模式。其绿色低碳的理念,一方面具有先进性及引领性,成为城市品牌和吸引力的重要亮点;另一方面与城市经济、社会等多领域发展紧密联系,成为城市发展"纲举目张"的核心抓手。如伦敦在2007年就首先提出低碳发展城市的概念,引领低碳城市建设的风气。同时,上述城市在C40城市联盟中担当发起者和主导者的角色,对全球环境治理也起到引领作用,进一步提高了城市在全球事务中的话语权、影响力和吸引力。

六、全方位构建城市创新体系

国际主要全球城市在21世纪后,特别是全球金融危机之后,高度重视城市创新体系的构建,以创新作为城市发展的新动力。这种对创新体系的建构,围绕着国际创新要素集聚与城市本土创新力量培育两方面重点展开。同时,高度重视创新与城市经济的融合发展,充分利用全球城市的要素枢纽功能,成为创新产业化"最后一公里"的"实现者"。此外,引领性全球城市的创新建设不仅是科技、经济意义上的"硬创新",更体现为广义的创新,即创意设计、技术与管理、科学知识、人文思想等层面的创新。全球城市对广义创新的汇聚、策源、规模化传播、应用能力,不仅决定了城市自身的能级及历史地位,也成为其创造力提升的源泉。

七、建构引领性人才培养集聚模式

主要全球城市的实践和规划表明,人才的培育集聚是贯穿城市吸引力、创造力、竞争力的关键举措。尽管由于城市发展特性不同,纽约、伦敦与东京在吸引、服务人才方面的侧重点不同,但这些城市均采取多层次的政策与服务手段,吸引国际人才,培育本土人才,集聚高端人才,从而不断优化城市的人才结构。上述城市从发展环境塑造、技术指导、交流机会、技能培训、教育提升等多层面入手,建构出具有全球引领性的人才培育集聚方式,从而在全球化跨国人员流动速度不断加快的情况下,仍成为人才趋之若鹜的"磁极"节点。这也从一个侧面反映出,全球城市人才的水平,最终决定了全球城市吸引力、创造力、竞争力的水平。

八、不遗余力推动城市经济转型

纽约、伦敦、东京等城市的竞争力提升,源于城市经济结构的不断调整与经济体系的不断转型。从制造业向服务业的迅速转型,服务业内部行业的优化发展,到专业服务业的集聚,全球城市因应全球化发展的需要,不断调整产业结构,保持对国际经济和全球要素的调整与配置能力。同时,东京等全球城市在城市空间规模扩展的同时,并未推进城市的"全服务业化",而是仍然保留了先进制造业以及创新型产业的发展空间,从而使城市的经济结构具有多样性,在城市竞争中具有更大的弹性。

九、锚定作用力释放的战略空间

伦敦、东京等城市在提升城市竞争力、创造力的举措和战略规划中,关注相关作用力的空间落地情况。相关规划中,明确以特定功能空间的形式,为城市重点领域的发展预留发展空间,并在相关区域采取针对性推进政策,从而使竞争力、创造力的提升具备空间依托,并能够"嵌入"城市空间体系之中。如伦敦面向 2020 年规划的 19 个"机遇区域",就为其城市未来发展提出了空间发展方向以及增长极的空间依托区域。相关区域在近期也呈现出较好的发展势头,证明了空间对作用力的承载作用和极化作用。

十、提升城市国际枢纽基础设施水平

纽约、东京等城市的转型举措及远景规划中,均将港口、机场、城市交通、数据信息网络等与国际交往的基础设施水平提升,作为重要的推进方向。相关城市还明确提出这些基础设施对于提升城市竞争力、吸引力的重要支撑性作用。面对当前国际要素流动速度加快、规模加大、需求加强的趋势,城市的基础设施建设水平和服务能力,将成为决定全球城市竞争力的重要标尺。

小　　结

纽约、伦敦、东京等主要全球城市促进吸引力、创造力、竞争力提升的政策和举措并非相互隔离,而是相互之间形成有机互动。特别在促进城市影响力外溢、推进城市创新动力转型、提升城市国际化水平、推进城市产业转型升级、强化城市创新网络建构方面形成了各有侧重又相互联系的推进策略。同时,全球城市经济—创新—文化—治理—环境等"五位一体"功能体系的支撑性作用,也为"三力"的互动发展形成重要的基础。

一、全球城市吸引力、创造力、竞争力的融合发展

从整体上看,全球城市的实践和规划表明,吸引力、创造力、竞争力之间的关系,呈现出互动发展,相互促进的"融合发展"趋势。"三力"之间的界限并不泾渭分明,而是相互依赖、互相支撑,最终形成全球城市发展的"合力"。因此,在纽约、伦敦、东京等城市的战略中,并没有吸引力、创造力、竞争力的针对性谋划,而是更多采取塑造环境、利用态势、推进驱动、吸引要素等"间接路线",在推进具体领域发展的举措中将对"三力"的提升作用内化在其

中。同时，"三力"之间也呈现融合发展的态势，如吸引力与创造力之间的互动，就以城市的创新创意功能为载体，形成相互融合的机制。吸引力和竞争力之间的互动，则以低碳环境、人才集聚等形式，形成以吸引力优化提升竞争力的互动格局。

二、全球城市吸引力、创造力、竞争力的阶段性侧重发展策略

全球城市的吸引力、创造力、竞争力内化在城市崛起的过程中，一直伴随城市的发展而发展，但在城市发展的不同阶段，起主要作用的力量有所差异。在全球城市概念提出及快速发展阶段，竞争力是城市主体关注的重要方面，纽约、伦敦、东京在 20 世纪 80—90 年代，大力推进产业体系转型，以制度创新促进资本等高端要素集聚，都在于提升城市的竞争力。而当城市进入发展的平台期及成熟阶段，创造力的打造即成为全球城市找到新发展引擎的关键。这在全球金融危机后全球城市的调整策略中可清晰观察到。面向未来的发展，在不确定的世界经济发展前景和新兴全球城市迅速崛起追赶态势之下，城市的吸引力、软实力则成为全球城市保持引领地位的"差异性"优势所在。因此，在不同发展阶段，对"三力"采取差异性、有侧重的推进策略，是顶级全球城市保持其地位的重要原则。

三、"五位一体"的全球城市吸引力、创造力、竞争力的支撑系统

全球城市吸引力、创造力、竞争力的形成与发展，并非无源之水、无本之木，而是需要城市功能的强大支撑。从纽约、伦敦、东京等顶级全球城市的发展实践看，经济、创新、文化、治理、环境领域，是提升"三力"的关键功能。其中，经济功能为竞争力提供主要支撑，文化、治理、环境功能对形成吸引力至关重要，而创新体系则对创造力的形成提供基础。全球城市的实践表明，"三力"的形成与提升，关键在于使经济、创新、文化、治理、环境功能形成"五位一体"的互动配合机制，进而形成均衡的城市作用力布局。

四、全球城市吸引力、创造力、竞争力提升的关键领域

全球城市吸引力、创造力、竞争力涉及的领域众多,"全覆盖"式的整体推进难度较大。纽约、伦敦、东京等城市的成功,往往在于找到了推进的关键领域,牵住"三力"提升的"牛鼻子",并在关键领域持续发力,起到"重点牵引,带动全局"的效果。如上述城市共同关注的**低碳、绿色城市**建设,对该领域的推进并非单纯关注节能减排等技术环节,而是在低碳与可持续发展的背景下,与绿色经济、技术创新、空间重整、宜居宜业等多领域相连接,形成对竞争力、吸引力、创造力的整体牵引和塑造。此类关键领域还包括人才、文化等具有重要影响作用和连带作用的问题。全球城市在此类领域的持续发力,以及对相关问题国际话语权的引领,有助于在一个较长时段形成发展的主线,进而带动"三力"的协调发展。

第四章
全球城市的功能体系变化

第一节　全球城市地位与功能调整趋势

一、综合多样:全球城市经济功能的演变方向

　　纵观全球城市理论的研究历程,不难发现一些初始阶段形成的视角偏向。全球城市理论的提出者萨森在提出这一概念时,主要强调了识别全球城市的生产者服务业功能,并将重点聚焦至金融、投资、咨询等专业服务领域。应当说,这一观察有助于将全球城市与其他类型城市相区分,具有类型学的独特意义。但这一视角也带来对全球城市理解的特定偏向。以泰勒等学者为引领的"全球化与世界城市研究"团队(GaWC),在研究全球城市的链接特性和能级分布时,主要根据萨森等学者的这一标准,主要采取生产者服务业(会计、广告、金融及法律等)跨国机构在全球部署的数据,分析全球城市体系的结构和等级关系。应该说,GaWC 团队研究的成果,具有科学性,因此也成为各界确定全球城市等级排位的重要依据。但这一研究为使控制变量得到约束,也带有指标"精简"化的特性。而在学术成果向发展实践演进的过程中,则产生了全球城市理解上的偏向。全球城市的建设与规划者将全球城市的发展重心更多聚焦于生产者服务业,而相对忽视了其他类型服务业的基础性作用,而制造业的作用更被相对忽略。这带来了在国

际化的过程中,全球城市内部的产业多元化和城市之间的产业异质性显著下降,主要全球城市的产业结构基本被服务经济主导。

而在面临全球性金融危机中,此类功能单一的代表性全球城市,如纽约、伦敦、香港等则成为受打击最大的城市,部分城市甚至由于城市服务业结构较为单一而面临复苏乏力的窘境。面对危机的冲击与调整,全球城市的总体经济功能定位正在发生着新的变化。为保证经济的平衡性与弹性,许多全球城市在面向未来的战略规划中,对于自身的定位进行了微调。城市在继续承担国际流量的传统枢纽功能的同时,向兼具可持续发展能力、本地居民服务保障能力的复合性功能转变。这种城市功能的综合化,一方面体现在服务能力—生产能力—创新能力的均衡发展,另一方面则体现在对外要素控制能力与对内保障能力的协调发展上。在城市功能重塑的背景下,全球城市也着手推进城市的产业结构调整,特别对主导产业的发展方向进行了新的规划。从总体上看,这种变化的趋势,将推动城市由原本金融、地产、专业服务业为核心的先进服务业主导,向生产性服务业、传统服务业以及先进制造业的均衡发展趋势转变。

二、和谐包容:全球城市社会功能的发展方向

在 20 世纪 90 年代的识别研究中,全球城市在社会领域的极化和撕裂就作为鲜明特点而被提出。一方面,全球城市中国际化与世界经济参与主体及本地边缘人群之间的利益趋向差异、行为方式不同,以及随之而来的政治诉求分野,在城市的有限空间中往往以冲突、对立的形态表现出来。全球城市内部的社会两极分化与包容性问题,一直困扰着这些高速发展的国际化城市区域。当经济危机等外部不稳定因素出现,城市就业问题格外凸显,以及随之而来的经济、社会负面影响,使全球城市在应对挑战、消弭危机影响、规划可持续的未来时,必须将社会问题的解决作为核心措施加以考虑。另一方面,全球城市所在国内部的社会问题,也在全球城市中得到集中反

映。无论是纽约爆发的"占领华尔街"运动、巴黎"黄马甲"运动,还是印度孟买等新兴全球城市的贫民窟和新移民融入问题,这些全球城市中以各种形式表现出的社会问题,在对城市发展稳定性的要求不断提升的新阶段,需要得到妥善解决。全球城市的社会割裂、城市绅士化(Gentrification)等问题,在此后的全球化与城市互动的大量研究中也得到持续的深入探讨。但是,当全球范围塑造全球城市成为一场"时髦"运动时,这往往只是作为全球城市建设中的一个"不良"代价而予以简单处理。

以社会功能和社会发展理念的进一步完善应对城市突出的社会问题,是全球城市迭代发展避免"木桶短板"的重要责任。从规划与实践看,提升发展的包容性与社会和谐性,是各主要全球城市社会功能转型的重要方向。其中的核心理念,在于对全球城市认识的深化,即全球城市不仅是国际经济竞争的载体和容器,也是由各类人群组成的有机整体,城市发展的最终目标是为了多元人群的幸福与高质量生活。在这一目标之下,全球城市社会功能的优化需要遵循一系列新原则。其一,包容性原则,城市的运行与运营,需要提供各类主体参与的机遇,考虑多元群体的利益与诉求,进而形成各方利益相协调的社会有机互动环境。其二,利益相关方原则,将城市全体民众而非精英群体作为城市发展的参与者及利益贡献与共享者。城市服务与利益的分配考虑各群体的诉求,城市发展的谋划由各群体参与。其三,协调协作原则。城市运行充分考虑各群体间的协调,以合理的权利分配调动各类型人群的协作意愿,形成和谐稳定的社会运行机制。

从具体的推进领域看,持续推进就业和居住领域的公平与包容,成为全球城市进一步提升社会发展水平的重要方向。各全球城市政府的规划中均将就业促进计划作为重点,提升就业者的劳动技能与劳动层次,还着力通过设立公共建设项目,扩大职业中介规模,为民众提供更具包容的就业机会。另外,诸多全球城市认识到,市民的稳定居住,是保持城市商业与文化氛围、保持与拓展城市软实力,以及实现城市社会安全稳定的重要前提。因此,众多全球城市均将确保当地居民的居住权与住房选择权,作为推动城市社会和谐发展的重要手段。在纽约的 2030 年规划中,居住战略甚至位列所有分项战略之首,提出为 100 万新增的纽约人提供家园,保障住房价格合理性和可持续性的目标。悉尼市的 2030 年规划中,则将为多元化的居住人口提供多样的住房作为重要努力方向,特别强调为中低收入的工人阶层提供非营利性住房,为弱势群体提供社会性住房。到 2030 年,将努力使社会性住房数量达到所有住房的 7.5%,非营利性住房从当前的 1% 占比提高到 7.5%。[①]

三、兼容并包:全球城市文化功能的发展方向

在全球城市的文化体系和城市精神的谋划上,是遵循国际标准还是回望本土特质,长期以来是使城市管理、规划者踯躅往复的两难选择。在参与全球经济运行的过程中,全球城市建构起来的高度国际化功能和商务运行体系,使城市文化更趋向于国际通行的话语体系与思维形态。同时,在硬件与基础设施方面,城市的交通、商旅、娱乐、消费等设施往往受到国际标准与高能级均质化品牌的影响与带动,进而在促进国际互动高度便利化的情况下,城市整体硬件环境显示出风格特征与外部城市"同质化"的趋势。另外,由于创新创意水平的提升,全球城市多阶层对于本土文化的发展诉求,以及对于"差异性"的追求不断提升。这就使全球城市成为全球文化与本土文化的竞争空间。而其全球城市在空间和资源的相对有限性,使得本土与全球文化要素的配置和分布,成为需要妥善协调的重要问题。在部分全球城市中,全球文化压制地方文化的"绅士化"难题,以及对外来文化的单向杯葛问题,成为文化冲突的极端体现。

全球城市的文化认同与创新,成为相关城市在迭代发展过程中着力解决的重要问题。本土文化与全球文化的兼容并蓄,共生繁荣,成为主要全球

---

① City of Sydney, *Sustainable Sydney 2030*, 2008.

城市文化发展的新方向。全球城市的文化认识,逐渐摆脱以部分发达国家主流文化特点为尊的趋向,更多考虑本土与全球文化的相互融合,以形成具有识别性,为本城市民众所共识、共享的文化内核。这种文化上的融合,带有"嫁接""选择""同化"三重属性。全球城市的文化,与非全球城市的区别,在于对外部文化的内容借鉴和渠道运用,即"嫁接"全球优质文化的成果、标准与表达形式。同时,全球城市的文化体系,需要基于自身特性,有所"选择",并对外来文化及标准进行本土化调试和改造,进而形成创新型的"同化"成果。

这种兼容并蓄的文化融合特色,体现在各主要全球城市的文化发展战略和规划上。相关城市的文化战略中,均提出在重视城市自身的文化特色基础上,树立明确的目的和切实可行的目标,建设有特色、竞争力和差异化的文化品牌,并与城市整体发展相结合。从目标上看,全球城市文化建设的根本目的,在于以文化建设为手段,提升城市的社会、经济、文化、创新等领域的包容性和综合竞争力,保持并提升自身的城市特质,形成全球意识与本土特点相均衡的城市精神与核心凝聚力。

四、低碳绿色:全球城市发展的新范式

全球城市的发展,曾经以人员密集、高流量、高资源消耗为特点。进入21世纪后,当可持续发展成为城市需要面对的重要理念,诸多城市注重建设低碳城市、绿色城市的背景下,全球城市的发展模式面临新的调整。全球城市是服务于要素快速流动,主要承载经济功能的平台型城市,还是兼具可持续性,在发展理念上平衡"增长"与"发展"需求的"理想城市",在各主要全球城市都得到反思和重新审视。全球城市的环境功能,以及在区域中的生态作用,是城市利益相关方关注的重点。其中的核心环节,就是全球城市的发展范式是否应对接环保、可持续发展理念问题。全球城市是否具有发展为低碳城市的条件,如何发展低碳城市,发展怎样的低碳城市,是空间体量

巨大、人员密集、资源消耗需求较大的全球城市需要面对的重要问题。从迭代发展的趋势上看,全球城市已逐渐将优化环境功能作为与经济、社会功能并重的优先选项,并在理念上注重形成创新与引领,着力形成高流量、高密度城市发展与可持续性的有机统一。

面对环境压力,全球城市所在主要国家均已将低碳环保作为未来着力发展的经济领域。全球城市在经济转型战略中也借助了这一"绿色东风",将低碳、环保作为未来发展的主攻方向,以促进城市的可持续发展。应当看到,全球城市在环境的部分不利条件之外,也具有推进绿色转型的有利因素。一系列全球城市之所以积极提出向低碳经济转型,与其自身的特性与战略性优势有很大关联。第一,全球城市具有相对充沛的经济体量与空间余度,能够为新能源与环保技术的应用提供充分的支撑和市场。第二,全球城市具备国际性的金融、商业、贸易、专业服务体系,能够为低碳与环保技术提供充分的资金与商业服务,并提供国际化的市场通道。第三,全球城市往往是高科技企业、高校等研发平台集聚的区域,能够为低碳环保产业提供有力的技术保证。

为了充分利用全球城市的优势,相关城市在规划低碳经济的未来图景时,往往首先以这一领域的市场规模与发展前景为核心指向。例如,纽约的绿色经济规划,主要基于该市庞大的能源市场与建筑市场。该市的"绿色科技"规划指出,纽约拥有全美国最大的能源需求市场,电力、热力与热水供应年均市场规模达到150亿美元,预计到2030年,纽约市需要7 300兆瓦的增量,而其中超过一半以上需要来自新能源、能源有效利用系统与分配体系的建设。①

同时,许多全球城市在进行绿色或低碳经济发展规划中,并不盲目追求新能源、环保科技的跨越式发展,而是将节能减排与市场、金融、地产、规划等此类城市的强势领域相结合,进而促进环保理念与城市要素条件、发展方

---

① New York City Economic Development Corporation, *Green Technology in New York City*, 2010.

向的协调统一。例如，2010 年，纽约市在规划未来 10 年的绿色经济发展时，就提出将"绿色建筑、区域性（on-site）可再生能源体系，碳交易与金融体系、绿色城区空间规划、绿色经济的支撑环境"五大领域作为主攻方向。

第二节　全球城市的功能体系发展方向

在全球城市从 2.0 版本向 3.0 版本迭代过程中，在前述城市功能演进新需求和理念调整的引导下，其功能体系也进一步拓展和优化。全球城市功能的发展升级体现为经济、创新、文化、社会、生态、治理、空间等领域的综合性全面跃升。在全球化深化背景下，全球城市的功能体系正发生着一系列新的变化。城市在继续承担传统的国际流量枢纽功能的同时，向兼具创新能力、文化创造力、可持续发展能力、本地居民服务保障能力的复合性功能转变。这种城市功能的综合化，一方面体现在服务能力—生产能力—创新能力的均衡发展，另一方面则体现在对外要素控制能力与对内保障能力的协调发展上。在版本迭代过程中，全球城市的功能升级，总体上表现为核心功能群组与支撑功能群组的能级提升。

1. 核心功能升级特点

从全球城市 3.0 版本的发展趋势看，其核心功能主要表现为经济功能、创新功能与文化功能。相较 2.0 版本全球城市对于全球经济枢纽作用的聚焦，全球城市新一阶段发展的功能依托更为多样，创新与文化的作用成为决定城市国际影响、竞争力的新标杆。对于全球城市而言，创新功能与文化功能在新的发展阶段，能够与国际资本、人才、技术等高端要素形成有机互动，进而与经济功能一道，成为城市发展的"长板"所在。

（1）经济功能：实现更具综合性的核心产业体系

在全球化深化发展与技术进步的新背景下，全球城市经济结构的多样

化以及功能的复合化,成为新的重要发展趋势。思考全球城市版本迭代的经济功能特点,需要关注如下新的发展趋势:

其一,在未来全球城市建设中,城市服务经济化仍是共同趋势,但这一趋势并不会必然导致整齐划一的单一服务经济形态。特别如中国、印度、巴西、南非等新兴大国,整体依然处于工业化快速发展阶段,制造业经济体系在国际化城市经济中的作用仍较为突出。同时,在以价值链组织区域生产的当下,制造业、服务业产业融合的态势日趋明显,新兴国家全球城市经济发展模式将与发达国家全球城市的路径产生较大差异,而呈现二、三产业融合发展的特征。

其二,先进制造业在全球城市仍拥有生存空间,优素福(Shahid Yusuf,2012)等学者通过对新兴全球城市的研究,提出保持适当的制造业规模对于持续高速增长的支撑价值。对于全球城市而言,复杂资本产品制造业在生产率提升方面高于服务业,在能耗与污染控制和空间占用等方面又不比现代服务业逊色,完全可以成为城市保持经济稳定发展的核心产业而长期存在。新产业革命的进一步发展,也为网络化、分布式小批量智能制造回归城市提供可能。

因此,关于全球城市经济功能迭代更为全面的认识,应该认识到单纯偏重金融保险等高端生产者服务业功能的风险,注重高级服务业与先进制造业之间的均衡发展,使全球城市既承担经济活动节点功能又是创新的卓越中心所在,以更为均衡、多样的经济体系实现城市更为稳定、可持续的发展。

(2)创新功能:实现全球城市的内生性发展

从新一轮发展趋势上看,全球城市发展的关键,在于形成资本枢纽与创新中心兼备的城市核心功能,并达成从嵌入全球生产网络到嵌入全球创新网络的转型升级。创新功能的融入,将使全球城市的功能作用实现"码头到源头"的新变化,从既有的承载外部流量功能向内生性发展功能转变。

随着经济全球化深化以及科技创新和产业更替速度的日益加快,资本和创新有望成为提升城市发展竞争力同等重要的支撑力量。全球城市经济升级竞争将在多个维度开展。在创新领域，主要涉及都市化创新集群的塑造以及侧重创新服务的专业服务业发展策略。在向3.0版本迭代的过程中，创新将成为全球城市的重要"驱动力"之一，成为实现城市内部要素升级的重要手段。创新体系、创意能力，乃至制度创新能力，将成为决定全球城市发展水平的重要内容。

(3) 文化功能：形成全球城市"软实力"

在全球城市的专精特色竞争视角下，以城市文化为核心的"软实力"，成为全球城市版本迭代需要关注的重要领域。在这一背景下，全球城市文化功能升级方向，在于城市对文化价值认识高度的提升，即从单纯"文化搭台、经济唱戏"的实用主义思路提升到对于城市发展本质的文化认识，以及对于城市文化软实力价值的真正理解和应用。

城市文化的价值正得到全球城市更为充分的肯定。从宏观角度上看，全球城市的"文化规划"，代表一种全新的城市战略思维，即将文化思维始终贯穿在城市发展的经济与创新活动中，以文化的视野来评估城市发展的要件与状态。在这一过程中，文化被视为核心资源以整合城市的各种资源，并从文化的角度出发制定公共政策，以文化价值观进行城市发展举措效果的评估。对于全球城市的文化功能发展和战略，伦敦、纽约等城市已从文化资本互动、文化资源情况和文化环境塑造等维度加以统筹规划，这也反映出全球城市文化的孕育、生产和辐射的重要功能和核心作用正在得到重视。在全球城市迭代发展背景下，城市的文化价值将映射、整合与融入城市景观、产业创新、社会网络、个人技能等方方面面，最终构成城市的"软实力"。

2. 支撑功能

全球城市向3.0版本迭代的过程中，社会、生态、治理、区域与国际政治功能的作用逐渐凸显。在评判全球城市能级的视角中，上述功能并不居于主导地位，但对城市的高水平要素流量集聚、创新驱动发展、国际影响力塑造方面起到重要的支撑作用。同时,社会、治理等功能的发展水平,往往决定了城市发展的"短板"所在,因此,从主要全球城市的规划与实践看,相较于 2.0 版本,全球城市 3.0 版本的迭代发展,更为关注上述功能的建设水平和作用发挥。

(1) 社会功能:达成全球城市发展最终目的

全球城市的概念识别,源于此类城市中的社会分化,但全球城市的高质量发展,最终则依赖于有利于全球化流动的城市社会的形成。因此,全球城市的版本迭代,正逐渐指向全球城市发展的最终目的,即实现全球城市社会的高质量发展。其社会功能的变化方向,关键在于有效解决城市国际化发展中"社会极化"加速、"社会对立"加剧的挑战,达成以包容性发展为核心的社会环境整体升级。

迭代趋势下全球城市的稳定发展,需要一个多元均衡、公平公正、流动活力、安全稳定的包容性都市社会作为支点,而这种社会具有以下几个方面的特点:其一,人口结构多元化,典型表现为来自全球多个国家的不同移民和平共处、不同种族与语言和谐共存等趋势特征。其二,社会公平公正,典型表现为中产阶层占城市社会结构的主体部分,收入分配公平,收入差距适度,外来移民、低收入群体或穷人能够拥有可支付的住房、医疗、教育等公共服务和社会保障。其三,流动与活力兼备的社会。拥有能进能出、机会平等、畅通向上的社会流动通道和机制;种族隔离、空间隔离不断弱化,混合居住等社会融合进一步增加。鼓励各种创新创意活动,宽容失败,各类企业家都能找到生存和发展的空间。其四,安全稳定幸福。社会关系达到和谐的良性状态,也是全球城市生存发展的根本基础。同时,教育、健康和财富分配已被公认为影响市民幸福感三个关键因素,这也折射出全球城市社会升级的主要着力点。

(2) 生态功能:具有经济效益的可持续发展全球城市

面对全球气候变化的外部影响,全球城市逐渐将生态功能作为自身可持续发展的重要环节加以重视。这种生态功能关键表现在于城市运行方式的低碳取向、绿色发展以及循环经济的建构。绿色发展正成为全球城市引领下一代城市经济发展范式的关键因素。

从早期的花园城市、生态环保到绿色低碳,城市发展的理念从关注城市自身的清洁卫生、可持续逐渐提升到关注城市对于全球可持续发展的引领责任。全球环境负荷、生态承载力"过冲"明显。生态环境"过冲"挑战与城市面临的建筑标准、非正式土地开发、人口增长等其他关键问题叠加,加剧了全球城市挑战的复杂性。全球城市在绿色发展方面的作为将不仅涵盖环境策略、治理手段等软件升级,而且包括低碳建筑等硬件升级。更为重要的是,绿色发展具备全球城市引领下一代城市经济发展的关键范式的潜力。研究表明,超过93%的城市政府期望绿色政策能带来经济效应。全球城市不仅应是绿色技术的使用者,也应是绿色经济的发起者、承担者和主要受益者。

(3) 治理功能:服务于人的幸福的善政

随着全球城市的开放程度不断提升,城市社会表现出空前未有的复杂程度。面对不确定的国际政治经济环境影响,主要全球城市日益注重城市治理领域的转型升级。这种治理功能的升级,关键表现在于城市的公共管理从服务于发展转向服务于幸福。治理目标在于达成政府与市民间紧密合作的善政体系,谋求公共利益最大化,不断提升民众幸福程度。

具体而言,在版本迭代背景下,全球城市治理在以服务于民众幸福的主线下,需要关注以下几个方面:其一,社区组织和社会组织发达,政社合作机制健全,公共服务供给方式多元、有效。其二,公民拥有沟通表达、政治参与、媒体表达的选择权。其三,政治稳定。政府具有有效应对暴力犯罪、恐怖袭击、非法行为等不稳定状态的能力,具备高水平的社会法治程度。其四,政府管理高效、政治清廉。政府在制定政策、执行政策、公共管理方面具有强有力的执政能力,能够有效控制腐败。其五,市民生活幸福。民众拥有安全、便利、清洁、健康、舒适的生活环境,具备积极向上的城市精神。

(4) 区域功能:区域整体国际化的实现

全球城市 2.0 版本的实践推进了城市个体的国际化快速发展,也带来城市内部极化、资源承载力极限以及与周边城市间不均衡发展的"落差"问题。面对这一问题,主要全球城市面向 3.0 版本的进一步发展方向,在于摆脱"飞地"属性,以带动全球城市—区域乃至大都市连绵带的整体国际作用的提升促进实现自身的国际化发展。全球城市的空间发展规划将更多考虑区域整体协调发展。全球城市的发展,无法回避与周边及腹地区域的关系问题。由于国际经济环境的不稳定性加大,使得全球城市对周边区域的依赖性进一步加强,城市的区域化趋向更为显著。这种特征,不仅体现在全球城市与周边城市主体之间的扶助式增长,而且体现在全球城市主动转移相关服务功能,形成有效利用全球要素、共同抵御外部风险扰动的复合型城市化区域。全球城市区域化的主要体现,便是周边大都市区及城市群体系的快速发展。此类高度一体化的多中心城市区域的出现,将使全球城市原本主要以跨境要素配置与控制为主的"离岸"或"垂直"影响力增加了"水平"维度,不仅使城市发展的多样性增加,也大大增强了经济辐射的范围与深度。

在这一背景下,全球城市对于多中心主体在区域范围内的合理配置与功能匹配更加关注。以功能为指向的区域整合规划与策略,使全球城市与周边次中心城市、专业化城市、潜力城市彼此融合发展,实现了各城市间功能的匹配与互补。不仅避免了单纯依赖全球城市国际核心功能的风险与压力,也增强了整个区域的国际化程度与经济多样性。

(5) 国际政治职能:获取跨国事务协调能力

随着经济全球化的深入发展,全球城市为适应全球化趋势而进行的开放、多元化尝试,使其可能在国家权力体系之外获得新的跨国政治权力。全球城市在国际性活动中体现出的中心枢纽作用,已成为其构建政治影响作用的基础。这些城市不仅是控制全球资本、要素流动的核心区域,同时也成为新兴的全球多中心政治活动的空间场所和参与主体。随着全球化深化以及全球治理事务互动的多层次性、复杂性和频繁性提升,在新兴议题上,国家层面的权力相对受到约束和削弱。一部分治理事务,特别是非政治领域跨国议题的处理,有逐渐分解、传导给亚国家行为体及地方区域主体处理的趋势,这样就有助于产生新形式的城市政治权力。

全球性经济枢纽战略地位的确立,也为全球城市中本地政治主体参与国际事务建设提供了需求和条件。同时,在不断开放的过程中,全球城市内部国际移民、跨国公司等跨境主体带来的政治、社会、经济、文化问题,使这些城市的政府及相关机构组织倾向于取得国际性的政治权力以应对上述问题。全球城市在这种背景下,将出现两种截然不同的趋势。一方面,是在经济、文化、社会及部分治理领域内,出现非国家化的倾向,即偏重关注本国利益的趋向被多元、内外兼顾的趋势所取代。城市在成为全球资本和跨国劳动力流动的战略中心的同时,形成跨地方的社群和身份认同与认知,并进而与其他城市相互连接,建构起新型的全球多节点利益协调体系。另一方面,在关键性经贸及科技互动领域,全球城市作为所在国参与国际竞争的战略支撑点,在体现国家战略,代表本国参与国际政治活动等方面得到更多关注,其国家主体认同更为强化。

第三节　全球城市"流动"—"创新"功能群组的关系与变化趋势

一、全球城市的要素流量变化与"流动"功能升级

全球城市的物质建构基础在于促进国际要素的"流动",这可被概括为城市的国际要素"枢纽"(Hub)功能。从全球城市承载的要素性质上看,主要有五大要素的流动:商品、服务、资本、人流、信息。全球城市的要素流动

是城市的主要功能,但不同阶段全球城市承载的主导要素流动内容有所不同。

在初级阶段,全球城市更多以促进商品、服务的流动为主,此类全球城市以 20 世纪上半期的伦敦为代表。在中期阶段,全球城市的流动功能以资本、人流要素为主,此类全球城市以 20 世纪中期至 20 世纪末的纽约为代表。而在高级阶段,全球城市流动功能以推动资本、信息为主,此类全球城市以 20 世纪末至 21 世纪初的纽约为代表。进入高级阶段的全球城市的流动功能已具备创新枢纽的性质。

在这一趋势下,全球城市的流量枢纽功能,将从资源、商品、资本的流量枢纽、控制节点向知识、信息和人才意义上的流量枢纽、控制节点升级。全球城市更加重视发挥对全球经济、社会、文化、环境发展的表率、影响、导向和控制作用,流量影响范围从现今的制造业、现代服务业向政治、社会、文化、环境等领域扩张。全球城市将更为重视城市环境营造和产业融合、联动、复合、集成发展;重视城市整体环境营造而非简单的产业促进政策;重视产业之间、产业与就业之间、经济建设与社会建设、城市基础设施建设与交通之间的融合、联动、功能复合与集成发展。城市更加强调产业发展环境建设、通过营造适宜创业、宜居的城市环境吸引高端人才等稀缺要素集聚,从而直接或间接地提升城市产业综合竞争力。同时,产业发展呈现低碳化、绿色化、“环境友好型”趋势。产业发展更加强调低碳化、绿色化及环境之间的友好关系,产业结构呈现节能和环境保护趋势,注重城市的环保形象和可持续发展,强调绿色建筑、绿色产业、绿色交通和绿色生活方式,引领绿色时尚。

二、全球城市的“创新”功能地位提升

全球城市实现外部要素的配置与升级,主要依托于城市的“创新”功能。这一点在全球金融危机后得到诸多城市的响应。“创新”功能,可概括为城

市的"策源"能力。而从全球城市的功能发展特性上看,其"创新"功能可进一步分为创新枢纽功能和创新策源功能。

创新枢纽功能,主要指全球城市对于各类型创新要素和创新活动的汇聚、筛选、传播能力。创新策源功能,主要指全球城市对创新的塑造和原发能力。创新策源可分为应用性创新与文明型创新两类。其中,应用性创新主要指文化创意、科技创新、商业创新、管理创新等具有直接应用价值的"硬创新"。而文明型创新主要指知识创新、思想创新、体制创新、文化创新等"软创新"。

对于全球城市而言,在城市的创新功能分解中,创新枢纽功能相对最为重要。这是由于全球城市具备独特的要素流动枢纽功能,因此,其资本、市场、服务等优质资源能够对于创新起到相较其他城市更为重要的支撑作用。创新的枢纽功能,能够识别、支持,乃至通过强大的市场力量塑造创新能力和创新路径。因此,创新型全球城市中创新枢纽功能在创新体系中居于中心地位。

三、全球城市功能的"主—副"结构定位分析

从功能的基础性作用上看,"流动"功能始终是全球城市的主功能,未来全球城市的发展仍将围绕其自身的流量枢纽地位而展开。即便在全球化动力发生变化,创新创意成为时代新趋势的阶段,全球城市的核心竞争力仍是其对要素流动发挥的枢纽作用。

在创新功能的层次中,创新枢纽功能的重要性也反证了全球城市的核心功能仍是流量枢纽与控制节点(流动功能)的趋势,而创新功能从整体上看,仍是全球城市的副功能。

从全球城市发展的历史上,不难看出,只有少数全球城市最终成为创新的策源城市,但这些城市的流量枢纽功能仍然得以保持,因此不存在创新策源替代要素枢纽功能的情况。对于顶级全球城市而言,枢纽功能能级的筛

选仍是十分严酷的。从 GaWC 项目组对全球城市等级 2000 年至 2010 年 10 年间的测度可以看出,处于 α＋＋层级的城市,始终只有纽约和伦敦两个。这是由于这两个城市在策源与枢纽作用方面始终保持同步与均衡。

反观全球城市网络中大量的知名创新城市,如波士顿、巴黎、海德堡、旧金山等城市,其创新的要素不仅富集,而且具有不断成长的特性。但此类城市的传播能力和枢纽功能受到约束,从而使这些城市只能保持创新发起城市的定位(如创新城市、创意城市、文化名城、大学城等),无法成长为具有支配力的顶级全球城市。

从性质上看,创新能力将成为决定全球城市地位的关键因素之一。创新功能是全球城市变"流量"为"存量"的核心功能。但创新的"策源"功能仍将依托于流量的"枢纽"功能,以达成效用最大化。全球金融危机后,对全球城市的新认识,也主要在于"策源"与"枢纽"的均衡发展,以及二者均衡发展对城市历史地位形成的终极作用。因此,未来全球城市功能的主—副结构上,枢纽功能应居于首位,策源功能起到支撑和辅助作用。

小　　结

进入 21 世纪第二个十年以来,在经历了全球金融危机的冲击之后,城市发展的终极目标得到反思,目标趋向发生变化。从单纯追求竞争力向美国城市研究学者乔尔·科特金归纳出的"安全、繁荣、神圣"[1]等综合性目标回归。根据科特金的论述,"神圣"是城市内在的精神支柱,"安全"是城市所能提供的最基本保障,"繁荣"是坚实的经济基础。从性质上而言,传统城市功能指向所聚焦的竞争力仅仅对应了繁荣,而前述三者的统一,则将终极目

---

[1]　乔尔·科特金:《全球城市史》,王旭等译,社会科学文献出版社 2006 年版。

标指向具有"伟大城市"（Great City）、"理想城市"（Ideal City）性质的"综合性"城市方向。其"伟大""理想"的内涵，主要指城市在经济实力、竞争力等比较性优势之外，还具有文化、社会、治理、环境等综合性的持久影响力和吸引力。

在这一终极目标的影响下，未来具备引领性的全球城市在功能角色的定位方面，在追求流量枢纽、控制节点的同时，将特别强调经济、社会、文化交流的平台作用。这些定位的变化相应地带来城市的新需求，包括新一代基础设施要求，如智慧城市等新兴理念和功能方向得到确认。全球城市作为全球性高端需求的集聚地再次崛起。而这种高端需求既有物质性的也有非物质性的。如宜居家园、创新中心、文化中心等均成为全球城市的重要功能支撑。在这一方向影响下，低碳、环保、智能制造等新理念的应用场景呈现向全球城市集聚的新趋势。从总体上看，相较 1.0 版本与 2.0 版本阶段偏重流量枢纽功能的特点，全球城市 3.0 版本的功能体系更为综合与多样。

第五章
全球城市的全球治理能力发展

　　全球城市是全球经济、资本的汇聚地,要素的流动枢纽和控制中心,其发展趋势和国际职能在当前全球化深化背景下得到越来越广泛的关注。随着全球城市化进程的快速发展以及全球城市网络的不断拓展,全球城市在全球治理等重要领域中发挥的作用不断凸显。在当前的研究中,学者们从三重体系角度对全球治理的层次进行了分析(朱杰进,2013;何曜,2013;孙伊然,2013)。同时,更多从城市外交角度分析全球城市的治理作用(赵可金2023;陈维,2013),从全球城市的主体功能,以及全球城市在城市外交、全球城市网络和全球治理领域的互动作用关系方面进行研究(罗思东、陈惠云,2013)。全球城市在移民社会等全球社会治理方面的实践和特点也得到重视(陶希东,2015)。而如何界定全球城市在全球治理中的多层次作用,以及与相关治理领域之间的互动关系,仍是全球城市研究与全球治理研究需要进一步关注的重要内容。全球治理的"三重体系"框架,为我们了解全球城市作为全球治理微观主体的角色定位、属性特征,以及参与治理的形式与领域提供了重要的视角,有助于我们厘清全球城市在全球治理中的独特地位和发展方向。

第一节　全球城市在全球治理"三重体系"
中的定位与角色

一、全球治理"三重体系"与全球城市的三重治理角色

全球治理是全球化背景下,全球多类型主体围绕全球性共同问题进行互动的重要形式。从治理的层次与体系上看,全球治理可分为"国际体系""世界体系""全球体系"的"三重体系"。

在国际体系层面,全球治理主要以国家行为体为核心,重点解决国家间的问题,其中,国际格局、国际秩序、国际机制等都是以国家间关系为基础的。**在世界体系层面**,全球治理主要以国家行为体为基础,解决超越国家主权范围的议题,如世界银行的发展援助,世界贸易组织(WTO)的争端解决,国际货币基金组织(IMF)的金融危机救助与干预。**在全球体系层面**,则更多关注全球化条件下,要素在全球范围内流动带来的全球性共同问题。这一层面的治理对象是全球性的,治理主体不再单纯以国家行为体为核心,诸多非国家行为体发挥着重要作用。

全球城市作为参与全球要素流动的枢纽与配置节点,是全球治理的重要参与主体。从角色属性的层次上看,全球城市同时兼具全球治理"三重体系"架构中的三重属性,即同时具备**全球属性、世界属性、国际属性**。全球城市在全球性共同问题,世界经济互动、国际协调等领域均能发挥独特作用。从国际属性上看,全球城市并非全球化的"飞地",而是所在国的经济空间"增长极"和主要的国际交往门户与枢纽,是所在国发挥对外影响力的力量"释放点"。全球城市对区域经济的带动作用和对外经济的枢纽作用,是相关国家行为体发挥国家间作用的重要基础。从世界属性上看,全球城市是国际金融、贸易、航运、创新中心,是国际性生产者服务业及跨国公司总部集

聚地,具有国际要素的配置能力,具有世界经济空间节点的属性,对跨国经济互动具有"支撑点"的作用。全球城市的主要功能和"识别特征"基于其世界属性。从全球属性上看,全球城市是环境、移民等全球共同问题的重要承载空间,同时也是解决全球共同问题的重要参与者及示范空间。

二、全球城市的非国家行为体属性与全球治理参与特征

1. 全球城市的亚国家行为体特征

要确定全球城市的全球治理功能,其自身国际主体属性的定义十分重要。行为体的划分是确立国际主体属性的重要依据,根据全球城市的自身特点,"亚国家行为体"(subnational entities)应是其较为适合的主体认定标准。

传统意义上,国家作为国际政治的最主要主体,无疑是衡量国际行为的重要标尺。随着信息化、经济全球化的日益深化,国际间多层次交往的日益频密,国家作为一个行为主体,其发挥的国际作用和行为力相对受到削弱或拆分。一系列超国家、准国家、亚国家以及非国家行为体的国际权力得到相应提升。

从其国际影响力及自身属性综合判断,全球城市及全球城市—区域可被视为亚国家行为体或亚国家单位(subnational units)。一般而言,亚国家行为体主要指存在于国家内部、有一定行为能力的群体、组织和机构等。在现代国家内主要体现为存在于政治、经济以及社会领域内的地方政府、利益集团、私人机构、非政府组织等。当前被认可的全球城市均存在于特定国家疆域内,其政府层级属于地方政府范畴。与所在国的国力相比,全球城市的软硬实力体量相对较小,其发展目标和政治行为倾向受所在国的根本性影响和制约。因此,上述全球城市的特征均带有亚国家行为体特征。

2. 全球城市与非国家行为体的区别

传统上往往将非国家行为体认定为政府间国际组织和非政府间国际组织。从构成上,非国家行为体必须具有独立性,不能完全隶属于其他实体,

特别是国家。在跨国性方面,其必须从事跨国性的潜力竞争,能够跨越与其他世界政治行为体建立起来的网络关系、联系和相互作用,并产生跨国性的影响力。①

而从上述构成定义来看,全球城市并不完全符合非国家行为体的定义。其虽然具有跨国的事务影响力,但由于其空间实体的区域性特征,其在主权的独立性方面至少在目前仍不具备,当前所公认的主要全球城市,均隶属于主权国家,没有主权意义上的独立性。即便是在全球经济—国家政府—全球城市这样的三层关系当中,全球城市都不是完全自主的主体,其政治、经济的权力和优势与所在国的综合实力有着密切的联系。因此,从总体上看,全球城市是从事跨国、跨境活动与竞争,但缺乏主权独立性,隶属于国家主权的亚国家行为体。

三、全球城市在全球治理三重体系中的定位与主要作用

全球城市属于全球治理的微观主体,在全球、国际、国家体系等不同层面担当全球治理功能,是三层次全球治理的重要具体承载空间。尽管全球城市的主体属性属于亚国家层级,但这一属性并不必然将其行为范围限定在民族国家内部。相反,随着全球化向纵深发展,国际政治经济互动的复杂性大大提升,国际行为主体的层次和数量不断增加,国家参与全球事务的力量范围已无法全面覆盖全球治理涉及的所有领域,这使得全球城市在参与治理的形式和领域有了更多的选择。在全球治理主体的层次性上,国际政治经济学学者苏珊·斯特兰奇(Susan Strange)明确提出全球化背景下国家力量的相对削弱。她提出"世界市场的非人格性力量……比国家这一具有社会经济权威的实体更具效力"②。在全球城市参与国际社会互动的网络

---

① 李金祥:《非国家行为体的分类》,载《当代世界》2008 年第 5 期。

② Susan Strange, *The Retreat of the State*: *The Diffusion of Power in the World Economy*, Cambridge University press, p.4.

层次归属上,全球化带来的多层次网络为其提供了更为多样的超国家行为空间。

在全球治理的网络层次上,迈克尔·曼(Michael Mann)的网络划分具有重要的启发性。他提出五种社会互动的网络,即地方性次国家网络、民族国家网络、国际网络、跨国网络和全球网络。其中超国家层面的网络为后三种,其国际网络更多涵盖国家间互动,而跨国网络则超越国家属性,可由社会、宗教、文化等非国家组织在多国之间建构,而全球网络则涵盖全球大多数区域。①而全球城市对于全球性事务的影响体现在后三个网络层面,其个体作为全球要素枢纽及国际事务的空间承载主体,主要通过跨国网络发挥影响力,而由分布在全球各主要区域的全球城市群体构成的世界城市网络(world city network)则通过彼此间的要素互联和事件互动,对全球网络发挥作用。

从全球城市对国际事务的影响领域上看,其尽管具备亚国家行为体的内在属性,但行为范畴却远超国家限定的行政边界,具有跨国及全球属性。因此,其内在属性与行为范围之间形成"本土—全球"的双重特征模式。这种关系特征反映出全球化带来的"流动性"与城市自身需求带来的"根植性"二者间关系的反思与重新定位。经济全球化进入新发展阶段背景下,大量全球城市对于功能综合化的宏观定位,以及对于生产者服务业、先进制造业、绿色科技产业的推进,直至社会稳定方面的改革,都反映出城市在"本土化""根植性"属性和跨国职能之间的"再平衡"。这也从一个侧面表明,经济全球化与国际要素为全球城市带来了参与全球资源配置的"广度",其内在发展需要借助多样性与实体经济共同支撑的根植性"深度"。

---

① Michael Mann, "Has globalization ended the rise and the rise of the nation-state?", *Review of International Political Economy*, 1997(4):472—496.

第二节　全球城市参与全球治理的条件与互动关系

一、全球城市发展与全球治理的关联性

全球城市的能级依赖于其自身融入世界市场及全球化的程度,其城市发展对全球治理有极大的依赖性。一方面,全球城市发展水平越高,其对全球治理的依赖程度越大。另一方面,全球城市的治理越完善,为全球治理提供越坚实的基础。

在被广泛认同的全球城市概念中,其具备的经济政治资源和国际治理作用得到了关注。而这种政治要素的独特优势使其在发挥治理作用方面有着较其他城市更大的空间和潜力。这表现在以下几个方面:

第一,全球城市是全球化要素的枢纽空间,也是全球化效应的重要承载平台。全球化带来的问题也大量在全球城市中,以突出的矛盾性问题表现出来。而从自身的地位上看,全球城市往往是所在国的首都或首位城市,是国际行为主体和行为集聚和互动的政治中心。这就使全球城市矛盾性问题的发生和解决具有全球范围的放大效应。

第二,全球城市是多国资本和利益主体互动的主要场所。在全球城市概念提出之前,世界城市概念的提出者约翰·弗里德曼就指出,"世界城市处于世界经济和地域性的国家政府之间的结合部",因此"被要求扮演双重角色"。①全球城市作为参与世界经济运行更为深入的主体,其容纳、服务、规制全球范围多方利益主体互动的职能更为显著。

第三,从内部治理运行角度看,由于要素的高集聚度和流动性,全球城市内部的社会分化、空间矛盾远比其他城市来得突出。为了保持全球城市

---

① J. Friedmann, G. Wolff, "World city formation: an agenda for research and action", *International Journal of Urban and Regional Research*, 1982(3):309—344.

的繁荣与可持续发展,城市主体倾向于通过多种政治和政策治理手段和模式调整城市内多主体之间利益的关系,也可以为其他城市解决类似的问题提供范本。[①]因此,与其他类型城市相比,无论在政策资源、外部互动关系还是在内部治理手段方面,全球城市都具有独特的调节优势。

二、全球城市对全球治理的需求响应与参与条件

全球城市与国家行为体相比,其治理模式更倾向于全球治理类型。由于相关城市的全球要素枢纽属性使然,其人口结构、商业结构均趋向国际化,国际要素流量大大超越国内要素流量。因此,更多采取对"三重体系"全球治理有较高需求响应度的行为方式。

全球城市经济实力的不断提升,是其发挥国际体系治理能力的重要基础。全球城市是全球的重要经济节点及要素流动的枢纽,其通过集聚全球性金融机构、信息中心、跨国公司总部、研发中心等生产者服务业部门,对全球经济起到重要的调整作用。其自身的经济实力也在集聚作用之下得到迅速提升。根据布鲁金斯学会 2016 年的研究数据表明,仅伦敦、洛杉矶、纽约、大阪—神户、巴黎、东京 6 个规模最大的发达国家全球城市,以平均居民规模 1 940 万人的基础,平均经济产出超过 1 万亿美元。如果 6 个城市被视为一个国家,则这一国家是当前世界第三大经济体。6 个城市人均名义 GDP 为 5.8 万美元,就业者年均 GDP 产出为 11.6 万美元。[②]

经济实力的提升,使全球城市的治理需求不断提升,同时也使这些城市在所属国内治理乃至国际事务调整的影响力更趋凸显。各类信息的汇聚,使全球城市的跨国治理活动开展具有更加便利的条件,国内外经济利益主体的博弈也在此类城市中展开。全球城市的经济实力,一方面为国内、国际

---

① 沈金箴、周一星:《全球城市的涵义及其对中国城市发展的启示》,载《城市问题》2003 年第 3 期。
② Jesus Leal Trujillo and Joseph Parilla, *Redefining Global Cities*, *The Seven Types of Global Metro Economies*, Brooking Institute, 2016.

政治经济的互动提供了平台保证，另一方面也使其自身成为汇集多方面利益诉求的综合性治理主体。

全球城市间的网络化发展趋势，增强了这一主体参与世界体系治理的整体力量和互动手段。随着全球城市彼此间的频繁往来，全球城市的网络化趋势逐渐增强。全球城市的等级体系和网络化趋势早已得到学界的重视。1995 年，前述世界城市概念首创者约翰·弗里德曼提出的 18 个核心和 12 个半外围的世界城市等级结构和布局，便是这种网络化互动的重要认知。而"全球化与世界城市研究小组"（GaWC）在全球城市个体研究的基础上，更为强调研究城市之间的互动模式和网络特性。

20 世纪 80 年代以来，世界城市网络开始逐渐形成，并在 20 世纪 90 年代得到了巩固，成为全球主要城市间互动发展必不可少的战略手段。通过构建世界城市网络，各国主要城市间得以扩大经济、社会的行动空间，实现更高层次、更为频密的跨国互动，对于强化国际经济的稳定发展态势也有积极的作用。这种网络化的发展趋向，使得全球城市之间的政治经济沟通和往来更趋紧密，一方面促进了各国之间的交往，另一方面也使各国的全球城市通过城市网络的连接，作为一个整体，具备了更强的国际议题影响能力。

在网络化之外，区域化也成为全球城市提升自身影响力，特别是全球治理能力的重要推动力量。由于国际环境的不确定性加大，使得全球城市对周边区域的依赖性进一步加强，城市的区域化趋向更为显著。这种特征，不仅体现在全球城市与周边城市主体之间的扶助式增长，而且体现在全球城市主动转移相关服务功能，形成有效利用全球要素、共同抵御外部风险扰动的复合型城市化区域。许多学者对此问题都已进行了分析。美国学者尼尔·布伦纳（Neil Brenner）基于新区域主义思想，以"新国家空间"（new state spaces）为核心提出了对于城市区域的深入理解。他认为，在当前全球资本主义发展的最新阶段，城市区域（city-region）被理解为更广泛的国家领土重构的一部分。他进一步阐述，现代资本主义要求围绕城市区域重构国家的地域层次。①全球城市区域化或"再区域化"的趋势已经得到学者和规划部门的广泛关注,他们注意到,全球城市及其周边城市化区域形成的全球城市—区域作为一个整体,正获得更强有力的治理权力。

三、新兴全球城市发展与全球治理新机遇

欧美国家的传统全球城市,与新兴全球城市在参与全球治理的作用、特点,以及关注领域有所差异,这种差异带来新兴全球城市在发挥全球治理功能方面的动态变化特征,也为全球治理的发展带来新的机遇。

如前文所述,全球金融危机后,随着新兴经济体的快速发展以及国际经济功能提升,相关国家重要城市的影响力和功能作用也快速跃升。此类被称为"新兴市场城市"的新全球城市群体,在国际经济与社会互动中的枢纽与窗口作用不断凸显。新兴全球城市力量的提升,不仅反映出全球化新阶段全球经济格局的变化趋势与区域指向,也为全球治理的发展提供了新的活动主体及推动力量。

从全球城市等级体系的指数排名与连接度测算上看,北京、上海、莫斯科、孟买等新兴经济体城市的排名具有很大程度的提升。而作为一个整体,新兴经济体城市的全面崛起,更成为未来全球经济向纵深发展的重要依托。前述波士顿咨询集团关于新兴全球城市的研究报告的结论指出,新兴市场国家的城市将成为未来全球最大的发展机遇所在地。②

此类对新兴经济体城市经济重要性的评估在全球化深化阶段不断出现,数据与预测的背后,反映出新兴经济体与发展中国家在全球经济体系中地位的提升。而这一地位的提升,并非这些区域与发达经济体此消彼长的

① 汉克·V.萨维奇罗纳德·K.福格尔:《区域主义范式与城市政治》,载《公共行政评论》2009年第3期。
② David Jin, David C. Michael, Paul Foo, Jose Guevara, Ignacio Pena, etc., *Winning in Emerging-Market Cities: A Guide to the World's Largest Growth Opportunity*, The Boston Consulting Group, Inc., 2010, pp.4—6.

"零和"博弈,而是通过新兴经济区域自身发展推动全球财富整体提升的多赢过程。新兴全球城市经济实力上升更多体现在对全球经济增长的贡献,也体现了这一趋势。在全球化日益深化的新阶段,随着全球政治经济力量对比的进一步变化,全球化要素的主要流动区域将更趋集中在以新兴经济体全球城市为核心的区域内。在这一背景下,新兴全球城市将为多层次全球治理的发展提供新的力量和依托。二者间的互动关系主要表现为以下几个方面:

(1)新兴全球城市等亚国家行为体在新兴治理议题中的参与空间增大。在跨国移民、网络治理、气候变化等全球层次治理议题的推进中,新兴经济的主要全球城市既是治理议题的创制者,也是治理的主要实施空间,能够发挥双重作用。同时由于新兴全球城市仍处于发展阶段,能够依托发展的增量空间对相关议题的治理提供前置性推进和谋划。

(2)新兴全球城市能够为新兴治理议题提供平台及机制保障。对于新领域议题治理的需求,新兴全球城市提供的治理平台及组织建构,有助于相关治理作用更有效地深入发展中区域,提升治理的覆盖面。同时,多边银行等新治理平台的发展,也对传统治理机制和机构形成有益的补充。

(3)三重体系互动条件下的全球治理新趋势展现出的多元化权力结构特征,将不可避免地折射在全球城市网络体系之中,进而影响新兴区域全球城市的能级与地位。

第三节　全球城市参与"三重体系"全球治理的主要形式与领域

一、全球城市参与国际体系治理的主要形式与领域

1. 国际行为主体活动的空间载体

全球城市是国际活动相关主体的汇聚之地和开展活动的重要场所。全球

城市都具有优越的地理区位、完善的基础设施、高水平的服务能力,以及高效的信息获取、处理能力,这是其获得国际行为主体青睐的重要原因。各国政府首脑、外交人员、国际组织乃至普通民众,往往倾向于利用全球城市的枢纽和放大作用,在这一特定空间内表达自己的利益诉求,以期达成影响力的最大化。这种趋势从多种国际政治主体及国际活动在全球城市的集聚度即可看出。

全球城市因其自身的重要地位和便利的联络能力,吸引了众多的国际组织进驻,成为国际组织总部及各国代表处的汇聚之地。同时,全球城市往往也是非政府组织(NGO)的集聚地,具备无形的国际影响力。这些国际组织总部和使领馆机构的集聚,本身就是全球城市的国际行为影响力的体现,同时也有利于提升这些城市的国际化程度。与国际组织总部的长期互动,也使城市的某些政治意图和利益诉求,得以通过这些机构渗透到国际社会之中。根据国际协会联盟(UIA)统计,2004—2005 年,包括所有类型的各类国际组织共有57 964 个。①巴黎、伦敦、纽约都位居国际组织分布的前列。国际组织总部方面,伦敦有 57 个,东京有 16 个,巴黎有 208 个。纽约虽然集聚的国际组织总部不多,共有 21 个,但却拥有世界最大的国际组织——联合国总部。在使领馆方面,伦敦拥有 156 个,纽约有 100 个以上,东京有 118 个,巴黎 149 个。

在国际组织总部和使领馆的集聚之外,国际会议的频繁举办也是全球城市承担国际行为职能的重要体现。2016 年,据 UIA 的统计,全球承担国际会议最多的前十位城市本别是布鲁塞尔、新加坡、首尔、巴黎、维也纳、东京、曼谷、柏林、巴塞罗那、日内瓦。前十位城市中 GaWC 标准的 α 等级全球城市占绝大多数,其中新加坡承担的国际会议数量高达 888 个,占全球国际会议的 8.5%。②

---

① Union of International Associations eds., *Yearbook of International Organizations 2004— 2005*, http://www.abe.pl/html/samples/b/3598245122_brochure.pdf.

② Joel. Fischer, *Union of International Associations International Meeting Statistics for the Year 2017*, Union of International Associations, 2017.

2. 国家形象构建的重要参与者

全球城市因其在全球的重要经济、文化、信息影响力,具备雄厚的城市"软实力"及对外交流能力,从而也往往成为所在国构筑、展示国家形象的重要舞台。这也成为全球城市参与国际体系治理的重要方式。国家形象,是国际社会对一国特征的总体看法,是国家"软实力"的重要组成部分,也是一国进行国际政治活动的重要资源。城市形象是国家形象的重要来源。全球城市一般均是所在国要素集聚度最高、最为开放、发达的城市化区域,是国外民众、政府官员、企业、组织、媒体等国际观察者频繁进出、接触、观察的国际化空间。因此,全球城市的城市形象或"品牌",往往最能集中展示该国形象。全球城市的标志性建筑、城市文化特性、市民素质等要件往往成为所在国形象的重要组成部分。在全球城市当中,一部分如伦敦、巴黎、柏林等自身便为所在国首都,具有独特的政治优势,其作为该国的标志性城市本已实至名归。而纽约、悉尼等城市,作为并非国家政府所在地的经济首位城市,其对国家形象的"代言"程度,则在一定程度上超越了美、澳两国首都城市。

对于全球城市在国家形象构建中的重要性,一些城市自身也有深刻的认识。在这些城市形象、品牌的构建和营销过程中,均力求体现该国的特征。例如,纽约在20世纪70年代设计城市旅游标识时,将"大苹果"作为其自身形象的象征,在美国文化中,大苹果代表着成就、活力、异彩纷呈的意境。这一标识的选择,不仅体现了纽约的特征,也展示了美国对自身活力、机遇的自信。1955年,澳大利亚悉尼市通过一次国际建筑设计竞赛选中了一个独辟蹊径的悉尼歌剧院建筑设计方案,而后花了近20年的时间和几乎相当于预算20倍的费用才建成了这座建筑。从建筑设计的角度和具体使用的效果来看,这座建筑的效果决不是无可挑剔的,然而这座建筑自有它不可替代的价值。半个多世纪之后,这一建筑已成为澳大利亚国家形象的重要组成部分。

二、全球城市参与世界体系治理的主要形式与领域

1. 世界经济与跨国事务协调空间

全球城市在国际经济活动中体现出的中心枢纽作用,已成为其构建世界体系治理能力的基础。许多城市不仅是控制全球资本、要素流动的核心区域,同时也成为新兴的全球多中心政治、外交活动的空间场所和参与主体。全球城市为适应全球化趋势而进行的开放、多元化尝试,使其可能在国家权力体系之外获得新的跨国性事务协调能力。

全球城市在这种治理需求影响下,产生两种截然不同的发展趋势。一方面,是在经济、文化、社会及部分政治领域内,出现非国家化的倾向,即单一关注本国利益的趋向被多元、内外兼顾的趋势所取代。城市在成为全球资本和跨国劳动力流动的战略中心的同时,形成了"跨地方的社群和身份认知",并成为新型的全球多地点政治体系。①另一方面,全球城市作为所在国参与国际竞争的战略支撑点,在体现国家战略,代表本国参与国际政治活动等方面得到更多关注,其国家主体认同更为强化。

随着开放度的提升以及全球治理事务互动的多层次性、复杂性和频繁性提升,国家层面互动能力的不足与有限性不断凸显。一些较为复杂的经济社会事务,特别是跨国经济互动问题的处理,正在日益分解、传导给亚国家及地方区域处理,进而产生对新形式城市国际事务协调能力需求。全球城市经济枢纽地位的确立,也为本地多元主体参与国际事务建设提供了需求和条件。同时,在不断开放的过程中,全球城市内部国际移民、跨国公司等跨境主体带来的政治、社会、经济、文化问题,使这些城市的政府及相关机构组织倾向于取得国际性的协调能力以应对上述问题。

---

① 萨丝凯·萨森:《全球城市的视角:对上海的理论启示》,见陈向明、周振华主编:《上海崛起:一座全球大都市中的国家战略与地方变革》,上海人民出版社 2009 年版,第 41 页。

2. 全球性事件的承担和推动者

全球城市具备强大的经济实力、完善的基础设施、便捷的交通运输体系以及发达的服务能力，因此往往成为所在国承办或主办全球性活动和大型事件的主要场所。以奥运会为例，在举办过的 31 次奥运会当中，有 10 次在伦敦、东京、巴黎等高等级全球城市举行，5 次在罗马、汉城、阿姆斯特丹等其他等级全球城市举行。而世博会更是青睐全球城市，诸多全球城市都举办过，甚至多次举办过世博会（纽约 2 次、伦敦 2 次、巴黎 7 次、芝加哥 2 次、旧金山 1 次）。上述全球性事件一方面倾向于在全球城市举行，另一方面也成为与该城市及东道国的"关联事件"，能够对所在城市、地区、国家的政治、经济、文化、社会等方面产生持久的影响。同时，这种全球性"关联事件"也能够为城市带来独特的政治资源和对外影响力释放渠道。

全球城市不仅是大型事件的被动承担者，而且还是推动发起这些事件的主体。对于奥运会、世博会、世界杯、国际首脑峰会等全球性事件，全球城市往往不遗余力地进行申办，同时扩大这些事件的影响范围和内涵。在全球城市的推动下，此类全球性事件往往带上该城市乃至该国政治文化的特色，成为对外政治、经济、文化交流的重要契机。在以往，此类全球性事件往往完全或大部分由国家投入资源进行。进入 21 世纪后，随着区域经济、政治实力的提升和全球化因素的影响，全球城市依靠自身实力在此类事件中的主导性逐渐增强，并通过主办和参与组织上述活动，突出城市的自身特点，以展现其自身的软硬实力、文化及城市精神取向。

三、全球城市参与全球体系治理的主要形式与领域

1. 全球共同议题的解决空间与示范者

随着全球化发展进入新的阶段，一系列原本属于国际政治、经济、社会延伸领域或技术领域的问题，由于其自身与全球性经济、政治之间的紧密互动而成为新的全球性共同议题。气候变化、跨国移民、跨国犯罪、流行病预

防、劳工标准、国际反恐等问题已日益成为全球经济协调中的热点议题。这些新兴的全球化议题,往往具备较为确定的空间依托,在具体推进上也更多基于"地方性"行动,因此为全球城市提供了参与治理的新空间。全球城市基于自身的发展,对于环保、移民、反恐、卫生等相关议题也采取积极参与的策略,进而建构起相关新兴议题的"地方性发起者"角色。

全球城市在新兴全球性治理议题的合作方面,有向机制化、跨区域、专题性方向发展的趋势。这一变化的出现,不仅与全球城市在未来一段时间内面临的挑战趋同有关,也反映出全球城市在相互联系日益紧密的情况下,期望在跨国家层面、跨区域维护并促进自身利益的诉求。其突出的表现,就是以全球城市为主要发起者,全球性共同议题的专业性城市组织活动日益频繁。

例如,C40 城市组织(C40 Cities)是目前关注气候变化和环境问题的重要城市组织。该组织成立于 2005 年,目前已经有 40 个城市作为主要成员,当中包括大量欧美以及新兴经济体的全球城市。这些城市组织的大量出现和活跃行动,是全球化新阶段不同层级、不同区域的全球城市作为一个整体表达意愿,采取共同行动的重要体现。C40 通过参与世界银行项目、资助碳交易市场、推动电动汽车使用、建立公共汽车节能系统等措施,推动全球城市的低碳技术发展与环境保护。除了 C40,能源城市(Energie-Cites)、气候联盟(Climate Alliance)、创新型城市(Villes Creatives)、健康城市(Villes-sante)等专业性城市组织都在各自领域促进了城市间对相关问题的应对。

在城市个体方面,纽约、伦敦、东京等全球城市在全球金融危机前后,都不约而同地将低碳、绿色、可持续发展作为城市发展的主要战略与发展模式。其绿色低碳的理念提出,一方面具有先进性及引领性,成为城市吸引力的重要亮点,另一方面与城市经济、社会等多领域发展紧密联系,成为城市发展"纲举目张"的核心抓手。这种影响力,也体现这些城市规划的引领性。2007 年,伦敦发布《应对气候变化的行动计划》,使其成为世界最早提出低碳发展的城市之一。上述城市在 C40 城市联盟中担当发起者和主导者的角色,对全球环境治理也起到引领作用,进一步提高了城市在全球气候治理中的话语权、影响力和吸引力。

　　2. 包容性的全球社会治理空间

　　全球城市是全球社会治理的重要行为主体与承载空间,特别在全球移民、卫生、反恐、犯罪等问题的治理上是关键的核心节点区域。同时,全球社会治理的成效也在很大程度上影响全球城市的发展方向。在全球城市最初的开创性研究中,就关注城市中的社会极化问题和包容性问题,认为全球城市的发展可能将全球化的参与者和被边缘化人群之间的反差在有限的城市空间中以极端化的形式呈现出来,从而导致国际化流动带来的社会割裂、城市绅士化(Gentrification)等问题。全球城市的崛起中,这种社会不平等往往被视为城市发展中的"副作用"而被忽视。直至全球化带来的社会不平等、群体对立的情况在全球城市中成为全球关注的现象,如 2011 年纽约的"99%对 1%"的占领华尔街运动,以及 2016 年以来欧洲诸多全球城市中大量中东移民带来的问题困扰。

　　在这种情况下,全球城市发展,正逐渐把保持包容性与社会和谐作为与建成国际枢纽地位同样重要的目标,或者把社会和谐内化为全球城市的基本要求。主要全球城市的规划,更多将全球城市视为国际化多元社会发展的载体,而非零和竞争的场所。城市发展的重心也转向经济功能、社会功能、文化功能的协调融合,以此来弥合或者防止社会分化。这也进一步考验全球城市管理部门的能力,能否从政府的善治走向包容性的共治。全球城市社会功能和治理的变化方向,重点在于有效解决城市国际化发展中"社会极化"加速、"社会对立"加剧的挑战,达成以包容性发展为核心的社会环境整体升级。例如,2014 年,阿姆斯特丹市政府为当地的新移民提供 5 000 个荷兰语系列课程计划,2015 年伦敦金融城发布的《沟通战略规划》等举措,都旨在缓解跨国移民带来的社会分割问题,同时推动移民的融合,建立具有包容性的社会环境。这种包容性环境的塑造,不仅有助于提升全球城市发展的活力,降低城市发展的社会成本,而且有助于形成对跨国移民和跨国社会问题治理的"解决方案",形成对全球社会治理的"正外部性"效应。

小　　结

三重体系的全球治理框架,为全球城市发挥治理作用提供了多层次的参与路径,以及多样化的模式选择。在全球化格局发生变化的背景下,全球城市的定位和职能也随之发生迭代升级。作为同时具备国际、世界、全球属性的亚国家行为主体,全球城市在担当全球化流量枢纽功能的同时,将日益担当其多层次的治理职能。三重体系下的治理需求,对传统全球城市和新兴全球城市的转型升级均提出了新的要求。对于欧美已经占据城市金字塔体系顶端的全球城市而言,城市的战略规划设定,政策调控方向,乃至空间资源配置,需要周全顾及参与国际体系、世界体系以及全球体系治理的多方面需求。而对于新兴经济体的全球城市而言,在增强自身国际要素配置能力的同时,进一步提升对全球共同议题治理的参与度和影响力,是实现城市能级提升和地位超越的重要途径。

第六章
"一带一路"沿线城市节点与潜在全球城市群体

2015年3月,中国政府正式发布《推动共建丝绸之路经济带和21世纪海上丝绸之路的愿景与行动》后,"一带一路"倡议得到沿线国家的普遍响应和快速推进。作为"一带一路"沿线国家的重要发展节点,沿线区域的重要城市无疑对于该倡议的实施和推进具有重要的基础性作用。同时,以世界城市网络的视角观之,这些城市作为一个整体,既是一个长期以来相对被忽视的城市板块,也是未来有重要发展潜力,可望产生新全球城市的新兴城市群体。因此,对一带一路沿线"丝路城市"的概念、发展趋势以及主要特点进行分析和探讨,不仅有助于了解此类城市在相关区域的发展职能和方向,进而了解全球城市在发展中区域的潜在增长群体。

第一节 "丝路城市"的概念界定与内涵

一、"一带一路"沿线城市的研究现状

"一带一路"倡议提出前后,沿线区域城市的发展作用和地位已得到学界的关注。国内学者从区域经济学视角对于"一带一路"沿线城市的意义与作用进行了探讨。卫玲、戴江伟(2014)、崔林涛(2001)等学者对沿线中心城

市在区域经济中的辐射作用和带动作用进行了分析。白永秀、王颂吉（2014）、李兴江、马亚妮（2011）等学者对沿线城市群在丝绸之路经济带发展中的支点和核心作用进行研究。城市网络互动模式是研究沿线城市发展的重要视角，尽管"一带一路"倡议提出后相关研究历时较短且数据相对缺乏，一些学者还是对"一带一路"城市网络进行了开拓性的探讨。例如王姣娥、王涵、焦敬娟（2015），吴乐、霍丽（2015），高新才、杨芳（2015）等学者运用城市流强度模型、城市功能测定模型、集聚—碎化指数等计量工具，对我国丝绸之路经济带相关省区的重要节点城市的集聚作用、流量情况进行了分析。

国际学界对于"一带一路"沿线城市专题研究的关注度相对有限。研究的主要方向集中在全球城市体系与世界城市网络领域内。21世纪前后，已有部分学者开始认识到经济全球化深化发展对全球城市体系结构变化的影响，并开始重新定位全球城市体系中的世界城市（Beaverstock，Smith and Taylor，1999；Hall，1998）。斯科特和霍尔（Scott，2001；Hall，2006）提出在全球城市概念基础上加以扩充和延伸，认为从1970年代末起，有一个巨大"城市—区域群岛"正在形成中，它具有新世界系统的空间基础的功能，似乎已超越早期核心—边缘的全球空间组织系统。但有学者提出，由于从企业网络视角对世界城市网络的考察最初关注的重点是顶级全球城市，即全球城市，因此世界城市网络研究呈现出欧美中心论的特点，很多发展中国家的城市和欧美二线城市被边缘化了（Robinson，2002）。曼斯（Mans，2014）则关注了世界城市网络中的末端城市，重点考察了印度城市融入世界城市网络的过程。

从总体上看，国内、国际学界对于"一带一路"沿线城市的作用、地位、网络互动状况已经进行了一系列较为深入的探讨，为认识"一带一路"沿线城市的发展特点提供多维度的视角。但相关研究对于沿线城市的整体状况，特别是沿线主要节点城市发展特点的综合归纳和概念界定仍较为有限。

二、"丝路城市"的概念认知与发展背景

对于"丝路城市"的概念定义,当前仍处于探索阶段。联合国教科文组织(UNESCO)2015 年曾从历史视角进行了阐述,该组织提出的丝路沿线城市(Cities alongside the Silk Roads)概念,主要指位于丝绸之路的重要贸易与交易枢纽。这些城市"对学者、教师、理论家、哲学家等群体也具有吸引力,使之成为文化与思想的交流中心,进而为历史上的文明区域发展做出贡献"[1]。本书认为,当代意义上的"丝路城市"(Silk Road Cities),应主要指处于"一带一路"沿线国家和区域范围内,对所在国、区域具有重要经济、社会、文化、对外经济交往战略地位和影响力的枢纽性城市。这些城市大部分是所在国的要素流动节点和增长极,对于所在国的发展具有重要的支撑作用。

对"丝路城市"概念的认知,应基于对世界地缘经济格局变化趋势的背景认识。随着经济全球化力量在全球范围的不断扩展以及全球经济格局的转变,传统以美、欧、日"大三角"为核心的国际投资、贸易模式,以及基于这一要素流动模式的世界经济"中心—外围"格局逐渐发生变化。"一带一路"倡议的提出,其意义在于顺应这种新的全球性变化(Global Shift)[2],并促进新地缘经济格局的形成。21 世纪第二个十年中,一系列国际经济新机制的建构与发展,进一步凸显出这种地缘经济格局变化的趋势。一方面,大西洋、太平洋沿岸的发达经济体与新兴区域,将面对以 TTIP、TISA 为代表的新贸易投资规则的影响和约束。另一方面,长期被忽视的亚欧大陆"世界岛"腹地区域,则在"一带一路"倡议等新基础设施投资与产能合作机制的影响下,成为全球要素的新流动区域。

---

① UNESCO, *Cities alongside the Silk Roads*,http://en.unesco.org/silkroad/silk-road-themes/cities-alongside-silk-roads,2015-11-1.
② Peter Dicken, *Global Shift*:*Mapping the Changing Contours of the World Economy*,The Guilford Press,2007.

这种新格局的特点反映在两个方面:其一,促进国际资本流动的主体更为多样化,既有发达经济体,也有以中国为代表的新兴经济体,其二,资本、技术、产品、劳务等要素的空间流向也更为多样化,国际贸易、投资流动向新的方向扩展,逐渐深入"一带一路"沿线的欧亚大陆腹地区域。

上述地缘经济的变化趋势将不可避免地影响基于经济全球化运行的世界城市网络体系。处于"两洋"沿线区域的全球城市间的经济联系受新贸易投资规则的影响,城市网络间的连接强度和要素流动方向将发生变化。同时,欧亚大陆内陆区域的新发展机遇,也将提升这一区域城市与全球经济的互动水平及发展水平。这一新的城市发展趋势,有助于世界城市网络板块的构建,进而影响全球城市体系的覆盖面和影响力。

在这一国际地缘经济格局新变化的背景下,"丝路城市"的战略作用和发展机遇便在于对新国际要素流动方向的承载和拓展,进而成长为世界经济新成长区域的核心节点,以及世界城市网络的重要节点。因此,理解"丝路城市"的主要特性和识别标准,应主要基于两个方面的认识:其一,"丝路城市"应是所在区域的"门户城市";其二,"丝路城市"应是所在区域的"通商城市"。在特征内涵上,"门户城市"主要反映丝路城市在承载国际经济要素流量方面的能力和地位,其核心评价指标在于相关城市的资金、人员、技术、商品等的流量规模。"通商城市"则反映丝路城市对于国际要素的配置能力,主要评价标准在于贸易、投资、金融规模、基础设施发展水平以及文化、社会、政治、安全等方面的配套能力。

三、"丝路城市"的主要特性

从空间范围上看,"丝路城市"位于"一带一路"倡议的沿线区域,主要空间板块包括东亚、东南亚、中亚、南亚、西亚、北非、中东欧的主要区域。其中东南亚、中亚、南亚、西亚构成了空间板块的主体,这些区域城市发展也基本处于崛起中阶段。

从空间关系上看,"丝路城市"一般具有空间上的地理区位优势,是所在区域的主要枢纽节点,具备国际、国内要素的集聚、辐射能力,并与区域内外多层次、不同等级城市进行频繁互动。

从战略作用上看,"丝路城市"有对内对外的双重功能。一方面,"丝路城市"是所在国的主要发展节点和"中心地",对于国内、区域内部的发展起到重要的"支撑点"作用。另一方面,"丝路城市"是所在区域与外部联系和经贸互动的主要门户和枢纽区域,通过自身与外部的贸易、投资、金融、交通运输等连接网络促进区域的国际化。

从发展依托上看,"丝路城市"的发展,很大程度上取决于其与沿线区域和城市的互联互通与产能合作能力。这就使得"丝路城市"未来发展的关键,在于沿线城市间网络体系的建构,进而使这一城市群体内部的运行和发展具备网络互动属性和可持续发展特性。

从发展潜力上看,"丝路城市"的数量与功能层次都有逐渐扩展的趋势。目前"一带一路"沿线区域的诸多枢纽性城市的发展水平仍然相对有限,其对外经贸联通互动能力也处在发展的初级阶段。因此,这一群体仍有较大的成长空间。而这种成长,将随着国际投资贸易流在"一带一路"区域的落地和拓展逐渐加速。

四、"丝路城市"群体的动态发展特征

总体上看,"丝路城市"实际上是动态增长的城市群体,这源于"一带一路"建设的合作对象是动态拓展的。"一带一路"建设潜在的合作对象广泛覆盖亚洲、非洲和大洋洲,乃至欧洲和南北美洲。同时,随着城市的发展,能担当起门户城市、通商城市功能的丝路城市也将持续增加。因此,无论从整体规模、个体能级、连接程度等层面看,"丝路城市"的发展都体现出"动态性"的特征。

当前"一带一路"沿线在宏观尺度上涵盖亚欧非大陆及附近海域,涉及

城市数以千计。根据联合国经济与社会部的统计,以按积极参与"一带一路"建设的 65 国统计,30 万城镇人口以上城市有 974 个,100 万城镇人口以上大城市有 274 个。①另外,若以当前评判城市国际门户功能的世界城市网络的测度方法评价,"一带一路"沿线的南亚、中亚、北非、东欧等区域中,虽然仍旧是世界城市网络中城市数量相对少、入选城市等级相对低的板块,但城市数量整体上升明显。

根据对"全球化与世界城市研究网络"排名的统计,21 世纪以来,"一带一路"沿线区域 60 个国家进入全球城市榜单的城市数量快速增加,从 2000 年的 49 个增加到 2016 年的 81 个(表 6.1)。这些城市,可被视为"丝路城市"的主要群体。其中,被纳入第一层级的城市数量,从 2000 年的 10 个,增加到 12 个。此类城市中包括了迪拜、孟买、伊斯坦布尔、吉隆坡、雅加达、曼谷、华沙、利雅得等区域性国际交往枢纽,可视为"丝路城市"的核心支点城市。其余次级中心城市,则构成"丝路城市"的重要节点城市。

表 6.1　2000—2016 年"一带一路"沿线 60 个主要国家全球城市的变动

分等		合计	全球城市	第一梯队全球城市			第二梯队全球城市			第三梯队全球城市			准全球城市	
分级			α++	α+	α	α−	β+	β	β−	γ+	γ	γ−	高度自足	自足
中　亚	2000 年	1	0	0	0	0	0	0	0	0	0	0	1	0
	2016 年	3	0	0	0	0	0	0	0	0	0	0	1	2
西　亚	2000 年	15	0	0	0	0	1	1	1	0	4	3	2	3
	2016 年	26	0	1	1	2	0	5	3	2	3	0	3	6
南　亚	2000 年	11	0	0	0	1	0	1	0	2	2	0	4	1
	2016 年	19	0	0	1	1	1	1	6	1	2	0	0	6

---

① Department of Economic and Social Affairs of the United Nations, *World Urbanization Prospects: The 2014 Revision*, 2014.

续　表

分等 分级		合计	全球城市 α++	第一梯队 全球城市			第二梯队 全球城市			第三梯队 全球城市			准全球城市	
				α+	α	α-	β+	β	β-	γ+	γ	γ-	高度自足	自足
东南亚	2000年	9	0	1	0	3	1	0	0	0	1	0	2	1
	2016年	14	0	1	2	2	1	1	0	0	0	1	2	4
东　欧	2000年	10	0	0	0	1	3	1	0	1	0	3	1	0
	2016年	16	0	0	2	0	4	2	0	1	1	1	2	3
北　非	2000年	3	0	0	0	0	0	1	0	0	0	1	1	0
	2016年	3	0	0	0	0	1	1	1	0	0	0	0	0

资料来源：Globalization and World Cities Research Network. *The World According to GaWC 2000*，http：//www. lboro. ac. uk/gawc/world2000t. html；Globalization and World Cities Research Network. *The World According to GaWC 2016*，http：//www.lboro.ac.uk/gawc/world2016t.html.

同时，随着"一带一路"重点项目的推进和沿线区域的发展，还有一部分位于沿线重要空间枢纽区域，具有重大战略潜力的，但尚未达到一般支点城市水平的关键通道节点，有望通过城市化的快速发展，形成与普通港口、口岸等枢纽型区域不同的发展特征，成长为沿线区域的"新兴发展节点"（Emerging Development Pivot）城市。这些"新兴发展节点"的分布，与沿线发展走廊的分布有密切的关系。其空间分布，主要以发展走廊的类型和分布作为主要识别依据。从当前的建设趋势上看，"一带一路"沿线新兴发展节点主要分布于六条"一带一路"国际经济合作走廊之上，数量约为20个，主要分布情况见表6.2。这些新兴发展节点的成长、发展和相互连接，不仅有助于形成国际经济合作的发展走廊（Development Corridor），也将成为"丝路城市"的重要补充，充分体现这一城市群体发展的"动态性"特征，进而使"丝路城市"群体形成"核心支点城市"—"重要节点城市"—"新兴发展节点城市"三层次构成的主体结构。

表6.2 "一带一路"新兴发展节点城市分布情况

发展走廊	沿途主要国家	新兴发展节点
中蒙俄	中国、蒙古国、俄罗斯	中国:二连浩特、满洲里 蒙古国:乌力吉、扎门乌德、
中国—中亚—西亚	中国、哈萨克斯坦、乌兹别克斯坦、伊朗、沙特、埃及、巴基斯坦等	中国:霍尔果斯 乌兹别克斯坦:安格连、帕普 塔吉克斯坦:瓦赫达特、亚湾 伊朗:库姆、查巴哈尔 巴基斯坦:瓜达尔港 埃及:塞得港
新亚欧大陆桥	中国、哈萨克斯坦、乌克兰、俄罗斯、白俄罗斯、波兰、德国、希腊、荷兰等	乌克兰:尼古拉耶夫 希腊:比雷埃夫斯
中巴	中国、巴基斯坦	巴基斯坦:卡拉奇、拉合尔
孟中印缅	中国、印度、孟加拉、缅甸	缅甸:皎漂 孟加拉国:吉大港 斯里兰卡:汉班托特
中国—中南半岛	中国、越南、新加坡、老挝、马来西亚、印尼	中国:瑞丽 老挝:磨憨 马来西亚:马六甲市、关丹 印度尼西亚:加里曼丹、苏门答腊

资料来源:作者整理。

五、"丝路城市"概念与世界城市网络理论的关系

从理论基础上看,"丝路城市"与世界城市网络(World City Network)理论之间存在共通之处。二者都与经济全球化力量在城市层面的分布密切相关,但二者间也存在一定的差异性。世界城市体系概念的产生,主要基于20世纪80年代以来经济全球化条件下国际劳动分工的发展。约翰·弗里德曼(John Friedmann)关于世界城市概念内涵的七个著名论断和假说便立足于新国际劳动地域分工。[1]因此,世界城市网络的建构,更多依托以跨国

---

① John Friedmann,"The world city hypothesis", *Development and Change*,1986(17):69—83.

公司生产体系全球布局为核心的国际分工体系。而"丝路城市"概念的关注焦点,不仅在于相关城市对世界经济的控制力,而进一步扩展到国际要素与城市所在区域之间的结合与互动。

从城市数量来看,"丝路城市"的确包含沿线国家和区域中的不同等级的全球城市,但其规模不限于被纳入传统全球城市等级体系或世界城市网络的城市。对于所在国起到要素枢纽作用及国际商贸功能,以及具备上述作用与功能发展潜力的城市,都应被视为"丝路城市"。从这一角度上看,"丝路城市"概念的提出,本身也是对全球城市体系理论的修正和补充。

第二节 "丝路城市"发展的意义

一、全球城市网络新板块

对"丝路城市"的认识,很大程度在于理解这一群体在全球城市网络中的地位和作用。长期以来,全球城市的发展基础在于同以发达国家为主体的"北方"世界的全面衔接。从城市的发展水平和网络互动程度上看,欧亚大陆腹地的"南方"区域的城市网络尚不完善,其全球化的融入程度仍有限,需要多方面的要素投入形成新的发展动力。而连接亚非欧的"一带一路"倡议恰恰是要联通这块新的地缘战略拓展空间,其影响力将在未来数十年间逐渐释放。

前述国际城市学界居于主流的"世界城市网络"研究,就是循着各个全球城市辐射力的范围和强度予以划分。全球城市的崛起、成长就集中表现在辐射范围的扩展,由此划分出"世界中心地带—半边缘地带—边缘地带",或是"全球—洲际—区域—国际"的等级划分。全球城市的竞争就是聚焦在全球尺度的辐射力和对于"世界中心地带"(或是世界经济重心迁移)的控制力。而随着全球化深化和人类发展目标的不断拓展,新的全球城市发展趋向,理应增加促进包容性发展,推动"边缘地带"发展中区域"去边缘化",融入全球化的发展的新内涵。这也正是位于所谓"边缘区域"的"丝路城市"崛起和发展,为世界城市网络的演进和升级带来的积极意义。

二、沿线国家主要增长极

从"丝路城市"的地方性功能(Local Function)看,这一城市群体对于所在国主要起到"增长极"的支撑作用。相关城市是所在国的经济发展"高地",具有对内外部要素的配置功能。同时,这些城市的发展需求和潜力,也为周边区域以及所在国的发展,提供发展所需的贸易、创新、就业、人才发展的重要动力和增量空间。

从"一带一路"沿线国家的发展状况而言,城市无疑是其经济、社会、文化、环境发展的重要空间载体。同时,城市化本身也为沿线国家的发展带来新的动力和需求。"丝路城市"因其自身的门户和通商功能,一方面能够为所在国的发展集聚所需的外部要素和资源,另一方面也能带动周边区域的发展,提升所在国的整体城市化水平。

三、地缘经济发展新区域

从地缘经济角度看,"丝路城市"的发展,是对传统"两洋"(太平洋—大西洋)沿岸发展板块的重要补充。20 世纪 80 年代以来,经济全球化的快速发展,使得临近太平洋、大西洋的沿海国家和地区得到快速发展。世界城市网络的布局和高等级群体,也基本围绕"两洋"的沿海区域展开。然而,全球经济发展的力量对于各大陆板块之间的"腹地"(hinterland)区域始终影响有限。

而随着中国及诸多新兴经济体的崛起,国际经济要素流动方向开始悄然出现新的变化,地缘经济发展的重心也逐渐出现调整的趋势。中国"一带一路"倡议的提出,有助于沿线区域成为新的国际投资和经济要素流动方向。在这一背景下,"丝路城市"的发展,有助于在欧亚大陆这一"世界岛"的核心区形成新的增长点和发展网络,进而形成新的发展区域和板块,以推动全球经济发展实现"由海到陆"的新平衡。

第三节 "丝路城市"的作用与主要挑战

一、"丝路城市"的重要作用

1. 发展引领作用

"丝路城市"的建设与成长,对于所在国的长期可持续发展具有重要的引领作用。丝路城市是所在国的重要枢纽性城市,属于国家或区域中的相对发达节点。这些城市的经济水平发展、区域能级提升、基础设施改善、环境资源合理开发,一方面对于所在国的资源合理配置、社会文化融合、经济贸易繁荣具有重要的提升作用,另一方面也能够形成一种理性发展的增长模式,对于其他区域的发展起到标杆和带动作用。

"丝路城市"的发展特点之一,在于具备后发优势,能够实现城市化的"跨越式"发展。这些城市的建设与成长,是在当前世界城市化快速发展,以及世界经济格局发生重大变化的背景下进行的。这种情况就使得相关城市一方面能够以众多的国际城市发展经验作为参照,规避传统全球城市发展中的诸多问题和风险;另一方面能够充分依托全球化、信息化以及世界城市网络等既有资源促进自身发展,进而超越"线性"发展的传统路径。

2. 网络建构作用

"丝路城市"的发展,并不在于单一城市自身的崛起,而在于城市间的网络建构。从历史上看,丝路城市的发展,主要依托商品在沿线的接力传递,以及不同区域间的贸易需求。而当前丝路城市的发展,也依赖于自身对多层次城市网络的联通程度。丝路城市的这种网络化属性和需求,有利于其自身及周边区域的快速国际化,同时也对所在区域乃至国家融入全球化具有重要的推动力。

"丝路城市"作为重要的空间节点和沿线城市的主要经济枢纽,其相互之间的多层次互动,有助于形成"一带一路"沿线国家发展的主要骨干区域。丝路城市群体之间通过网络互动的相互作用,使"一带一路"沿线内的发展"支撑点"得以彼此连接,并以网络为基础向周边区域辐射,最终形成"点"—"网"—"面"一体的发展带。

3. 区域枢纽作用

"丝路城市"群体中,各城市间具有差异性较大的要素条件和发展条件,其中既有第二、第三产业较为发达的新兴城市,也有资源富集而开发能力较为有限的崛起中城市。这种要素结构的多样性特点,就带来相关城市之间产能、要素间供需合作的有利条件,也带来"一带一路"各区域间多层次互动的需求和空间。"丝路城市"的经贸连接网络,不仅承载来自全球层次的要素流动功能,也承载并促成对于"一带一路"沿线城市之间的要素流动,进而为"一带一路"沿线国家和区域间的供需匹配提供重要的平台和支撑作用。

4. 全球治理作用

"丝路城市"不仅能够发挥区域性的经济互动功能,也具有全球议题的塑造力和影响力。丝路城市网络所在的区域,地缘战略地位重要,且具有巨大的发展潜力。这种区位上的优势地位及发展潜力,使"丝路城市"成为参与全球性事务的重要枢纽空间。同时,"丝路城市"自身的发展模式也对全球的可持续发展具有重要的影响力。因此,处于"世界岛"核心区的"丝路城市",在全球安全、环境、社会等全球治理领域,都是不可忽视的行为主体,具有独特的影响力和重要的行动力。"丝路城市"之间的城市组织和联合体,则能够发挥不同于全球性国际组织的次国家行为体的独特作用,进而成为参与、推动全球治理的重要群体性角色。

二、"丝路城市"发展面临的主要问题

1. 城市历史地位与现实作用的落差

"丝路城市"群体中,包含诸多历史名城,这些城市在历史上发挥了重要的枢纽和创造源头作用,对于人类文明的发展起到了重要的支撑和承载作用。这些城市的国际交流地位及历史积淀已得到时间的检验。但由于经济全球化发展的区域不平衡性和相关因素的制约,这些城市在目前的发展状况与其历史地位和应有的作用明显不匹配。这种落差,是世界经济发展不平衡的表现,也是认识"丝路城市"发展方向的重要起点。

2. 城市规模体量与功能地位落差

从总体上看,"丝路城市"的规模和体量均具有一定水准,其中不乏人口规模上千万的特大型城市或巨型城市。这些城市的人口高度密集、城市空间规模较大,且往往位于关键性的枢纽地区,因此具有重要的战略地位和潜在实力。但另一方面,这些城市的规模往往并未给其带来城市功能和全球城市等级地位上的优势,其全球经济流量的控制和配置能力与其规模相比并不匹配。这些"丝路城市"的发展现状可用"大而不强"来形容。这种情况也使得相关城市需要在城市能级提升,以及对外影响力释放方面有所作为。

3. 城市区域作用与网络作用的落差

历史上的"丝路城市",主要通过商业贸易网络得以串联。而近代以来,这种传统的网络联系纽带逐渐断裂,相关城市更倾向于通过现有国际分工体系实现自我发展。在"城市竞争力"等理论思路的影响下,城市对于相互合作和传统网络的关注,被自我强化的竞争性战略所取代。从区域板块上看,目前东亚、西亚、中亚、南亚区域的"丝路城市"之间的互动也较少。即便在各区域内部,城市间的合作和网络连接,相较城市与更高层级的西方城市之间的互动而言也显得较为有限。

4. 城市对外枢纽功能与内部治理能力的落差

"丝路城市"群体中,目前已经有一部分城市在承接全球化力量的基础上得到了较快发展,其国际要素流量枢纽的地位得到凸显。一方面,这些国际化程度较高的"丝路城市"在全球城市体系中的地位已经得到确认,国际功能的迅速拓展使城市的对外影响力迅速提升,城市规模也急剧膨胀,成长为世界经济的枢纽和特大型城市。但另一方面,这些城市的发展更多依托外部要素和外部需求,对外经济职能的提升速度与城市自身治理能力的成长不匹配,从而带来了城市发展的诸多不协调之处。这种不协调表现在经济结构单一、基础设施不堪重荷、社会分配不公、环境资源过度消耗等诸多方面。"丝路城市"对外和对内功能的平衡和调整,不仅是城市自身可持续发展的需求,也是提升全球化要素本土化的重要尝试。

5. 单一城市过度发展问题

在"一带一路"沿线国家,单一城市过度发展,集聚过多要素的"一城独大"现象并不鲜见。这种情况是丝路城市的重要特性,也带来一系列问题。例如曼谷城市首位度之高,不仅在东南亚,即使在发展中国家乃至全世界都是罕见的。据统计,曼谷的人口占泰国城市总人口的比重,1960年为65%,1980年则上升到69%,1990年仍达57%。1970年曼谷人口是泰国第二大城市清迈33倍,1980年更增至50倍。在1950—1990年间泰国曼谷的人口猛增4.3倍,达到716万,而该国第2位至第5位的4个城市的人口合计尚不及曼谷的1/10。这种"一城独大"的单极化发展状况,一方面体现了特大型城市在一带一路沿线区域的经济中心地位,另一方面也反映出所在国产业分布不合理,区域城市化水平差异过大的问题。

6. 城市基础设施支撑问题

由于发展阶段和所在国公共服务能力的限制,大量"丝路城市"的基础设施建设处于较低水平。同时,由于维护和资金等因素的制约,已建成的基础设施也处于老化或供应不足的尴尬局面。例如,哈萨克斯坦城市在2009

年有73%的电网、63%的供暖设备和54%的煤气管道需要维修或更换,由陈旧的设施导致的热能损失达到了17.5%。而哈萨克斯坦的小城市基础设施的状态更差,约有60%到95%的集中供热、供水和污水管网已经磨损。这种基础设施方面的短板,一方面制约了丝路城市的快速发展,另一方面也带来了这一领域的巨大需求,从而使得丝路城市之间的产能合作有重要的发展空间。

第四节 中国全球城市与"丝路城市" 互动发展的方向与路径

作为"一带一路"倡议发起国的重要发展主体,中国全球城市既是"丝路城市"群体中的重要成员,也是推进"丝路城市"互动发展的重要角色。这种互动发展的顺利推进,源自"丝路城市"自身发展的需求,也取决于中国全球城市角色与作用的准确定位。

一、"丝路城市"发展的主要需求

1. 城市管理体系

从当前的发展状况上看,丝路城市发展所迫切需要的,不仅在于基础设施的改造升级和产业项目投资,而且在于城市发展规划与城市管理经验的支撑。其中,城市的行政能力是城市化得以顺利推行的保证。"一带一路"沿线城市的行政执行者普遍由新一代官员组成,但行政低效仍然是政府需要解决的主要问题。这需要完善管理、监督和追责体系,同时避免城市管理受到官僚体制负面问题的影响。因此,诸多丝路城市的未来发展,在很大程度上有赖于城市管理形式与管理手段的创新和升级,以使城市的有序及可持续运行得到制度上的保障。

2. 城市危机应对能力

危机应对能力是城市发展的重要保障和城市成熟的重要体现,而这一能力恰恰是"丝路城市"亟待提升的重要方面。如根据亚洲开发银行预测,到2100年,东南亚地区仅因受到气候变化影响导致的损失相当于地区每年GDP的6.7%。而全球受到气候变化影响导致的损失仅相当于每年GDP的2.6%,因此"丝路城市"亟须进一步强化和完善基础设施规划和建设,形成应对多种危机的反应机制,以保证在受到短期灾害和长期气候变化的影响时,都有充分的适应能力和恢复能力。

3. 城市新技术应用能力

对科技进步作用的充分利用,有助于迅速提升城市综合竞争能力。目前大多数"丝路城市"发展的技术基础较为薄弱,受发展起点、资金、市场等多方面因素影响,城市建设和管理中对新技术的应用水平普遍较低。而在当前城市发展和全球城市的竞争中,新技术的应用成为关键环节。因此,如何引进新技术,引进哪些新技术,如何应用新技术,成为"丝路城市"实现高效发展需要面对的重要问题。

4. 城市建设资金

资金不足,是制约"一带一路"沿线城市发展的重要问题。如何获取来源稳定、条件适当的城市发展资金,是"丝路城市"发展的重要前提。解决这一问题,一方面需要城市主体与现有国际金融体系实现深度互动,获得现有体制下更多的资金支持;另一方面也需要建构有针对性的新型金融主体,以提供城市建设的增量资金。在这一方面,2015年底成立的亚洲基础设施投资银行,已经为相关城市的建设资金问题提供了新的选择。

二、中国全球城市促进"丝路城市"互动发展的角色与作用

1. 中国全球城市是"丝路城市"的核心力量与发展模式探索者

无论从规模抑或是经济影响力上看,中国全球城市都是"丝路城市"群

体中的"领头羊"。40年来中国城市的快速稳定发展,为"丝路城市"的整体发展和影响力提升提供了重要的基础和经验。同时,中国全球城市对于创新驱动发展、可持续发展等领域的关注和实践,也为"一带一路"沿线区域城市的崛起提供了城市发展模式的重要样板和借鉴。

2. 中国全球城市能够为"丝路城市"发展提供综合解决方案

中国全球城市,特别是沿海全球城市的发展当前已进入较为成熟的阶段,逐渐形成了发展中国家与区域在开放条件下快速推进城市化的"中国模式"。在这一背景下,中国城市政府、企业、银行、学界全面参与"丝路城市"的合作建设、发展,将成为"一带一路"倡议在城市层面落实推进的重要选择。而这种合作可以是全方位的,是中国城市发展资金、技术、管理乃至关于欠发达地区城市化和城市整体转型发展的"一揽子"综合解决方案。

3. 中国全球城市的发展有助于提升"丝路城市"群体的全球城市网络地位

随着中国国际地位与经济影响力的不断提升,中国的主要中心城市已经成为全球城市网络的重要节点以及全球要素的配置区域。"丝路城市"通过与中国城市的互动,能够充分发挥后者的全球要素配置节点功能以及门户枢纽作用,与发达国家群体建立起多层地的互动体系。而中国城市也应重视以"丝路城市"等新兴城市群体为要素互动节点,推动形成全球范围更为完整的城市互动网络。

4. 中国全球城市可持续发展能够为"丝路城市"提供"绿色发展"样板

城市的可持续发展,是"丝路城市"面对的普遍问题。中国全球城市在经历了快速发展期之后,已将低碳、绿色的可持续理念作为重要的城市发展原则。中国城市对于"绿色城市""低碳城市"理念的追求与实践,以及在技术、资金、人才、基础设施、制度建设、治理手段方面的持续探索和推进,有助于为"丝路城市",乃至"一带一路"沿线国家提供可持续发展方式的典型样板。同时,中国全球城市探索的新兴城市"绿色发展"道路,也能够为全球范围的气候和环境治理提供强大助力,具有更为广阔和持久的意义。

第七章
全球城市迭代发展的实践与
规划案例的启示

在全球城市的迭代发展趋势中,各城市采取了侧重点有所不同的发展策略与思路,这体现出了全球城市发展与区域发展特点的有机结合,也反映出其全球城市发展的重要规律。这些发展实践的方向,鲜明地反映在创新体系与创新空间重塑,绿色与可持续道路的构建,以及城市与区域关系的重整等领域。对于全球城市以及相关大都市区转型发展的实践与规划的管窥与分析,能够使我们深入理解主要全球城市在迭代转型实践中的关注点与具体举措,进而为我们思考中国全球城市的发展路径提供借鉴。

第一节　美国大都市区创新空间的发展趋势与启示

随着创新在大都市区经济发展的动力作用日益凸显,创新空间在大都市区中的作用得到各方的关注。当前美国大都市区的发展进程中,创新空间的演进正在经历新的转型和变革。创新空间的表现形式和选址方向出现了新的发展趋势,其对大都市区及全球城市发展的作用也表现出新的特点。因此,对于美国大都市区创新空间发展趋势及特点的分析,有助于我们深入了解科技发展新趋势下,创新要素对于全球城市及城市区域的全新内涵,同时有助于我们把握全球城市发展过程中，创新功能对于空间塑造和城市功能转型的作用规律。

一、美国大都市区创新空间的模式变化与特点

美国大都市区创新空间的近期发展，表现出从传统的"硅谷模式"向更具"城市特质"的创新城区模式的变化。这种模式的变化，体现出创新要素集聚与大都市区空间转型之间的互动关系，同时也反映出大都市区创新体系发展的新趋势。

1. "城市特质"的创新空间新模式

20世纪60年代起，以硅谷为代表的创新型区域成为大都市区创新空间的主流方向。此类创新空间的特征表现为：选址于大都市区的郊区；临近空间具有相对隔离性的大学校区；出行主要依靠汽车通勤；区域的生活品质相对较低，就业、住房、娱乐等综合配套服务能力相对薄弱。由于"硅谷"的成功发展，这一创新空间模式长期以来一直被视为大都市区创新功能建设和空间塑造的主要模板。

而随着城市创新功能的发展与需求调整，以及中心城市要素条件的升级，大都市区的创新空间模式也发生了新的变化。美国布鲁金斯学会将此类位于中心城市的新兴创新空间形态描述为"创新城区"（innovation districts）。根据该机构的定义，"创新城区"是集聚了高端研发机构、企业集群、创业企业、企业孵化器，及促进机构的城市空间。同时，"创新城区"还具备物理空间上的紧凑性，交通的通达性、技术的网络互动性，以及居住、办公与零售功能的混合性等特征。

创新城区的概念认知和发展，揭示美国大都市区创新功能在空间层面的新的布局趋势及发展方向，即创新资源在成熟城市化区域及中心城区的重新集聚。这种新的趋势不仅将改变民众与企业的区位选址偏好，也对大都市区的整体空间发展格局和功能转型起到重要的影响作用。在这一过程

中,城市的经济结构、空间布局以及社会网络的联系属性将得到重新建构。随着创新空间的发展,越来越多的创新型企业与人才开始集聚、迁移到空间紧凑、基础设施便利的中心城市。知识密集型企业则更倾向于将研发、市场等重要部门选址于临近相关企业、实验室、高校的城市区域中。这与以往创新企业选址于郊区的倾向有很大不同。在城市区域中,这些创新主体能够彼此交流创意,进而形成一种"开放创新"(open innovation)的互动机制。

随着创新机构与新兴企业的互动发展,以创新城区为代表的新型创新空间在美国诸多大都市区中不断涌现,其特点也与传统城区的空间模式及发展路径大相径庭。位于大都市区中心城区或次中心城区创新"支柱机构"(anchor institution)周边的创新城区发展十分迅猛。这一现象在美国的亚特兰大、巴尔的摩、布法罗、坎布里奇、克利夫兰、底特律、休斯敦、费城、匹兹堡、圣路易斯、圣迭戈等具备高科技创新机构的大都市区表现明显。同时,在纽约、波士顿、芝加哥、波特兰、普罗维登斯、旧金山以及西雅图等城市,创新空间的发展则与当地旧工业区等废弃区域的重建与规划形成了有机互动。此外,大都市区中心城市之外的传统科技园区也开始经历转型,逐渐向创新城区模式过渡。其转型的方向主要集中于增强区域的城市化水平,同时满足区域内居民对于生活多样性及环境的更高层次需求。

2. 大都市区创新空间的要素构成与发展模式

从整体上看,以创新城区为代表的新型大都市区创新空间,整合了企业、教育机构、创业者、投资者、开发商、公共服务提供者等一系列主体。这些主体通过新型交通、信息、互动媒介、服务体系的链接,建构起形成彼此紧密互动的创新体系和网络。此类创新空间的组成特点,充分体现出被美国城市学者萨森(Saskia Sassen)概括为"城市特质"(cityness)的特性,即复杂性、高密度、文化与人口结构的多样性,以及新旧事物的层次性。

创新城区的上述内在特质基本包含了经济性、物理性与网络性三类特征,这些特征与带有互助、风险偏好的区域文化氛围共同形成了大都市区的新型"创新生态系统"(innovation eco-system)。从这一体系的视角出发,美国大都市区的大多数创新城区可归纳为以下三种类型。

(1)"支柱核心"(anchor plus)类型

这一模式的创新城区主要位于中心城市的市中心区,其特征为:在主要的支柱性创新机构周边形成大规模的混合功能开发,参与创新资源的商业化拓展的相关公司、延伸企业、企业主形成大量积聚的格局。"支柱核心"型创新城区的典型代表包括波士顿大都市区坎布里奇市的肯戴尔广场、费城大学城、圣路易斯市、匹兹堡的大奥克兰社区、亚特兰大中心区等。

(2)"城市区域再造"(re-imagined urban areas)类型

该模式的创新城区一般临近历史风貌水岸空间,区域内的工业企业或仓库区亟待物理空间及经济结构的重整转型。创新空间的发展为这一转型提供了新的契机。由于创新空间往往位于重要交通枢纽、历史建筑以及高租金的市中心区附近,这些特性与先进研发机构与支柱性企业的经济引擎作用相结合,往往能够共同推动衰败区域的创新发展和整体更新。波士顿的南岸区域、旧金山的 Mission 海湾、西雅图南湖联合区域,以及纽约布鲁克林海军码头区域均是此类区域的典型代表。

(3)"城市化科技园区"(urbanized science park)类型

此类创新空间或可被视为"硅谷模式"创新区的升级版本。这些区域一般位于大都市区的郊区及城市远郊,长期以来形成了孤立、蔓延式发展的特点。此类创新区域通过增大区域发展密度、整合零售、住宿等新功能等举措,提高区域的城市化水平,实现不同程度的"创新—城市"融合发展。如 20 世纪美国东部著名的研发型区域——北卡罗来纳州创新三角园区(The Research Triangle Park),就成为此类模式转型的典型代表。2011 年,创新三角园区基金会发布的未来 50 年战略规划方案中,明确提出建设多样化的区域发展框架的总目标,规划提出为区域提供充满活力的多用途中心区(mixed use center)、多户居民住房(multi-family housing)、零售业体系,以及轻轨交通体系的建设方向,从而避免以往依赖轿车的隔离性环境。与北卡创新三角园区有着相似城市化发展趋势的传统科技创新园区,还包括威斯康星—麦迪逊大学研发园区、弗吉尼亚大学研发园区,以及亚利桑那大学科技园等。

3. 大都市区创新空间转型的主要影响

2008年全球金融危机后,美国大都市区普遍采取多种经济、创新、贸易手段以应对经济危机与转型带来的诸多挑战和问题。创新空间的建设便成为新一轮地方经济发展与升级的关键组成部分。创新空间的发展,不仅在于其自身所蕴含的创新资源集聚、空间重整等作用,其对大都市区的整体发展具有更为深远的意义。主要表现在以下几个方面。

(1) 提升大都市区的经济多样性

大都市区的新型创新空间推动了企业、企业家、雇员、研发人员与投资者在城市中的集聚,并促使上述主体进行基于市场的创新创意协作活动,提升创新的经济应用属性。在空间上,中心城区的创新空间能够在城市核心区域有效地集聚多种知识与专业人才,并促进相关产业与部门之间的创新联系。这种以创新为核心的多市场主体协作,带有"混合经济"的特征,有助于扩展大都市区的经济运行样式,提升区域的经济多样性。

(2) 优化大都市区企业发展环境

创新、创业企业是大都市区经济发展与就业增长的主体。创新空间的发展能够从多方面提升企业家在推进增长方面的作用和地位。创新空间的共享合作类基础设施及发展空间能够提供价格较为低廉、风险可控的创业基础条件,并能够对冲一部分创新与创业过程中的技术成本,减少企业的间接成本。同时,创新空间的多主体交互性特点,一方面能够为企业家提供创意互动的良好环境,另一方面有助于促进企业家与投资方、咨询方、技术服务者之间的有机网络建构。

(3) 提升城市发展的包容度

由于地价等方面的约束性条件,美国大都市区中心城市中的创新空间往往临近中低收入社区。这一空间的选址特点,对于城市的包容性提升形成了新的机遇。创新空间的发展能够提供更多的就业机会与教育资源,惠及周边区域的弱势群体。同时,部分创新空间的建设,与经济适用住房、教育机构、基础设施、网络信息等基础设施的更新紧密结合,有助于实现中心城市衰败区的复兴。

(4) 促进城市更新与可持续发展

美国大都市区中心城市的创新空间建设,往往通过整合既有历史建筑、传统街区、交通网络以及服务性基础设施,实现区域的综合性发展。一方面,在这一过程中,区域的居住与就业的密度得以提升,实现了城市更新与空间紧凑性的有机统一。同时,创新空间的运行重视清洁能源的使用及环保理念的应用,进而促进了区域的可持续发展。另一方面,中心城市的创新空间发展,在促进区域经济活力、提升对民众需求的同时促进了城市税收的上升。这种提升有助于在联邦投资相对下降的情况下,实现城市财务方面的可持续发展,进而保证城市在基础设施、公共安全、公共住房、教育等服务的持续投资和供给。

二、美国大都市区创新空间发展的功能性作用

美国大都市区创新空间的发展与转型,不仅对于全球城市及周边城市的创新功能具有支撑和推动作用,同时能够产生超越创新领域的"外溢效应",对城市外部整体功能水平提升形成支撑作用。这种功能性作用,集中体现在创新空间及创新功能对于人力资源集聚、产业转型、城市更新的引导和促进。

1. 促进人力资源的大都市区集聚

美国大都市区的人口迁移方向,无疑是反映美国经济社会变化趋势的风向标。而青年人口以及富裕人口的主要流向,则更鲜明地反映出美国大都市在吸引创新、财富要素方面的重要作用。2010 年的美国人口统计表

明，美国青年人口开始逐渐向文化、创新环境的"酷城市"集聚。在这种社会情况的影响下，近期的美国国内移民数据显示，一些固有状态正在被打破。在迁移目的地的选择上，美国青年人正趋向于前往具有一些特定"氛围"（vibe）——如大学城、高科技中心——的大都市区，这些都市被称为"酷城市"（cool cities）。

据统计，在2008—2010年25—34岁阶段人口流入目的地排名中，位居前列的分别是丹佛、休斯敦、达拉斯、西雅图、奥斯汀、华盛顿以及波特兰。从经济角度看，或许是缘于榜单前三位的大都市区以及华盛顿在危机中均有相对较好的经济表现。但从更深的层面看，前7位大都市区的一个共同属性，是青年人能够在该地区与大学或学院有所接触和联系，并与较高教育程度的居民为伍。

表7.1　2008—2010年美国大都市区25—34岁年龄段年均国内移民趋势

流入最多的大都市区		流出最多的大都市区	
丹　佛	10 429	洛杉矶	−24 470
休斯敦	9 336	纽　约	−22 325
达拉斯	8 721	芝加哥	−9 645
西雅图	7 451	底特律	−7 501
奥斯汀	7 099	迈阿密	−5 724
华盛顿	7 044	圣迭戈	−5 364
波特兰	6 656	弗吉尼亚比奇	−3 855

资料来源：William H. Frey, *American Young Adults Choose "Cool Cities" During Recession*, The Brookings Institution, 2011-10-28.

上述数据表明，具有创新能力的年轻阶层，往往趋向于回归具有创新包容性的中等规模"文化型"大都市区，即所谓"酷城市"。此类大都市区的规模以及经济结构使其在经济危机中具有更强的适应性，同时，城市的文化特质使得其在新的发展阶段能够具有更强的创新要素吸引力。

2. 引领大都市区产业结构转型

美国大都市区的创新要素,对于区域的产业结构转型也产生了重要的推动作用。这种推动力,一方面体现在创新在制造业等大都市区传统产业转型方面,另一方面也体现在创新空间对于大都市区新兴产业的支撑和促进上。

(1) 推进大都市区传统产业转型

在创新空间转型的影响下,美国大都市区逐渐成为制造业转型的核心区域,也成为各类型制造业的最主要集聚区域。美国大都市区,特别是大型大都市区以及大都市区的中心县,集聚了绝大多数的制造业就业量。同时,美国几乎全部高科技制造业的就业者都集中在上述区域。这种状况显示出,大都市区的创新资源能够为制造业发展提供强大的优势,特别对于高科技制造业而言,这种优势尤为明显。

2001—2005 年,美国大都市区制造业创造的增加值增长了 12.5%,超过了同期大都市 GDP 增速 1.4 个百分点。从就业层面看,2010 年,美国大都市区提供了 79.5% 的制造业就业,其中,100 个最大都市区贡献了 58.5% 的份额。从分类上看,78.6% 的普通高科技制造业就业与 95% 的尖端高科技制造业就业集中在大都市区。[1]

从整体上看,制造业企业的科技水平越高,在空间类型上越倾向于集聚在大型大都市区,在具体方位上则倾向于集聚在大都市区的中心县中。这种科技水平与空间的集中性呈正相关的特点,其原因在于大都市区集聚的创新空间拥有产业集群所必需的教育、研发、咨询、工程服务条件,同时具备企业与顾客进行面对面交流的重要平台。

以芝加哥大都市区为例,制造业长期担当芝加哥大都市区经济的基石作用,即便在全球要素流动的时代,制造业依然是区域经济健康发展的关键

---

[1] Susan Helper, Timothy Krueger, Howard Wial, *Locating American Manufacturing*: *Trends in the Geography of Production*, Washington: Brookings Institution, 2012.

性要素。芝加哥大都市区的制造业集群就业人数为 58 万人,是美国第二大制造业就业人群。区域创新能力是芝加哥制造业转型的主要动力,该区域 85% 的私人研发力量为制造业发展服务。在这一创新力量的推动下,芝加哥制造业就业的连带效应也非常显著,远远超出其他行业。平均每新增一个新的制造业就业岗位,便会支撑至少 2 个区域经济中的其他就业岗位。

(2) 引领大都市区新兴产业发展

创新功能水平的提升,成为美国大都市区新兴产业发展的重要基础和推进力量。特别是纽约、波士顿、旧金山等美国的主要全球城市与大都市区,均以区域的创新资源为支撑,提出发展以低碳环保为代表的诸多新兴产业的计划。其中,纽约的环保产业发展较为典型。

作为全球城市,纽约市的绿色产业发展具有较高水平,不仅主导地方性市场,而且在全球绿色产业领域中也扮演重要的供应者角色。当前纽约对于绿色与清洁产业的投资更多带有资本密集、政府补贴,以及制造业"重型"技术的特征。随着第一代清洁技术装备与数字技术的快速发展及商业化运用,绿色产业向"轻资本密集"、数字化推进的转变趋势正在初露端倪。纽约市政当局判断,这一变化趋势将很快与纽约市的优势创新要素与现有产业要素相结合,形成一个新兴的产业发展领域。

纽约市经济发展署将这一新的创新产业技术发展趋势定义为"绿色 2.0",其核心在于利用数字工具与商业模式应对环境、能源与资源约束。其应用层面表现为:运用数据方法优化能源使用效率,促进被称为"清洁网络"的社会网络促进资源共享,通过上述方法提升可再生能源的使用者参与,进而加快可再生资源的使用范围。

在这一概念的引领下,纽约市已发展成为"绿色 2.0"企业的重要集聚区域,根据纽约经济发展署的统计,已有超过 40 家此类企业在该市创业。纽约市政当局认为,"绿色 2.0"经济已逐渐成为纽约竞争力和城市财富的重要特征。纽约市不仅是媒体、金融产业的"领头羊",创新领域的网络、软件、客户服务以及商业分析行业均增长迅猛,这些行业都是绿色 2.0 产业的必备要素。

3. 创新空间对城区改造的带动作用

美国大都市区中的创新空间发展,与城区的改造更新之间有较强的互动关系。一方面,城市更新改造为创新空间的发展提供空间支持与应用领域;另一方面,创新空间的发展也为城区的建筑改造和区域包容性发展提供重要的支撑和外溢效应。在这一方面,具备大尺度传统建筑空间的全球城市往往具有独特的有优势。

(1) 以创新空间建构带动传统建筑改造

创新空间的建设和形成,不仅是城市创新功能水平提升的重要支撑,也是城市空间调整的重要手段。近期美国大都市区的城市更新与改造过程中,逐渐重视创新空间在促进传统建筑与区域改造中的积极作用。纽约布鲁克林海军造船厂(Brooklyn Navy Yard)的区域更新改造项目,就典型地体现出,创新功能的注入和创新空间的建设,是带动区域更新的重要支撑性力量。

在纽约布鲁克林海军造船厂区域的更新过程中,开发方不仅重视区内建筑与周边环境的硬件更新,而且十分关注以创新产业发展带动建筑的改造更新。例如,77 号大厦(BLDG77)的改造是该区域更新的核心项目。该大厦面积约 9.3 万平方米,是海军造船厂工业园内面积最大的大厦。建筑更新的目标是将这一传统的海军造船厂建筑转化为一个生物医药、高科技以及小微型制造业企业的中心区。这些企业中主要为影视、媒体、建筑公司等。

而随着区域更新的推进,高科技制造业企业逐渐成为布鲁克林海军造船厂区域的重要成员。如该区域的一个较大规模企业——Duggal 公司,其主要进行太阳能与风力供能的路灯的制造。同时,77 号大厦也被美国政府相关部门指定为"自由贸易区域",其内部存储的货物是免税的,同时高科技制造商在这里生产的货物还可享受关税减让待遇。

(2) 推动区域的包容性发展

城市区域的建筑改造与企业升级是城市的硬件更新,而区域的包容性发展则是城市的"软件"更新。在这一方面,美国大都市中的创新空间同样起到了重要的推动作用。大都市区往往以创新空间为平台,促进临近社区共享教育、就业的机遇,并为城市中的低收入群体提供发展机会。这些发展方向主要包括:1)推动综合性社区更新。美国大都市区 45% 的研发园区临近贫困社区。创新空间中的支柱性机构,特别是高校等创新主体往往通过多方面策略提升临近社区的公共安全、教育质量、数字化联通水平,同时扩展可承受住房与零售业的开发机会;2)提高劳动力市场的活跃度。创新区域能够推动住房、建筑、医疗、技术、服务与零售等多个领域提高就业水平。创新区域有意识地雇佣、培训及支持当地劳动力,能够为低收入就业者提供更具流动性的职业发展路径,为此类群体提供可持续性的家庭收入;3)促进本地企业发展。创新区域通过制订专业化项目,直接促进本地企业的成长;支柱性机构与本地企业建立联系,通过购买后者的产品与服务,建构本地供应链。

第二节　伦敦"最绿色全球城市"的发展规划

2018 年 5 月,大伦敦政府(Greater London Authority)发布面向 2050 年的《伦敦环境战略》(London Environment Strategy)愿景规划。该规划是伦敦史上首个综合性环境战略,旨在全面应对大伦敦都市区面临的环境挑战,提高城市发展质量。该环境规划提出了伦敦在空气质量、绿色基础设施、气候变化、废弃物处理、噪声控制、低碳循环经济等多个环境领域的推进举措,着力使伦敦成为更清洁、更绿色,到 2050 年实现"零碳"的"最绿色全球城市"(Greenest Global City)。

一、伦敦环境战略的目标体系

伦敦环境战略是该大都市区首次涉及所有环境领域的规划。该战略将环境因素与伦敦城市生活的其他方面相关联,并将环境作为影响市民生活质量的重要影响因素加以分析。该战略的建构,主要基于伦敦人口在中长期的增长。预期到2050年,伦敦人口将达到1 110万人,相较于当前的870万人,其人口与经济增长将带来更大的环境挑战。因此,伦敦市市长提出了世界最绿色全球城市的目标。该目标由三大主题与五个原则支撑。

1. 伦敦环境发展的主题

（1）更绿色的伦敦。所有的伦敦居民应当拥有高质量的公园、树木与野生动物环境。更为绿色的城市将产生多方面的效应,包括提高民众健康与生活质量,助推商业成功,以及吸引更多的游客等。伦敦将采取实际举措种植更多的树木,提高绿色空间的可达性,为新一轮城市发展设计更多的绿色屋顶与绿色设施。

（2）更清洁的伦敦。伦敦市民都希望他们的城市是清洁、健康而富有魅力的,居住在大城市并不意味着容忍肮脏与污染的环境。伦敦市政府将着力以公平的手段清洁伦敦的空气、水源与能源供应体系,保护伦敦居民的健康,有效应对气候变化。

（3）为未来有所准备的伦敦。城市消费品依靠的水资源、能源与原材料在未来并非唾手可得,气候变化也将带来更高的气温,更猛烈的降雨与更严重的水源短缺。为了应对未来的需求,保障后代的福祉,伦敦市政府将确保城市珍惜宝贵的资源,并对气候变化带来的影响早做准备。

2. 伦敦环境战略的实施原则

（1）提高生活质量,减少不平等。这需要不同政策领域之间的共同推进,合力解决环境挑战。环境战略与大伦敦政府的其他战略相互连通,高度重视环境应用的公平性问题。

（2）以身作则。大伦敦市长与主要部门将在实践环境战略中率先垂范。伦敦市交通部等组织，将与大都市区警署等市长直辖组织一道，率先践行环境战略，并应用相关的新技术。

（3）避免其他政策领域的负面影响。在推进环境战略过程中，对于一项政策的聚焦推进，不应对其他政策产生负面影响。

（4）重视国际最佳实践的作用。伦敦着力成为环境领域的全球引领者。这也需要与其他全球城市进行气候变化与环境议题方面的合作，并从最佳实践中分享相关理念与创意。

（5）超越常规工作。环境战略不仅是为了尽量降低未来各方面变动带来的不利影响，而是为了更有效地保护与提升伦敦的环境水平。

3. 伦敦环境战略的主要目标

（1）到2050年，使伦敦成为世界主要城市中空气质量最佳的城市，其水平应远超法规的普遍要求，以保障民众健康水平，消除不平等。

（2）将伦敦建成全球首个"国家公园城市"，区域范围内一半以上面积为绿色区域，自然环境得到保护。绿色基础设施网络普惠所有伦敦市民。

（3）2050年，伦敦成为零碳城市，拥有能源高效建筑、清洁交通与清洁能源体系。

（4）使伦敦成为零废弃物城市。到2026年，生物可降解及可循环废弃物实现零填埋。到2030年，65％的伦敦市政废弃物实现可循环使用。

（5）实现伦敦与伦敦市民对极端气候及长期气候变化影响的韧性应对。其中包括对洪水、高温以及干旱的有效应对。

（6）通过降低噪音，提高安静与舒适空间等手段，减少受噪音困扰人群数量，提高伦敦市民的生活品质。

二、伦敦环境战略的四项战略举措

为确保愿景得以实施，伦敦提出环境战略实施的四项战略举措，包括低碳经济、数字城市、绿色基础设施、健康街道等。四项举措的核心在于充分利用现有及未来环境机遇，并且相互间形成实现有机互动。在更高层面上，使环境战略与伦敦市政府提出的其他领域战略相关联，进而确保环境因素的考量被纳入伦敦市的整体决策过程中。

1. 低碳循环经济

伦敦市政府认为，当前的主流经济发展模式尽管能够提供快速增长的势头，并为区域提供改善财富、教育与生活水平的巨大机遇，但此种模式的环境与社会成本也同样巨大。伦敦在改变当前经济发展模式方面已经进行诸多努力，但仍需要寻求一种更具可持续与包容性的经济模式，以促进更长远的社会发展效益。

低碳循环经济（Low Carbon Circular Economy）被视为新的经济发展方向。该经济模式的核心在于，在资源被废弃之前，通过利用与再利用体系，从其中充分转化尽可能多的价值。随着伦敦城市规模的不断扩大，应在低碳基础设施及低碳服务领域持续投资，以达成更为健康、零排放，以及资源高效利用型的经济增长。这一目标的达成，将依赖于建构一套产品的再利用与循环使用体系，促进制成品被充分完全使用，而非被抛弃。

低碳循环经济模式不仅具有环境意义，也是伦敦经济发展的巨大机遇。2014—2015年，伦敦低碳及环境类产品与服务销售额达到300亿英镑，相关企业数为10 900家，创造就业岗位达19.2万。到2020年，这一领域的年均增长达到6%。伦敦在清洁技术方面有强大实力，42%的清洁技术交易在伦敦及该市东南区进行。

2. 智慧数字城市

智慧数字伦敦举措，主要在于运用新技术提高联通性，从而使基础设施得到更好的利用，提供更为便利的服务。智慧技术能够协助解决环境挑战。这些技术能够帮助能源、水、废弃物等环境系统的运行更为高效，能够帮助伦敦市民做出更有效，更加环境友好的决策。智能能源监控体系有助降低能耗。智慧热力网络有助于提升热力生产与使用效能。智慧街灯能够为电动车辆充电并提供无线网络服务与本地信息服务。包括 5G 在内的数字化通信连接体系,能够促进技术与就业模式和环境保护改善相适应。

在更广泛意义上,"数字优先"(digital first)策略能够通过对资源的充分利用,支持低碳循环经济的发展。该策略能够使新的基础设施投资更具有弹性,及预见性,从而基础设施的效能及整合程度大为提升。伦敦政府希望当地企业精英能够运用数据解决伦敦的环境问题,尤其是能源与交通领域的问题。对数据的更好挖掘使用,也将有助于使城市服务更符合民众的需求。

3. 绿色基础设施与自然资本账户

公园、绿色空间、树木、河流、湿地与绿色屋顶,是伦敦的绿色基础设施。这些绿色基础设施能够降低环境变化影响,储存碳排放,也有助于提高空气与水质量。绿色基础设施能够提高生活的健康品质。减少对汽车的依赖,并鼓励更多的步行与自行车出行,不仅能够提高生态多样性与生态韧性,而且具有经济上的重要价值。

政府等机构传统上往往忽略绿色基础设施在财务账户上的经济收益,此类基础设施常被作为支出项处理。而事实上,绿色基础设施能够通过优化民众生理心理健康,提高地产价值,降低洪水与炎热风险等方式,间接带来巨大收益。因此,伦敦政府将建立自然资本账户体系(Natural Capital Accounting),将绿色基础设施的所有收益加以汇总,并以与建筑等其他资产相类似的方式进行计算及公布。

4. 健康街道

健康街道(Healthy Streets)策略的核心,在于将民众的健康与体验纳入城市的规划框架之中。由于环境因素对于民众与空间的互动将产生重要影响,因此改善环境将有助于形成新的互动方式。伦敦市政府设立了健康街道指数(Healthy Streets Indicator),该指数共分为十个方面,分别为清洁空气、步行、易穿越性、遮阳抗风性、休息空间、噪音、步行骑行与公共交通、安全、趣味与吸引力、放松感。对于十个方面的表现评估将有助于各街道保持具备公平性、包容性与可持续性的环境。

健康街道策略的推进,需要减少街面的机动交通,创建鼓励步行、骑行与公共交通的街道体系。这也会减少民众对汽车出行的选择概率,从而形成良性循环,为伦敦作出环境方面的巨大贡献。健康街道策略将有助于改善空气质量,减少碳排放,以树木与可持续排水体系改变街道空间的布局方式。

三、伦敦环境战略推进的重点领域

1. 空气质量

伦敦市政府认为,空气质量问题是未来该市健康面对的最迫环境威胁。伦敦市政领导者希望快速减少生活在低劣空气条件下的市民数量。具体举措为:

(1) 使伦敦交通系统"清洁化",替代包括柴油在内的化石燃料。到2037年,公交车队全部实现零排放。2019年,在城市内设定"超低排放区"(Ultra Low Emission Zone),避免高污染车辆进入伦敦。

(2) 实施新的"空气质量优化"标准,使新开发建筑有助于洁净伦敦的空气。

(3) 运用规划体系,确保新建学校以及其他对污染敏感人群使用的建筑位于空气质量不良区域之外。

(4) 将50学校空气质量优化的最佳实践分享运用于伦敦其他区域。

(5) 当空气质量不良时,向伦敦市民提供更多信息,在显示板提供导引,并为使用壁炉及木柴炉的市民提供燃油取暖的优化信息,避免这些市民造成更多的空气污染。

(6) 基于最佳健康案例,设定更为严格的长期空气质量标准,使伦敦市民能够呼吸最为清洁的空气,并开始着手解决室内空气质量问题。

(7) 寻求更多授权,使伦敦市得以实施针对建筑机械、河流、木柴燃烧等源头空气污染的控制。

2. 绿色基础设施

伦敦面向未来的规划将考虑绿色基础设施带来的经济价值,这种价值包含市民身心健康带来的收益,以及降低洪水、热浪影响带来的物业价值收益。为提高绿色基础设施发展水平,伦敦市政当局将在以下领域进行推进。

(1) 使伦敦成为首个国家公园城市,推进举措包括提供绿色城市基金以支持社区栽种更多的林木,增加绿色空间等。

(2) 在伦敦市民,特别是伦敦儿童享受绿色空间最少的区域增加、改善绿色基础设施。

(3) 运用新型城市绿色建筑标准,确保新开发项目更为绿色。

(4) 保护伦敦绿带,确保该区域不再开发。

(5) 设立伦敦绿色空间委员会,以整合市长、伦敦各区、社区群体以及其他主体之间的力量,以资助、管理并提升绿色空间及自然环境的价值。

(6) 通过自然资本账户体系明确伦敦绿色空间的经济价值。

(7) 运用规划手段保护伦敦的生态多样性,使其免受新开发项目的影响。

3. 气候变化应对与能源体系

伦敦市政府将着力确保该市在未来拥有所需的能源供给,同时将尽全力减少对气候变化的影响。为达此目的,伦敦市政当局拟着力改变该市的能源生产与消费模式。

(1) 通过提高家庭与公共建筑的能源利用效率,以及使用智慧能源监控系统,帮助伦敦市民减少其能源消耗。

(2) 提高低收入家庭的能源使用效率,与街区合作对私人业主进行管制,以使后者提高其物业的能源应用水平,进而减少能源短缺。

（3）提供技术支持，以使更多的家庭与企业能够接入公共热力网络系统，更好地利用本地的能源供给。

（4）伦敦将在全市范围提高新能源的使用。到 2030 年将形成 1 千兆瓦的太阳能装机容量，其中通过对社区组织资助、低价太阳能板，以及伦敦交通建筑的太阳能板敷设等市政项目的新增太阳能装机容量将达到至少 100 兆瓦。

（5）支持以清洁锅炉替换污染型商用锅炉的项目。

（6）从 2019 年起，在新开发项目规划起始阶段，就设定清洁能源供应以及能源高效率使用机制，以保证新项目达到零碳排放。

（7）建立旨在为伦敦市民提供更为公平的能源价格的能源供应公司。

（8）着力探索热泵、电池以及经济可承受隔热材料等低碳科技。

4. 废弃物处理

伦敦市政府希望使"一次性使用"成为历史，防止不必要的资源使用与废弃物产生，因此需要以低碳、循环经济作为解决废弃物问题的新思维范式。

（1）到 2020 年，设定伦敦废弃物最低限度循环标准，其中包含对食物废弃物的收集要求。

（2）建立更严格的规章，通过管理伦敦的废弃物处理，以减少污染。

（3）到 2030 年，通过以下举措将食品及相关包装废弃物数量减少 50%：第一，支持社区饮用水重复灌注计划，资助新饮水器安装，进而促进伦敦市民减少对一次性塑料瓶的使用；第二，与相关部门合作，通过设计手段，减少餐饮废弃物量及非必要包装的使用；第三，进行新一轮宣传活动，促进伦敦市民与企业关注如何降低食物浪费，提高食品的循环使用。

5. 应对气候变化

伦敦市政府将在未来一段时期，适应气候变化趋势，着力降低不可预测与快速变化天气的不利影响。由于弱势群体在面对气候变化影响方面更为脆弱，因此响应气候变化与城市的社会公平发展也息息相关。

（1）优化伦敦的关键基础设施与服务，使之更为有效地应对洪水、干旱与极端高温。运用最新数据进行分析，以形成该领域的优质规划。

（2）实现城市的可持续性水资源的可靠供给，满足城市发展需要。

（3）确保市政府与能源署共同规划建造新的泰晤士河堤坝体系，为城市提供防范洪水的保障。

（4）推动伦敦水务公司提高在基础设施方面的投入，采取切实措施，减少水网滴漏造成的损失，特别关注水管爆裂问题。

（5）在极端炎热、极端寒冷与洪水等极端气候发生阶段，为伦敦市民提供建议与预警。

（6）通过规划领域的努力，促进更有效的水资源使用，降低气温与洪水风险。

（7）与水务公司等机构合作，清理伦敦的排水体系。

6. 降低环境噪声

伦敦市政府注意到，近240万市民暴露在超过国际标准的噪音之中，希斯罗机场周边有20万居民需要忍受航空器噪声。为解决环境噪声问题，伦敦将着力解决噪声源问题，通过对交通与工业等诸多领域的噪音治理，为伦敦市民提供更为健康与舒适的环境。

（1）限制希斯罗机场的进一步扩张，促进管理部门更有效地管控直升机的噪音。

（2）在城市交通战略中实施减少交通拥堵与汽车使用的新举措，减少交通噪声。

（3）通过新技术的应用，以及保养计划的实施，降低伦敦交通署辖区交通网络中的轻轨与地铁列车的噪音水平。

（4）在城市中规划更多绿地与安静空间，从而减少城区噪声。

7. 建设低碳循环经济

伦敦市政府提出，其城市的经济与环境的未来前景取决于向低碳循环经济的转型。在低碳循环经济体系中,资源的经济价值通过利用与再利用环节得到最大限度的充分运用。在低碳循环经济的印象下,可再生技术支持下的共享经济等新商业模式将创造更多新的就业与新的市场机遇。

（1）在西伦敦地区建设清洁技术创新中心,为清洁技术的发展提供工作空间、合作空间与商业支持。

（2）充分运用大伦敦政府机构的购买能力,获取提高资源运用效能的产品与服务。

（3）与相关机构合作,运用养老基金及其他金融手段,为循环经济基础设施提供投资资金。

（4）通过"市长企业家项目",鼓励高校学生形成有助于解决城市环境问题的环保产品与服务创意。

第三节　大悉尼"三城之都"的区域整合规划

2018 年 4 月,大悉尼委员会发布面向以"三城之都"(A Metropolis of Three Cities)命名,面向 2056 年的《大悉尼区域规划》(Greater Sydney Region Plan)。这一规划是大悉尼区域历史上首个区域性整体规划,为悉尼的发展设定了未来 40 年(至 2056 年)的愿景目标以及未来 20 年的规划。该规划首次从基础设施、宜居、经济、可持续等方面出发,对该大都市区的三个城市进行综合定位与谋划,旨在提升悉尼作为"最宜居全球城市"(most liveable global city)的影响力和地位。[1]

一、大悉尼区域规划总体目标

《大悉尼区域规划》提出了未来发展的主要目标。该规划着力将大悉尼

---

[1]　State of New South Wales, *Greater Sydney Region Plan*: *A Metropolis of Three Cities*, 2018.

区域转型发展成为由三个城市组成的大都市区。三城包括西部绿地城（Western Parkland City）、中央河流城（Central River City）与东部海港城（Eastern Harbour City）。在这一大都市区中，绝大多数的居民能够在30分钟出行距离内获得就业、教育与健康的服务、设施以及相关空间。规划拟通过新的土地使用与交通模式思路，扩大发展的普惠性，促进大悉尼区域的宜居性、生产力，以及可持续性。

在人口发展方面，大悉尼区域在未来40年中将从当前的470万人增长至800万人，其中一半人口居住在帕拉马塔（Parramatta）以西区域。人口布局调整带来的经济与社会发展机遇再平衡，将使大悉尼区域发展的获益面更为均衡与公平。住房供应与选择将进一步增长，以满足社区发展的需求。环境与资源将得到保护。基础设施发展水平将进一步提升，以保障新增家庭与就业的需求。

上述三座城市均具备大都市区的战略性发展中心，能够使就业者更有可能获得知识型就业机会，更方便地利用市域基础设施、市政服务，以及文化娱乐设施。大悉尼是包容性的城市区域，将支持创意的发展，并将之作为创新经济的重要组成部分。大悉尼区域将限制城市中心与交通基础设施周边的工业用地，以确保对企业与居民的服务品质。

大悉尼区域将建设"绿色网络"（Green Grid）体系，该网络由步行与骑行线路构成，提高居民出行的环保属性。在这一体系中，城市林荫道、绿地、岸线、公园与开放空间等绿色基础设施是重要的支撑硬件，并具有经济、社会、环境等多领域的宝贵价值。

二、大悉尼区域三城定位特点

面向2056年的《大悉尼规划》的核心，是在悉尼大都市区内划分出三个中心城市。三个城市之间在空间上形成合理布局，在功能上形成彼此配合的有机联系，从而使大都市区的发展具备协调的多核心驱动格局。

1. 三城发展需要应对的挑战

在大悉尼区域规划三个城市的构想,缘于应对该区域当前与未来面对的结构性问题与挑战的需求。这些挑战包括以下几个方面。

（1）就业分布的非均衡性。悉尼的海港 CBD 区域位于区域的东部边缘区,该区域集中了 50 多万就业者。过去 30 年来,区域放射状轨道交通网络,以及区内办公区、高校、生物科技集群等因素带来的不断集聚的经济活动,不断强化了海港 CBD 区域的经济能级,形成了悉尼的东部经济走廊。

（2）悉尼的地理空间格局。悉尼盆地的地理特性,包括其水岸、山岭与国家公园环状空间,限制了大悉尼区域的空间扩展。特别是山岭与深壑地貌,在某些地区严重阻碍了道路与轨道的修建,影响区域的通达性。

（3）依赖汽车的郊区发展模式。这种模式极大地影响了大悉尼西部区域的发展特点。

（4）人口结构的变化。悉尼中心区域与西部区域的老年人口比例较高,全区域的儿童人口比例均处于增长状态,而就业年龄段的人口数量则处于下降阶段。这种情况给大都市区的健康与教育服务带来极大的压力。

（5）各区域间的巨大差异。这种差异表现在地貌、气候以及基础设施等方面。例如,在气候方面,东部地区较为凉爽,西部地区则有较多的炎热日子,降雨与森林覆盖率也较东部地区更低。

2. 大悉尼三城市发展的主要依托

大悉尼区域旨在抓住一系列重要机遇,通过针对性的发展规划与投资引导,应对上述区域差异带来的挑战,促进大悉尼区域的均衡性增长。其中关键的举措,在于实现三个中心城市之间的基础设施整合,以及经济活动的结构升级。在这一原则指导下,三个城市的主要定位各有侧重。

（1）成熟型东部海港城（Eastern Harbour City）,城市发展主要依托经济实力,与宜居、可持续特性。

（2）发展型中部河流城（Central River City）,城市发展依托在基础设施、服务体系以及生活便利设施方面的大力投入。

（3）新兴西部绿地城（Western Parkland City），其兴起的核心在于建成城市的发展体系，在区域内着力建成一座快速崛起的新城。

3. 三城主要发展方向

（1）西部绿地城

西部绿地城的建设主要依托悉尼大都市区新建的"西悉尼国际机场"以及獾溪航空大都市（Badgery Creek Aerotropolis）两个中心进行。绿地城是多中心城市，其发展将充分利用区域内既有的利物浦、大潘瑞思、坎贝尔敦-麦克阿瑟等中心区域的力量。预计2016—2036年间，西部绿地城的人口将从74万人增长至110万人，到2056年约达150万人以上。

城市新建设的交通与机场将使绿地城成为澳大利亚连通能力最强的区域。澳大利亚联邦与新南威尔士政府将为该区域的"南北向轨道系统"（North South Rail Link）提供第一阶段支持，该轨道线路主要从圣玛丽（St Marys）市通往西悉尼国际机场与獾溪航空大都市。在大都市区范围上，计划修建一条连接西部绿地城到中部河流城的"东西向公共交通走廊"（east-west mass transit corridor）。在远期，计划修建的悉尼外环路（Outer Sydney Orbital）将为绿地城提供直通大纽卡斯尔（Greater Newcastle）、卧龙岗（Wollongong）与堪培拉的交通体系。

在经济上，西部经济走廊（Western Economic Corridor）将着力吸引全球知名的防务与航空活动，为区域的贸易、航运、物流、先进制造、健康、教育与科技经济提供重要支撑。经济发展将带来更多的知识型就业机会，促进高密度人口数量区域的增长，进而带动经济走廊与大都市区的整体发展。

西部绿地城具有围绕中心城市与交通节点的适宜密度居住区。大潘瑞思到东溪之间的未来发展区将连接即存的区域与主要基础设施。大悉尼绿色网络（Great Sydney Green Grid）将成为西部绿地城的核心市容美化基础设施。

1）基础设施与区域合作

西悉尼城市法案将支持基础设施与商业的投资，支撑就业与宜居领域的发展。利物浦、大潘瑞思与坎贝尔敦-麦克阿瑟将形成合作区域，形成复合型合作规划，以区域治理及合作举措推动整体增长。

2）宜居

绿地城的崛起将依托新建社区与城市中心，以及既有城市中心的城市更新。通过空间决策机制促进网格化、以人为尺度的社区设计。此类设施将有助于更为健康的生活方式和更有连通性的社区。

3）生产力

西部绿地城的大都市组团规划方向，在于利用区域内三个成熟中心城区的经济活力带来的机遇，形成30分钟通勤圈为核心的城市体系。绿地城将在西悉尼机场东部和北部区域建设新兴产业与城市服务的拓展区域。在一条货运列车线路的支持下，上述拓展区域将为大悉尼区域提供长期的货运、物流与产业支撑。

4）可持续发展能力

沿南溪主流与支流的开发项目将注重建设绿色与特色兼具的社区与城市中心，区域内的绿地体系将形成大量开放空间，进而保障宜居与可持续性。林木覆盖水平的提升将为步行社区提供荫庇，使民众更方便地步行前往购物与服务场所。在区域内国家公园与乡村地区生态资源的支撑下，城市的绿地属性将进一步彰显。

（2）中央河流城

中央河流城的发展将重点利用其位于大悉尼区域地理中心的区位优势。对新交通与基础设施的大量公共、私人投资，将促进中央河流城的发展转型。

中央河流城以大帕拉马塔市（Greater Parramatta）为大都市核心区。大帕拉马塔由帕拉马塔中央商务区、北帕拉马塔、韦斯特米德（Westmead）

以及帕拉马塔公园组成。该市的经济发展主要依托世界级的医疗、教育与研发机构,以及金融、商业服务、管理业务。

中央河流城的经济体系更为多样化,该城市的经济发展依托大帕拉马塔与奥林匹克半岛经济走廊(Greater Parramatta and the Olympic Peninsula Economic Corridor)。这一经济走廊内拥有韦斯特米德健康与教育经济区,高科技与城市服务业则主要集聚于卡梅拉(Camellia)、莱达梅尔(Rydalmere)、希维沃特(Silverwater),以及奥本(Auburn)等地。同时,区域内的悉尼奥林匹克生活区提供生活服务配套。该经济走廊的交通将得到帕拉马塔轻轨体系的保障。

悉尼地铁的西线轨道体系将为从海港 CBD 到大帕拉马塔的区域通勤提供便捷高效的交通支持。大帕拉马塔计划建设中的放射状公共交通—轨道系统将促进商务通勤,并为更多的技能型劳动者进入中央河流城区域提供便利。悉尼地铁的西北轨道体系则将为中央河流城西北区域提供更多的就业便利,进而促进该区域的发展。

1) 基础设施与区域合作。

大帕拉马塔与奥林匹克半岛的共同愿景明确,大帕拉马塔是中央枢纽区,是能够集聚商业、健康、教育、艺术以及文化遗产主体的重要核心。该区域的基础设施发展将与土地使用、基础设施投资以及社区收益进行优化协调,为区域增长提供良好基础。

2) 宜居。

在未来 20 年中,中央河流城的人口将从 130 万增长至 170 万。这将使该城的很多区域从郊区环境发展为城市环境。城市中丰富的文化遗产将被保护并充分利用,文化活动与文化设施将持续提升城市的宜居性。

3) 生产力。

中央河流城的经济活动与基础设施建设将集中在大帕拉马塔与奥林匹克半岛经济走廊,这一经济走廊得到从维拉伍德(Villawood)延伸至维瑟瑞尔(Wetherill)公园的成熟产业带的有效支撑。在大帕拉马塔区域周边,通过对班克斯顿(Bankstown)等外围发展核心节点的投资,边缘区域的经济活动水平也将得到提升。

4)可持续发展能力。

在中央河流城,大悉尼绿色网络将有效提升既有开放空间的联通性,特别对帕拉马塔、杜克、乔治河以及博罗斯派特水源地(Prospect Reservoir)沿线的开放空间有重要促进作用。大型城市更新区域通过地方城区规模的持续推进,将为可持续发展水平的改善提供重要机遇。

(3)东部海港城

东部海港城以海港中央商务区(Harbour CBD)作为其大都市区核心区,该商务区是澳大利亚的全球门户与金融中心。海港城的放射状轨道网络为该市提供了优越的基础设施支撑及通达性,该市集聚了50万就业人口及区域最大的办公市场。

东部海港城正在实施重要的轨道建设项目,以进一步降低通勤时间,进而提升城市的全球竞争力,提高商务联通能力,吸引更多高技能劳动者。连接罗斯希尔(Rouse Hill)与查斯伍德(Chatswood)的悉尼地铁西北线,与连接查斯伍德与希德汉姆(Sydenham)、班克斯顿(Bankstown)的悉尼地铁城市—西南线,以及悉尼地铁西线,将为该市到大帕拉马塔的往返通勤提供更为快捷的交通选择。中央商务区至东南区轻轨线提供了海港中央商务区至兰德维克(Randwick)教育医疗区之间的交通连接。

从麦克卡利公园(Macquarie Park)延伸至悉尼机场的东部经济走廊是新南威尔士州最重要的经济板块。2015—2016财年,这一区域为该州贡献了2/3的经济增长量。这一经济走廊将依托区域内强大的金融、专业服务、医疗、教育以及创新等行业实现稳定增长。

海港中央商务区将聚焦创新与全球竞争力领域以支撑其持续发展。该区域将进一步拓展其功能体系,在其西部将形成一条创新走廊,该走廊主要以高校、教学型医院、国际创新企业以及创业公司为核心主题。

1）基础设施与区域合作

东部海港城的合作区包括连接周边区域的健康与教育功能区。该城制订了下一阶段的合作联动计划，重点主要在于支持澳大利亚核能科技组织的创新功能区、班克斯顿机场以及米尔培拉工业区的发展。

2）宜居

东部海港城的人口预计将从 2016 年的 240 万增长至 2036 年的 330 万。该城具备多样化的成熟社区体系，既有郊区的历史传统社区，也有澳大利亚城市化水平最高的城区。在下一阶段的发展中，东部海港城将实施城市更新，增加基础设施与服务空间、开放空间、公共空间。区域填充式开发将重点聚焦地方联通性的提升。

3）生产力。

海港中央商务区、东部经济走廊以及其他战略性中心将成为创新与全球竞争力布局的重点区域。这些区域将得到交通、服务、就业促进以及商务活动等领域的投资支持。对产业与城市服务业用地的管理与保障，将确保国家与地方层次重要的商业与服务业领域的进一步增长。

4）可持续发展能力。

大悉尼绿色网络将提高海滩、水路、海岸的通达性，以促进娱乐、旅游、文化活动以及水上运动的发展水平。

小　　结

美国大都市区、伦敦、悉尼等城市在创新发展、环境、区域领域的实践与规划，为全球城市的迭代发展提供了重要的案例，并展示出全球城市转型升级需要关注的一系列重要内容。

一、重视创新功能与全球城市功能的空间融合

美国大都市区"创新城区"的发展,揭示了创新空间在全球城市发展的一个全新趋势,即创新区域将超越传统上空间相对隔离、自我发展的"园区"阶段,向具有城市综合功能与开放性的"城区"阶段转变。创新城区强调的混合功能特征,显示出创新功能与居住、生活、商务、娱乐功能的空间融合趋势。这种变化,在深层次上折射出创新的内涵从以科技为主的"硬"创新,向以创意为核心的"软—硬"结合的综合创新发展的趋向。全球城市的创新区域建设,需要打破传统的空间隔离性的"园区"阶段,使得创新要素与城市经济、社会、文化发展形成有机互动,并提升创新的产业化及在地化应用。

二、以创新空间建设促进全球城市空间更新

美国大量创新空间的发展,都基于对城市中心区衰败区域的更新改造。创新创意要素的引入,能够为城市更新引入更多的文化、技术内涵,从而避免传统城市更新过程中"推倒重建",或"修旧如旧"的单一物理性更替,为区域的更新提供更多的"内容"。这种"城市特质"的更新,成为全球城市更新的重要目标。全球城市的创新要素嵌入,需要在中心城区,特别是居住、商务、生活等综合功能较为齐备的传统街区进行创新城区的规划,以适应创新区从"园区"向"城区"转变的重要趋势。

三、基于人口与城市规模建构全球环境发展战略

伦敦作为高等级全球城市,其环境发展战略的建构基础并非一味追求高目标与复杂系统建构,而是基于城市自身的人口增长与规模发展,进行对应性规划。其环境战略,主要基于到 2050 年,城市人口扩张到 1 100 万人的预期,进行针对性的环境挑战应对。全球城市的环境规划与低碳发展战略,需要将人口与城市规模的预测作为环境建设的基础,方能形成具有针对性、

适应性的环境战略。

四、促进数字技术与环保体系在全球城市的融合发展

伦敦环境战略中,将数字技术与智慧城市发展模式作为推进环境优化的重要举措,为城市环境发展提供了新的思路。伦敦提出的"数字优先"原则,有助于实现对资源的充分利用,进而从应用层面促进环境发展需要解决的能源、资源消耗问题。这提示了,全球城市发展中,应重视智慧城市与环境保护二者之间的联动发展。伦敦环境战略中的数字技术应用思路,可为全球城市形成智慧型绿色发展道路提供有益的借鉴。

五、高度重视全球城市区域内潜在中心城市群组的战略支撑作用

面向 2056 年的大悉尼区域规划,高度重视西部绿地城、中部河流城以及东部海港城三个中心城市的核心支撑作用。区域规划均围绕三大支柱城市推进,同时对于三城的定位有因地制宜的详细设计。事实上,上述三座中心城市,是在原有悉尼大都市区内重要城市的基础上整合周边功能区而形成的跨区域新中心城市概念,对于城市区域规划具有重要的功能引领作用。全球城市的迭代发展,应在充分发挥原有区域内中心城市的作用基础上,注重跨行政区划潜在中心城市的规划与作用发挥,以形成多中心有机互动的整体格局。

六、注重经济走廊对全球城市区域发展的带动作用

大悉尼区域规划的重要特点之一,在于其对区域内西部、中部以及东部经济走廊的高度关注。相关经济走廊中规划布局了多样化的产业集群,特别注重对先进制造业以及创新型企业的吸引。经济走廊将中心城市与周边中小城市相连接,形成带状的经济发展区域,并关注知识型就业机会的创造。全球城市迭代过程中的经济发展,需要重视新兴产业与先进制造业经

济带的规划,以提供都市圈及城市区域经济整合发展的区域主轴。

七、关注全球城市域内宜居与经济社会环境发展的协调互动

大悉尼区域规划的三城定位中,将宜居作为主要发展方向,强调以人为尺度的规划原则,并持续推进城市更新。同时,宜居标准与经济发展、社区建设彼此间形成互动,与人口结构、基础设施、服务水平等紧密相关,使宜居本身成为促进城市及区域发展的促进因素。全球城市区域的宜居,不仅应强调环境因素以及社区建筑空间的舒适性、合理性,而且应重视宜居标准与经济发展、城区更新、社区活力等多方面因素的互动规划,建构"大宜居"概念。

第八章
中国全球城市崛起的创新意义

随着中国经济的发展,城市在国民经济中的重要地位不断凸显。其中,中国的开放型大城市与国际化大都市,在中国经济融入经济全球化的过程中,起到了重要的枢纽与增长极作用。中国城市在全球城市体系中的地位也不断提升。上海、北京等中国城市,被普遍视为崛起中的全球城市。这些城市的快速发展与影响力提升,是对全球城市理论的实践印证,同时,其自身发展过程中体现出的独特路径和诸多特点,也成为对这一理论的重要补充和创新。

第一节　中国全球城市的发展历程与现状

中国的全球城市发展历程,与中国的城市化过程紧密相关。随着新中国成立后中国城市的阶段性演进与城市政策的不断调整,中国城市的基础性作用与国际影响力不断提升。改革开放政策的不断深入,以及中国融入经济全球化程度的加深,使中国主要城市的国际化程度以及国际要素流量枢纽功能不断凸显。伴随中国城市化的发展以及开放水平的提升,中国的全球城市逐渐崛起,并逐渐成长为世界城市网络中的重要组成部分。

一、新中国成立后中国城市的发展历程与城市政策演变

1. 第一阶段：新中国成立初期至20世纪70年代末

新中国成立后，工业化成为国家建设的核心工作，而城市无疑是工业化得以实现的空间载体与物质依托。因此，在大规模工业化建设的同时，中国现代意义上的城市化也得以起步。在这一时期，城市个体的新建、城市体系的构造、城市经济的推进便成为中国城市政策的主旋律，因此"建设城市"可以归纳为这一阶段的特征。在城市的功能上，主要提出了"以工业城市取代消费城市"的方针，使中国城市的性质发生了很大改变。但是，这一时期的城市化发展却一波三折，呈现出从蓬勃发展到踟蹰不前的曲折道路。应当说，这一阶段中国城市化的发展路径，集中反映出这一时期探索中国社会主义建设道路方面的起伏与波折。新中国成立后至改革开放，全国城市发展的重心呈现向西转移的特征，城市化速度也较为缓慢。1976年与1949年相比，东部的城市数不但没有增加一个，反而减少一个，中西部则新增加了53个城市。①

新中国成立后，城市发展最突出的效果，在于使中国传统城市的政治、文化、娱乐等以控制和消费为主的功能得到彻底转变。城市的作用转变为以生产为中心。社会主义三大改造的主要领域集中在城市的旧有资本主义和小生产者，这不仅改变了城市居民的阶层与产业结构，也为城市功能转变提供了劳动力基础。城市在"变消费城市为生产性城市"的方针指引下，融合到以工业化为核心的国民经济体系中。这与当时"重积累、轻消费"的经济发展总体方针相一致。在十年建设中，生产性建设投资在基本建设投资中的比重更一度达到85.4%。②在这一发展趋势中，以城市为空间主体，工

---

① 姚士谋等：《中国城市群》，中国科技大学出版社2006年版，第98页。
② 中共中央党史研究室：《中国共产党历史·第二卷（1949—1978）》，中共党史出版社2011年1月版，第742页。

人阶级为建设主体,成为新中国成立后社会主义建设的重要特点。

从整体上看,这一阶段的中国城市完成了从传统城市向现代城市的转变,特别在工业化领域发挥了重要的作用。上海、北京等城市的经济结构调整以及产业体系建设,为相关大城市下一阶段的对外发展和能级提升提供了重要的基础。同时,城市在这一时期计划经济的影响下,更多被单纯地作为生产空间而纳入建设的视角。城市的工具性得到了高度的强化,其社会性和人文性则被有意无意地忽略了。这点,从中国城市化率在这一阶段的先升后降不难看出。1949 年,中国的城市化率为 10.6%,1960 年已提高到19.7%,到了 1978 年又降低到 17.9%。这种城市化水平的反复当然受到中国人口迅速增长的影响,但是从一个侧面反映出城市在容纳人口、服务民众功能方面的缺失。

2. 第二阶段:改革开放后至 20 世纪 90 年代后期

党的十一届三中全会确立了改革开放的路线,扭转了中国社会主义建设道路的方向。改革开放给多个领域带来了发展契机。对于城市而言,则进入了快速发展的重要阶段时期。"发展城市"成为改革开放后中国经济发展的基本依托。通过实践,这一时期中国的城市发展路径从沿海城市优先发展,逐渐推进到城市群、城市密集区体系的构建,对于中国特色城市化路径的探索日益深入。中国的全球城市,在这一时期开始进入初步发展阶段。

从改革开放开端的 1978 年至 1996 年,中国城市化率从 17.9% 上升到30.5%,逐渐进入快速增长时期。这一阶段,中国城市的发展主要表现在三个方面:其一是沿海城市优先发展,形成"以东带西"的格局;其二是数量迅速增加,中国城市从 1978 年的 192 个增加到 1996 年的 668 个;其三是规模扩大,随着城市整体数量的迅速增长,大型级城市群的物理空间也得到迅速扩展,次级城市群随着城市数量的增加及经济的发展而逐步成长。城市群的产业结构也发生了巨大的变化,在这一时期,长三角、珠三角等主要城市群的经济结构中,第二产业基本成为产业结构的主导,实现了区域的工业

化。例如珠江三角洲，第一产业比重从 1978 年的 71％下降到 1995 年的
8.1％，第二、三产业比重则从 29％上升到 91.9％，其中第二产业的比重
1995 年达到 50.2％。①

在这一阶段，沿海城市区域成为我国率先开放地区，但个体发展的步幅
有所差异。1984 年，大连、秦皇岛、天津、烟台、青岛、连云港、南通、上海、宁
波、温州、福州、广州、湛江、北海 14 个沿海城市，被国务院批准为全国首批
对外开放城市。1985 年，长江三角洲、珠江三角洲与厦漳泉地区成为国务
院批准的首批三个沿海开放区，这是以开放型城市为核心，构建沿海面状开
放带的重要战略决策，也促进了上述三个城市密集区域的增长。

在发展过程中，沿海开放城市及城市密集区虽共同作为开放的先导区
域，但因各自影响因素的差异而在发展速度和路径上也有所不同。其中以
长三角与珠三角城市区域的差异最为典型。新中国成立以来，长三角地区
一直是我国综合经济实力最为突出的经济区域。但在 20 世纪 80 年代，由
于产业和发展政策的调整，长江三角洲的发展速度保持在一个相对较低的
幅度，1978—1991 年间，长三角的经济整体增速为 8.4％，低于全国 9.04％
的平均水平，地区经济总量在全国的比重始终在 16％—17％之间徘徊。虽
然经济增速相对不高，这一时期长三角的江苏和浙江主要通过面向全国市
场的销售仍然形成了内生性资源的集聚，"苏南模式"和"温州模式"成为区
域的亮点，并为长三角城市群在下一阶段的崛起奠定了基础。而以深圳、广
州等城市为核心的珠江三角洲城市区域则充分利用开放政策，承接港澳地
区的加工业，推动区域外向型经济的增长，带动了劳动力、资金、技术、信息
等生产要素的集聚，社会经济发展和区域基础设施建设取得巨大的发展成
就，成为发展最快的城市群。在 1978—1991 年间，珠江三角洲经济增速平
均为 13.9％，高出全国平均水平近 5 个百分点。同一时期，闽南三角地区、

---

① 魏达志等：《城市群与城市国际化》，海天出版社 2006 年版，第 154 页。

山东半岛城市群等沿海城市区域依托区内的沿海开放城市,发挥区位优势,城市体系也得到较为迅速的发展,城市群内部形成了大、中、小城市按职能分工不同的等级配置,整体城市化和经济发展水平有了较大的发展。

改革开放后中国城市,特别是开放型城市的快速发展,与国家城市政策的调整密切相关,1978年,国务院在北京召开第三次全国城市工作会议,制定了《关于加强城市建设工作的意见》,基本形成了此后30年里我国城市发展建设的基本思路。《意见》指出,城市是我国经济、政治、科学、技术、文化、教育的中心,在社会主义现代化建设中起着主导作用。有重点地建设好一批城市,包括三大直辖市、省会城市、沿海开放城市、风景游览城市等,使之逐步发展成为规划比较科学、设施比较完善、环境清洁优美、有利生产、方便生活,并能适应人们日益增长的物质和文化需要的社会主义新型城市。要着重发展中等城市和小城镇。有计划地建设一批条件较好的中等城市,使之尽快形成具有相当规模与功能,生产专业化程度较高,并在一定区域内发挥中心作用的城市。1979年7月,中共中央、国务院同意在广东省的深圳、珠海、汕头三市和福建省的厦门市试办出口特区。1980年5月,中共中央和国务院决定将深圳、珠海、汕头和厦门这四个出口特区改称为经济特区。设立经济特区,是中国建设开放型城市的重要战略举措,成为我国城市国际影响力提升的重要基础。20世纪80年代中期后的沿海开放城市,是这一城市开放政策的延续和推广。沿海开放城市与经济特区城市一道,成为中国对外开放的重要城市节点,也可被视为中国全球城市或世界城市的雏形。

3. 第三阶段:20世纪90年代末至今

20世纪90年代中期至2020年的近25年中,中国在城市数量稳定在660—680个区间的情况下,人口城镇化率从30.7%增长到63.9%。中国已步入城市化时代。这一阶段的城市化率年均提高约1个百分点,明显高于前一时期年均0.7个百分点的递增速度,进入了加速城市化阶段。随着城市化率的快速提升,中国城市的经济实力在这一时期进入快速成长阶段,从前一阶段城市数量和规模的物理扩张，进入城市人口、经济实力的内涵式增长。

表 8.1 中国人口城镇化水平（1990—2020 年）

年份	城镇人口（百万）	城镇化水平（%）
1990	301.1	26.4
1991	321.7	27.0
1992	328.2	28.0
1993	346.9	29.3
1994	367.8	30.7
1995	384.2	31.7
1996	400.5	32.7
1997	415.3	33.6
1998	427.6	34.3
1999	442.1	35.2
2000	459.0	36.3
2001	480.1	37.5
2002	485.2	38.5
2003	518.4	40.6
2004	526.4	41.8
2005	538.1	43.3
2006	577.1	43.9
2007	593.8	44.9
2008	606.7	45.7
2009	621.9	46.6
2010	665.5	49.7
2011	690.8	51.3
2012	711.8	52.6
2013	731.1	53.7

年份	城镇人口（百万）	城镇化水平（%）
2014	749.2	54.8
2015	771.2	56.1
2016	793.0	57.4
2017	813.5	58.5
2018	831.4	59.6
2019	848.4	60.6
2020	902.0	63.9

资料来源：国家统计局编：《中国城市年鉴 2001、2004》，中国统计出版社，2001、2004年；国家统计局编：《中国统计年鉴 2010》，中国统计出版社，2010 年；国家统计局："2010年第六次全国人口普查主要数据公报[1]（第 1 号）"，2011 年 4 月 28 日；国家统计局：《中华人民共和国 2011 年国民经济和社会发展统计公报》，2012 年 2 月 22 日；国家统计局：《中华人民共和国 2012 年国民经济和社会发展统计公报》，2013 年 2 月 23 日；国家统计局：《中华人民共和国 2013 年国民经济和社会发展统计公报》，2014 年 2 月 24 日；国家统计局：《中华人民共和国 2014 年国民经济和社会发展统计公报》，2015 年 2 月 26 日；国家统计局：《中华人民共和国 2015 年国民经济和社会发展统计公报》，2016 年 2 月 29 日；国家统计局：《中华人民共和国 2016 年国民经济和社会发展统计公报》，2017 年 2 月 28 日；国家统计局：《中华人民共和国 2017 年国民经济和社会发展统计公报》，2018 年 2 月 28日；国家统计局：《中华人民共和国 2018 年国民经济和社会发展统计公报》，2019 年 2 月28 日；国家统计局：《中华人民共和国 2019 年国民经济和社会发展统计公报》，2020 年 2月 28 日；国家统计局：《第七次全国人口普查公报（第七号）》，2021 年 5 月 11 日。

进入 21 世纪后，中国的国际大都市成为中国融入全球经济体系的最主要平台。通过开发开放政策，在中国城市体系中，沿海的国际大都市已成为我国进行国际经济、政治、文化交往的主要枢纽。外向型经济成为沿海国际大都市，以及以这些大都市为核心的城市群发展的外在带动力量。北京、上海等特大型城市，已经具备全球城市的部分特征，并成为世界城市网络的重要节点。以上海为例，截至 2014 年底，上海已累计引进外资项目 7.63 万个，合同外资 2 741.1 亿美元，实际吸收外资 1 691.6 亿美元，占全国的比重超过 10%。2015 年，上海合同利用外资达到 589 亿美元，同比增长 86%，规模位居全国首位。实际利用外资在 2014 年基础上继续保持增长，达到

184.59亿美元,同比增长 1.6％,连续 16 年实现增长。

　　从外向型经济的区域布局上看,跨国公司投资的区域主要集中在珠三角、长三角、京津冀、海峡西岸、山东半岛等沿海城市密集区,并逐渐向长株潭、成渝等内陆城市区域扩展。沿海城市群的外资外贸总额构成中国对外经济联系的最主要部分。其中,长三角城市区域的迅速崛起成为 21 世纪中国沿海城市区域融入全球化的重要现象。20 世纪 90 年代以来,以浦东开发开放为契机,上海成为中国对外开放的重要枢纽,并带动周边区域的整体国际化。随着大批跨国公司的投资,长三角地区实现了对国内外生产要素的集聚和优化配置,成为国际制造业的重要生产基地,推动了地区经济长期持续高速增长,使自身成为对中国经济总量贡献最大,具备高成长性和经济活力的城市群。2001 年后,长三角无论在利用外资的绝对量上还是相对量上都超过了珠三角,成为外商投资最集中的区域。2005 年,长江三角洲地区实际外商直接投资和外资企业进出口额,已分别占全国 44.06％和 37.8％。①同时,我国发达城市群中心城市在全球城市体系中地位的提升,使其能够更有效地发挥自身作为全球商品链延伸的综合性服务节点功能,支撑区域城市网络与全球经济体系的连接,更为充分地促进国际要素流量的区域性配置,从而带动城市群的整体发展。

　　在新的发展阶段,城市在全球经济竞争中的重要作用引起政府的高度重视,城市发展战略也进入国家战略决策层面。2001 年,第九届全国人大第四次会议通过的《国民经济和社会发展第十个五年计划纲要》首次将城镇化提升为与科教兴国、可持续发展、西部大开发等同的国家战略。2005 年,党的十六届五中全会首次提出了"城镇群"的概念,并将其作为提升国际竞争力、统筹区域发展和优化城镇化空间结构的有效途径。特别值得关注的是,从 2007 年党的十七大到 2012 年党的十八大的 5 年间,城镇化的概念得

---

① 国家统计局国民经济综合统计司编:《中国区域经济统计年鉴,2006》,中国统计出版社 2007 年版,第 14 页。

到了进一步的深化与发展。党的十七大报告中,提及城镇化仅为两次,而党的十八大报告中提及城镇化多达七次,其中在全面建设小康社会经济目标的相关章节中,特别强调将工业化、信息化、城镇化和农业现代化作为全面建设小康社会的重要目标。2011 年发布的《"十二五"规划纲要》①中,积极稳妥推进城镇化成为重要的战略方向。2014 年国务院颁布的《国家新型城镇化规划(2014—2020)》及 2015 年中共中央关于"十三五"规划编制的建议则进一步提出在沿海建设京津冀、长三角、珠三角三个世界级城市群。

2015 年 12 月 20 日至 21 日,在时隔 37 年后,中央城市工作会议在北京举行。会议精神指出,我国城市发展已经进入新的发展时期。改革开放以来,我国经历了世界历史上规模最大、速度最快的城镇化进程,城市发展波澜壮阔,取得了举世瞩目的成就。城市发展带动了整个经济社会发展,城市建设成为现代化建设的重要引擎。会议提出,城市是我国各类要素资源和经济社会活动最集中的地方,全面建成小康社会、加快实现现代化,必须抓好城市这个"火车头"。在《全国主体功能区规划》《国家新型城镇化规划(2014—2020 年)》的基础上,结合实施"一带一路"建设、京津冀协同发展、长江经济带建设等战略,明确我国城市发展空间布局、功能定位。要以城市群为主体形态,科学规划城市空间布局,实现紧凑集约、高效绿色发展。要优化提升东部城市群,在中西部地区培育发展一批城市群、区域性中心城市,促进边疆中心城市、口岸城市联动发展。②

二、中国大都市在世界城市网络体系中的地位变化

20 世纪 90 年代末至今,随着经济全球化的进一步发展,以及中国对外开放程度的不断提高,中国的国际大都市已成为全球城市体系中的重要力

① 《中华人民共和国国民经济和社会发展第十二个五年规划纲要》,人民出版社 2011 年版,第 10 页。
② "中央城市工作会议在北京举行",载《人民日报》2015 年 12 月 23 日,第 1 版。

量。2008 年全球金融危机之后，全球城市等级体系调整以及新兴市场城市崛起成为世界城市网络格局的重要现象。在这一新的变化趋势下，中国城市的发展既受到世界城市网络总体环境变化的影响，也对世界城市网络体系的发展产生重要作用。

如前文所述，2008 年全球金融危机后，世界城市网络在整体实力继续加强的同时，网络体系的结构构成与等级体系特征正在发生变化。这种变化突出的特点就是：构成网络节点的个体增加，同时，中等层级的全球城市数量增加，使得原本高等级全球城市最少，中等全球城市稍多，低等级全球城市最多的金字塔形体系，开始向顶端较少，中等级与低等级个体较多的钟形结构发展。

这种世界城市网络层级结构中顶层城市的稳定性与中等层级城市支撑体系的成熟与趋稳态势，已引起各方的关注。其中，中国城市在世界城市网络中的地位崛起，已成为促进全球城市格局变化的重要因素。中国城市的实力迅速增强，使国际城市等级体系的排名发生重要变化，改变了国际城市力量格局的实力对比。

中国的首位城市及重要的国家中心城市，在全球城市等级体系中的地位迅速上升。根据 GaWC 的 2000 年至 2008 年间的共 400 余个全球城市的排名体系，在前 20 位城市中，中国上海和北京的名次提升幅度最大，均接近20 位。[①]从表 8.3 可见，2000—2012 年 GaWC 历次排名的变化，被视为全球城市的中国城市从 6 个增加 18 个，上海、北京、广州、深圳等城市的等级在12 年中也实现了较大幅度的提升。

中国国际大都市和巨型城市在未来的发展潜力，也得到各界的认可和广泛关注。这体现出中国城市在世界城市网络中的活力和成长性。根据美国麦肯锡全球研究所的预测，2025 年将有 13 个城市跨过 1 000 万人口大关

① Ben Derudder, Peter Taylor, Pengfei Ni, "Pathways of Change: Shifting Connectivities in the World City Network, *2000—2008*", *Urban Studies*, 2010(8), p.1869.

成为巨型城市。除了芝加哥之外,其余的 12 个城市均属于发展中国家。而在这 12 个城市中,中国城市占有 7 席,分别是成都、东莞、广州、杭州、深圳、天津与武汉。麦肯锡的研究还表明,中国的城市将成为世界经济的重要推动力量。该机构的预测认为,2007 年至 2025 年,423 个新兴市场城市将提供全球 GDP 增幅中的 45%,这些城市的数量占 600 城市的 70%。其中,中国的 225 个城市就将贡献全球 GDP 增量的 30%。[1]

表 8.2 GaWC 全球城市排名变化(2000—2008 年)

2008 年全球城市全球排名	城市	较 2000 年名次变化	2008 年全球城市全球排名	城市	较 2000 年名次变化
7	悉尼	上升 4 位	14	首尔	上升 16 位
8	上海	上升 19 位	15	多伦多	不变
9	米兰	不变	16	布宜诺斯艾利斯	上升 6 位
10	北京	上升 19 位	17	孟买	上升 6 位
11	马德里	不变	18	科伦坡	上升 10 位
12	莫斯科	不变	19	芝加哥	不变
13	布鲁塞尔	不变	20	台北	下降 1 位

资料来源:作者根据 GaWC2000,GaWC2008 排名整理。

表 8.3 中国城市在 GaWC 历次全球城市排名中的变化趋势(2000—2012 年)

城市名称	2000 年	2004 年	2008 年	2010 年	2012 年
香港	Alpha+	Alpha+	Alpha+	Alpha+	Alpha+
台北	Alpha	Alpha-	Alpha-	Alpha-	Alpha-
上海	Alpha	Alpha-	Alpha+	Alpha+	Alpha+
北京	Beta+	Alpha-	Alpha+	Alpha	Alpha+
广州	Gamma-	Gamma-	Beta-	Beta	Beta+

[1] McKinsey Global Institute, *Urban world: Mapping the economic power of cities*, McKinsey Global Institute, 2011.

续　表

城市名称	2000 年	2004 年	2008 年	2010 年	2012 年
深圳	Sufficiency	Sufficiency	Gamma	Beta⁻	Beta⁻
澳门		Sufficiency	Sufficiency	Sufficiency	Sufficiency
天津			Sufficiency	High Sufficiency	Gamma⁻
成都			Sufficiency	Sufficiency	High Sufficiency
南京			Sufficiency	Sufficiency	High Sufficiency
大连			Sufficiency	Sufficiency	Sufficiency
高雄			Sufficiency	Sufficiency	Sufficiency
杭州				Sufficiency	High Sufficiency
青岛				Sufficiency	High Sufficiency
重庆					High Sufficiency
厦门					Sufficiency
武汉					Sufficiency
西安					Sufficiency

资料来源:作者根据 GaWC2000,GaWC2004,GaWC2004,GaWC2008,GaWC2010,GaWC2012 排名整理。

第二节　中国全球城市发展特点与全球城市理论的创新突破

　　中国的全球城市与开放型城市发展,一方面遵循了全球城市与世界城市发展的基本规律,另一方面也充分发挥了自身的独特优势和创新能动性。中国全球城市在 21 世纪的迅速发展和崛起,体现了全球/世界城市理论在不同区域的多种表现形式,其发展过程中体现出的诸多特点和经验,也是对传统全球城市理论的创新和修正。这一创新作用的价值,在全球金融危机后,国际学界反思全球城市理论的背景下显得尤为突出。

一、全球金融危机后对全球城市理论的反思

随着经济全球化的不断发展,全球城市与世界城市理论和实践也面临诸多的挑战和反思。特别是 2008 年全球金融危机的爆发及后续影响,对经济全球化涉及的诸多领域都产生巨大的冲击,并带来国际环境和要素组合的新变化。作为全球化在区域、地方维度上的重要投射主体,全球城市与世界城市首当其冲,受到危机多层面的冲击。相关城市的经济、社会、文化领域都出现了不稳定的态势。为了应对危机的影响,相关城市进行了一系列的主动调整,在发展方式、功能定位、产业结构、区域协调方面进行了诸多新的尝试与改革。这些调整一方面反映出全球城市对外部环境变化的能动反应,另一方面也体现出区域内国际化与本土化需求博弈后的新选择。全球/世界城市遭受的冲击、调整,以及全球城市体系发生的变化,引起了各界的广泛关注。学界、舆论界对于全球城市的发展与未来走向都进行了深入的反思与展望。从总体上看,这些探讨集中在以下三个方面。

1. 后危机阶段全球城市的影响与变化因素

全球金融危机发生后,全球城市的发展新趋势成为国际城市学界关注的焦点。萨森(Saskia Sassen,2010)、泰勒(Peter Taylor,2010)等学者认为,在世界与各国金融资产过高的形势下,全球城市作为全球的城市知识中心、信息中心和金融中心,全球金融危机爆发对其产生了重要影响。这种形势下,规划者(planner)对于全球城市的发展趋势的控制将出现问题。阿瑟·安德森、贾森·贝克菲尔德、杰西卡·琼斯(Arthur S. Alderson, Jason Beckfield, Jessica Sprague-Jones, 2010),大卫·艾维拉特、格拉美·哥茨、兹格维·法卡蒂(David Everatt、Graeme Gotz、Sizwe Phakathi, 2009),舍伍德(B. Sherwood, 2009)等学者认为,全球经济的剧烈变化对于不同城市在世界经济中的地位和作用有着各不相同的影响。全球各区域的全球城市

在经济发展速度、商业环境、就业、人才等方面均受到一定冲击,但影响深度各不相同,应对手段也各具特色,从而使个体发展的多样性趋势进一步增强。

2. 全球城市的网络体系变化

传统上学界对全球城市的等级体系认识是基于动态的观点。提出"世界城市"概念的约翰·弗里德曼(J. Fridmann,1995)曾指出,全球城市的网络体系因其"固有的非稳定性"而呈现出城市间体系的"易波动"(volatile)状态。①在全球金融危机的背景下,这种体系内等级的波动性便显得尤为突出。彼得·泰勒、本·德鲁德(Peter Taylor,Ben Derudder,2010)等学者认为,全球金融危机之后,全球城市的网络层级体系将会发生较大幅度改变,传统的高层级城市保持相对稳定,而中、低层次城市体系将有很大变化。其中,中等的欧美传统全球城市,特别是对金融、贸易等先进生产者服务业(Advanced Products Service)有较强依赖的城市将受到冲击,而新兴国家的城市等级将有较大提升。

3. 全球城市发展方向

由于纽约、伦敦、东京等顶级全球城市在全球金融危机中损失惨重,传统上被视为经典的"纽约—伦敦"(NY-LON)发展模式再次受到学界的质疑与重新思考。马库斯·吉(Marcus Gee,2008)撰文指出,华尔街的危机将使金融权力开始加速离开纽约、伦敦等传统中心,向亚洲与中东的新兴城市枢纽转移。②美国著名城市学者理查德·佛罗里达(Richard Florida,2009)则认为,纽约是美国城市中受危机重创最深的典型,他不无夸张地指出"我们所熟知的那个华尔街已经不复存在了"。这种大起大落的经济走势,使人们重新反思纽约作为全球城市发展模式的典型性。彼得·泰勒、本·德鲁

① John Friedmann, "Where we stand: a decade of world city research", in: P.L. Knox and P.J. Taylor eds. *World Cities in a World-system*, Cambridge University Press, 1995, pp.21—47.
② Marcus Gee, Farewell Wall Street, "hello Pudong?", *Globe and Mail*, 2008-10-09.

德(Peter Taylor，Ben Derudder，2010)等欧洲学者也对"纽约—伦敦"(NY-LON)模式提出了质疑，他们认为，地方性的公共金融体系正在拯救网络型的私人金融体系，因此，基于国家与区域主义的新兴全球城市更加令人关注。

4. 全球城市的发展范式变化

从总体上看，后危机时期，全球城市发展范式变化的主要趋势表现为：全球城市服务经济的优势并不代表城市局限于单一的服务业，需要重视综合性产业结构的建构。全球城市间的竞争，正从原来以争夺经济流量枢纽地位为核心，转向将创新创意能力、文化影响力、环境宜居水平等领域作为同样重要的衡量标准进行综合比拼。在这一转变的影响下，全球城市在功能体系的设定方面，强调流量与存量的平衡，流动与稳定的均衡，同时注重城市的宜居、低碳等与人的高质量需求相关的环境有因素的塑造。从发展的目标上看，全球城市在保持国际流量枢纽和控制性作用的基础上，正转化为综合多维度的发展机遇、创新动力以及高质量生活水平的多面之城。

二、中国全球城市的经济功能与主要特点

1. 国际资本进入中国的集聚地

随着中国对外开放的不断深入，上海、北京等城市依托政策、区位、基础设施、综合配套能力等重要资源吸引了大量国际资本进入并开展业务。相关城市成为外部资本进入中国的集聚地和枢纽区域。2000年，上海外商投资企业为1.6万家，2010年就增至5.6万家，占全国比重从7.8%增长至12.5%。同期，外商企业投资额从985亿美元增值3 394亿美元，占全国比重从11.9%升至12.5%。北京的外商投资企业同期则从0.85万家增值2.5万家，投资额从331亿美元增长至1 192亿美元。同时，相关国际化程度较高的城市对周边地区也产生了强烈的辐射带动作用，外资、商品、技术、信息快速向周边地区流动。中心城市周边的次中心城市也成为承载国际资本的

重要节点,从而逐渐形成大量利用外资与国外市场,逐步实现市场体系培育发展、技术进步和产业升级的城市密集地区。

2. 中国参与国际分工的承载主体

中国的全球城市发展,与相关区域参与全球产业分工的程度息息相关。国际资本在中国主要利用丰富的劳动管理资源推动外向型产业发展和对外贸易。以上海、北京、广州、深圳为核心的城市区域也成为中国最主要的外向型经济发展区域。2000年,上海和江苏出口总额中外商投资企业完成比例分别为56.3%和56.1%。2010年上升至69.7%和71.1%。北京2000年外商企业出口比重仅为23%,2010年上升为40%。

3. 跨国经济活动的控制中心

在经济全球化的影响下,生产和管理在空间上的分离趋势使全球城市得以通过集聚跨国公司总部,而成为全球生产的控制中心。中国的全球城市通过自身的区位优势、发达的基础设施、高级生产服务网络不断吸引诸多大型跨国公司总部,从而对全球生产及要素流动产生影响。截至2015年底,累计落户上海的跨国公司地区总部、投资性公司分别达535家、312家。上海已成为中国内地跨国公司地区总部落户最多的城市。当年引进的外资研发中心为15家,累计达到396家。2010年,北京的跨国公司地区总部达到82家,其中世界500强企业地区总部62家,国际及港澳地区企业驻京代表机构15 147个。

4. 国家经济战略的主要实施空间

中国的全球城市是承担国家经济战略的重要空间主体。由于北京、上海等城市具备较为发达的市场体系、较为成熟的对外经济互动网络,以及雄厚的资金、技术、人才、基础设施资源,因此这些城市在实施国家重大经济战略、制度变革、技术创新方面具有重要的优势。例如,上海拥有33个国家重点实验室,截至2013年底,在沪外资研发中心有366家,其中世界500强有120多家,分别占全国的1/4和1/3。2012年起,上海先后承担自由贸易试验区、具有全球影响力的科技创新中心、长江经济带发展战略等重要战略任务,同时在航空航天、大飞机、先进装备制造、新材料等多个领域承担国家的重要科技研发项目,高精度光刻机、核电装备、干线民用客机、燃气轮机等国家重大科技专项均落户上海。北京则承担全国政治中心、文化中心、国际交往中心、科技创新中心等多重职能。

5. 政府的强有力指导和协调作用

如前文所述,全球城市在发展范式上,主要可体现为两种模式,即市场模式和规划模式。前者强调市场力量引导下自然发育的全球城市发展路径,后者则强调后发全球城市在建设中政府力量的推动作用。从城市的发展实践来看,中国全球城市主要依托于政府规划模式。在中国全球城市的成长过程中,国家、省、市等不同层级政府的积极引导和协调在城市经济发展、社会进步过程中无疑发挥了重要的作用。中国城市及周边区域由"边缘"地区和相对落后的发展状态到跻身全球分工体系对的重要地位,与政府大力推动改革开放,调动各方面要素和制度资源促进城市发展密不可分。

三、中国全球城市发展对全球城市理论与实践的主要创新

1. 全球城市的经济结构:"实体经济"与"虚拟经济"的平衡发展

全球城市的崛起与发展,与全球化效应的推动息息相关。因此,无论是学界、政界抑或是企业界,长期以来均将金融、贸易、专业服务、跨国公司决策等国际经济功能作为评判全球城市与全球城市成功与否的关键标尺。国际要素流量的不断攀升,金融、保险、地产等行业的蓬勃发展,似乎使全球城市也日益"虚拟化"。然而,全球城市毕竟是有明确空间属性和社会组织的"实体化"单位,具有大都市区经济的内在要素特性和发展边界。因此,全球城市经济体系的过度"虚拟化"必然带来一系列矛盾,这些矛盾在全球经济危机状况下尤为凸显。

在欧美发达国家中,全球城市与作为"技术增长极"的城市有分离存在

的特点,由于城市去工业化发展的结果,其全球城市大多为经济中心、贸易中心、金融中心、信息中心及交通枢纽等,强调其国际经济枢纽的控制功能和服务功能,更多关注金融、房地产、证券、保险等生产性服务业的发展。反观中国的全球城市,如北京、上海、深圳等城市,往往既是现代服务业最发达的城市,又是国家级乃至世界级的高科技中心,为集现代服务业与先进制造业于一身的综合型全球城市。从表8.4可以看出,中国全球城市基本保持了30%以上的第二产业比重,这使得其自身在面对外部经济冲击时,能够具有更强的抵御能力。随着新产业革命的兴起,作为高科技创新中心的"技术极"城市必将对世界经济发展以及全球城市体系再塑发挥重要作用,创新创意等要素将与资本一起成为驱动城市综合竞争力提升的重要动力。在这种情况下,中国全球城市"实体经济"与"虚拟经济"较为均衡的特征,使其能够更有利地实现创新创意与资本的有机整合。

表8.4　2014年中国主要城市三次产业增加值占生产总值比重(%)

	第一产业比重	第二产业比重	第三产业比重
上海	0.5	34.7	64.8
北京	0.7	21.4	77.9
广州	1.4	33.6	65.0
深圳	0	42.7	57.3

资料来源:上海市统计局:《上海市2014年国民经济和社会发展统计公报》,2015年2月28日;北京市统计局:《北京市2014年国民经济和社会发展统计公报》,2015年2月12日;广州市统计局:《广州市2014年国民经济和社会发展统计公报》,2015年4月8日;深圳市统计局:《深圳市2014年国民经济和社会发展统计公报》,2015年4月22日。

2. 全球城市的发展依托:"流动性"与"根植性"的有机整合

经济全球化与国际要素为全球城市带来了经济发展的"广度",但城市的健康与可持续发展,还需要多样性与实体经济共同支撑的根植性"深度"。由于外向性和流动性特征,全球城市甚至被卡斯特尔(M.Castells)等学者视为要素的"流量空间",而从危机的反馈来看,流量的增大也带来相应的风险与不确定性,而"存量"的深度对于保持城市的长期稳定发展至关重要。城市"存量"的确保,理应从城市的本地经济、实体经济入手,而这一领域恰恰容易被热衷追求全球控制力的全球城市所忽略。

在后危机阶段全球城市的发展趋势之中,不难看出各国主要城市政府及利益相关方对于全球化带来的"流动性"与城市自身需求带来的"根植性"二者间关系的反思与重新定位。中国全球城市的发展过程中,体现出对于功能综合化的宏观战略定位、对于本土传统服务物业、先进制造业、绿色科技产业的推进,直至社会稳定方面的保障,这些措施都反映出全球化城市对"本土化""根植性"的坚守。中国全球城市的发展,尽管在相当程度上依托于外部要素的流量,但在地方政府的引导和推动下,也关注流量对于地方经济的倍增作用,进而针对外部环境和地方发展需求之间的矛盾进行不断调整。这种调整与变化,有助于中国全球城市的发展在"流动性"与"根植性"之间取得平衡,从而增强自身的综合实力与可持续发展能力。

3. 全球城市的发展视野:"全球化"与"区域化"力量的协调发展

从城市更高一层的空间维度看,全球城市区域化特征不断增强,这反映出全球化在区域层面的"水平"作用需求,更体现出"全球化"与"区域化"力量之间的相互融合与促进。中国全球城市的发展,与周边区域经济国际化水平的整体提升密不可分。上海、深圳、广州、北京等城市的国际影响力提升,主要基于长三角、珠三角、京津冀等城市群对外经济的快速发展。上述城市的国际要素门户和枢纽作用,也更多体现在对周边区域的带动。

中国全球城市在区域性发展方面的特点是对于全球城市的发展模式的重要补充。这种"全球化"与"区域化"力量的互动表现出,在经济全球化发展进入深化阶段,当全球化要素快速流动的空间广度趋向极限时,要素的"在地化"配置与区域合作就成为新的选择。而全球城市自身具备的高能级特性与要素配置功能,也使其具备形成区域资源整合的能力,并能够吸引周边次中心节点与其形成具有体系化特点的互动。在这种空间、功能、要素整合的趋势过程中,"全球化"要素与"区域化"力量进行新的结构重组。一方面,区域通过全球城市的对外枢纽与控制作用得到了整体发展,提升了地区对全球竞争的适应度,另一方面,全球城市的自身经济体系与区域联系增强,提高了城市的经济冗余度,在一定程度上抵消了外向特征带来的外部风险。

4. 全球城市的发展模式:外生力量与内生力量的互动发展

中国全球城市地位的迅速提升,并非单纯依靠西方资本、技术与分工体系,而是以本土的优势要素资源吸引全球性资本,从而推动全球性要素的地方化配置。体现了全球化力量与地方经济优势相结合的趋势,具有内生性特征。这种发展模式,有别于传统基于"中心—外围"模式的简单依附性发展。在经济全球化进一步深化的背景下,中国的全球城市发展趋势更趋向于挖掘本土和区域优势,在"引进来"与"走出去"之间形成功能的综合化,其经济地位与世界影响力的提升是具有内生动力支撑的可持续过程。

四、中国全球城市发展与"新兴市场城市"群体崛起的关系

1. "新兴市场城市"群体崛起

"新兴市场城市"(Emerging Market Cities),主要指新兴经济体的具有国际经济影响力的大都市区与城市群体。进入 21 世纪之后,新兴市场城市在世界经济体系中的重要地位与日俱增,这在城市发展方面,也展现出与发达国家大都市所不同的独特属性。该城市群体的成长过程,是在世界范围对于新城市化道路的重要探索与实践,也为发展中地区的城市发展提供了新的模式与路径。

近代以来的世界城市化历程,发达国家的城市区域,一直是引领世界经济发展的核心区域。但这种局面在二战后发生了重大变化,1950—1995年,亚洲城市的人口增长达到 12 亿,其增长率为二战前的 4 倍。1950 年,世界最大的 30 个城市化地区中,21 个位于欧洲与北美国家,但到了 1980 年,

情况已发生了重要变化,30 个最大城市区域中,19 个位于欠发达国家。进入 21 世纪之后,这种力量对比因"新兴市场城市"的崛起而发生了关键性的逆转。美国波士顿集团的《决胜新兴市场城市》报告指出,2010 年,新兴市场城市已经驱动了全球 60％以上的 GDP 增长,到 2015 年,这一驱动力将达到 67％。到 2030 年,全球人口的三分之一,即 26 亿人将居住在新兴市场城市,与目前相比,增长数量达 13 亿。而发达经济体的城市人口同期仅增长 1 亿。①这一数量与质量上的巨大增长将从根本上改变全球的竞争图景,即发达经济体将不仅在城市化的人口贡献上彻底处于边缘地位,而且在城市经济增长的拉动力上也处于下风。

2. 中国城市在"新兴市场城市"群体中引领作用

在迅速崛起的新兴市场城市群体中,中国城市无论从规模上还是从发展速度上均扮演着"引领者"的角色。根据著名咨询机构麦肯锡全球研究员的预测,从 2007—2025 年,中国与南亚区域将拥有亚洲新增城市人口的近 90％,全球城市人口增量的 60％。到 2025 年,中国大城市的人口将增加 3.25 亿,南亚则增加 1.5 亿。从 2007—2025 年,中国城市的人均 GDP 增长率将达到 10％。在贡献度上,中国 600 多个重要城市将在未来对全球发展有重要的推动作用。在 2007 年,这些城市对全球 GDP 的贡献为 5％,而到 2025 年,这一比例将达到 20％。其中,上海将位居贡献率第三,北京将位居贡献率第五。②

同时,中国沿海城市以经济全球化为依托的外向型增长成就,充分体现出新兴市场城市的"开放增长"特性。这种特性,使得新兴经济体中的大都市在开放条件下的快速城市化进程,与以往单纯依靠国内要素集聚、产业分

---

① David Jin, David C. Michael, Paul Foo, Jose Guevara, Ignacio Pena, etc., *Winning in Emerging-Market Cities: A Guide to the World's Largest Growth Opportunity*, The Boston Consulting Group, Inc., 2010.
② McKinsey Global Institute. *Urban world: Mapping the economic power of cities*, McKinsey Global Institute, 2011.

工、人口分化等内生动力而形成的城市化路径有着较大的差异。而后危机时期内需拉动的重要性增强，则使得内需拉动成为新兴市场城市发展的全新方向。中国城市如何在对外开放与内涵增长中取得平衡，不仅将决定中国经济未来发展的质量，也将为新兴市场城市的均衡发展提供新的思路和借鉴。

在经济贡献度不断提升的同时，中国全球城市也"率先"面临新兴市场城市发展的瓶颈与挑战。从中国全球城市发展的经验来看，高速增长是新兴市场城市地位迅速崛起的基础，新兴市场城市的增长路径并非简单遵循传统城市发展的"线性"过程，而是在外部要素的快速集聚过程中呈现"突变"特征。在这种快速发展的过程中，可持续发展成为新兴市场城市群体快速发展的隐忧。目前，全球 30 个污染最严重的城市均位于新兴市场国家。中国全球城市的高速发展和扩张已经面临巨大的环境、资源约束，城市中的空气污染、水资源短缺、绿色空间破坏问题此起彼伏。随着中产阶层居民对于生活环境质量的不断提高，中国如何实现"又好又快"的城镇化，将决定中国城市发展模式对新兴市场城市的影响力。

第三节　中国全球城市发展的未来趋势

中国的全球城市，仍处在快速成长与崛起的过程之中。随着未来中国经济实力与国际经济影响力的提升，中国全球城市在未来仍有巨大的发展空间，其自身的发展模式与网络连接特点，仍值得进一步思考和探索。总体上看，未来中国全球城市的发展，依托于更加多样、综合的功能体系和发展模式，在功能提升的基础上，相关城市在全球城市等级体系中的地位也将发生新的变化。而上述变化，也将进一步使中国全球城市的经济结构和功能表现出新的特征。

一、中国全球城市的未来发展模式

在全球化深化的背景下,全球城市发展的终极目标和主要模式得到反思,城市的发展目标趋向发生变化,更具有"伟大城市""理想城市"性质的"综合性"特征。在这一终极目标的影响下,中国未来具备引领性的全球城市在功能角色的定位方面,在追求流量枢纽、控制节点的同时,将特别强调经济、社会、文化交流的平台作用。这些定位的变化相应地导致城市的新需求,包括可持续发展、创新驱动、区域带动作用、民众福祉的关注,同时,作为新兴经济体的全球城市,还需兼顾对国家发展战略职能的承载。

1. 中国全球城市的发展范式:市场与规划有机平衡

在总体模式框架上,中国未来全球城市的发展范式应注重市场与规划模式的兼顾、交融。以塑造中国特色的国际城市运营方式为核心,一方面充分利用市场对于国际要素的高效配置能力,同时以政府发挥作用的规划手段形成城市的有效治理。以市场能力形成全球高端要素的集聚与升级,以规划能力促成要素的有效与优化配置。在城市功能体系的特征上,上海全球城市的功能指向突出整体综合与内部分工相结合的"双重属性"。其功能依托东亚全球城市服务—生产—生活"一体化"的整体性传统,强调城市的综合服务功能,但在内部服务体系仍强调主体间的功能分工。

2. 中国全球城市的经济功能:资本枢纽与创新中心兼备

全球城市经济升级竞争将在多个维度开展。一是在创新领域,这涉及都市化创新集群的塑造以及侧重创新服务的专业服务业发展策略。二是先进制造领域,未来美、欧、日全球城市区域内制造业有回归趋势。三是资本控制领域,成熟国际城市与后发国际城市在金融中心功能、自由贸易区功能等方面的竞争未来日益激烈。因此,未来中国全球城市的经济发展关键表现为资本枢纽与创新中心兼备的城市核心功能,并达成从嵌入全球生产网络到嵌入全球创新网络的转型升级。随着科技创新和产业更替速度的日益加快,资本和创新最终将成为提升城市发展竞争力同等重要的支撑力量。

3. 中国全球城市的发展依托:"在岸发展"

未来中国在全球经济及事务主导权的确立,要求中国全球城市的建设思路,应超越传统全球城市"全球化飞地"的孤立发展原则,以"中国的才是世界的"原则,形成内—外均衡的发展依托方向。从更宏观的格局上看,过去 30 年,中国全球城市的建设方向首先是同"北方"世界的全面衔接。但国际政治经济格局的变化,使得未来中国重要的地缘战略中心是对"南方"世界的全面辐射,即发展中国家与新兴市场世界。这就要求中国的全球城市发展能够提供更多的"公共品"和国际经济要素流动平台。因此,中国的全球城市需要建基于本土经济力量的提升以及对外经济支配能力。

4. 中国全球城市的发展视野:"全球城市—区域"

全球城市的发展,在未来将呈现出以全球城市为核心,区域国际化程度整体提升,最终以区域全球化提升核心全球城市对外影响能级的区域性发展方式。中国的全球城市地位,首先应建基于长三角、珠三角、环渤海等"全球首位城市群"地位的形成。只有推动上述城市密集区域建设成为具备顶级全球经济、文化、社会影响力的城市群,方能为相关全球城市地位提供基础与平台。中国的全球城市需要具备为整个地区共同发展的结构优化和国际功能升级提供"公共产品"的风度和气度,以区域的整体发展体现自身全球城市地位等级,以区域经济的总体国际竞争力提升来体现自身全球城市功能的深度。

5. 中国全球城市的发展目的:民众福祉

在发展目的上,中国的全球城市应强调以福祉(well-being)作为导向。响应全球城市发展的新理念,以人的需求为出发点,以民众的"幸福"作为城市发展的出发点。幸福作为一种新思维,已然从主观体验上升为继国内生产总值(GDP)和人类发展指数(HDI)之后又一个得到多方肯定的可测度的发展评价标杆。在城市层面上,幸福评价维度的引入更具颠覆性。幸福感的提出,本身就是挑战对于经济实力与水平的单纯追求,而在全球经济活动中的控制力恰恰是经典全球城市理论的核心考虑。因此,中国全球城市的发展目的,秉承以人为本的"福祉"标杆,将成为未来全球城市发展的重要原则。

二、中国全球城市在全球城市网络体系中的地位变化趋势

未来一个阶段,世界城市网络的规模与作用力将持续扩大,而构成网络节点的城市个体的数量、国别、区域属性也将不断发生着变化。由于全球城市作为全球化的具体承载空间的属性,因此这种变化不仅影响着全球城市体系的规模大小与影响范围,也意味着网络所承载的全球化要素的流动深度与方向发生重要变化。在这一趋势下,高等级全球城市的区域分布将进一步发生变化,不同区域城市个体的枢纽性作用也将发生不同的变化。中国全球城市地位的迅速提升,将成为未来全球城市等级体系区域格局变化的重要发展特点。

1. 与顶级全球城市间关系定位:"追随者"向"伙伴关系"的地位变化

未来中国与纽约、伦敦、东京等高等级全球城市的相互关系定位,将发生重大变化。目前,上海在全球城市网络体系中,已经基本处于仅次于上述"三巨头"的 Alpha＋层级,距离登顶已剩一步之遥,但其总体定位仍处于"追随者"层面。随着未来中国经济规模的全球登顶与全球影响力的极大提升,以及"新兴市场城市"的全面崛起,作为中国全球城市的上海、北京,将必然进入顶级城市的"Alpha＋＋俱乐部"。上海与纽约、伦敦、东京等全球城市之间的关系,将从"追随者""配合者",向彼此间存在同级竞争、合作的"伙伴"关系变化。

2. 全球城市联系基础:从区域性要素集聚节点向全球性资源配置平台的转变

目前中国全球城市与各全球城市之间的联系,更多以中国本土的经济影响力为核心,基于区域性要素集聚能力,发挥门户与枢纽作用。主要全球

城市与中国城市间的经济、文化、社会联系,也更多基于上述区域性要素集聚能力进行。未来一个阶段,中国全球城市的要素配置能力,必然随着中国对全球经济主导能力的形成以及城市自身核心竞争力的提升,从区域性向全球性转变。而主要全球城市与中国全球城市的经济、文化、政治、社会交往,也将更多基于后者的全球资源配置能力而展开。

3. 城市间联系媒介变化:创新要素流动将成为中国与国际全球城市之间联系的新纽带

未来一个阶段,基于创新要素的全球创新网络(GIN)将成为以传统生产要素为核心的全球生产网络之外连接全球的全新网络体系。这一新的全球性联系网络将更为直接地体现在全球城市网络体系中。在这一背景下,中国高能级的全球城市,其与其他全球经济节点城市之间的联系,将超越当前主要依托经济要素流动的局面,而形成创新要素—经济要素“双重网络叠加”的格局。创新人才、技术、资本、平台等,将成为中国城市与其他全球城市之间建构联系的全新渠道与领域。

三、中国全球城市的经济特点变化趋势

1. 二、三产业融合发展

在未来全球城市建设中,城市服务经济化仍是共同趋势,但这一趋势并不会必然导致划一的城市服务经济形态。中国这样的新兴发展中大国,整体依然处于工业化为主导的社会经济发展阶段。因此,中国全球城市发展更多仍基于以价值链组织区域性经济体系,在这一过程中,制造业、服务业产业融合的态势在相关城市中就得到凸显。

新型制造业在全球城市仍拥有生存空间,沙希德·优素福(Shahid Yusuf)在代表世界银行对于中国大城市的研究中就特别强调,保持适当的制造业规模对于持续高速增长具有支撑价值。复杂资本产品制造业在生产率提升方面高于服务业,在能耗与污染控制和空间占用等方面又不比现代

服务业逊色,完全可以成为城市的一项功能而长期存在。新产业革命的提出,更是展示了基于网络的分布式小批量精确制造回归城市的前景。

因此,对中国全球城市经济基础的更为全面的认识,应该警惕单纯偏重金融保险等高端生产者服务业功能的局限性,拓宽全球生产网络、研发创新、文化创意等新的因素。应该比较均衡地发展高级服务业与先进研发制造业,既承担经济活动节点功能又是创新的卓越中心所在,形成二、三产业融合发展的全球城市经济体系。

2. 低碳发展

低碳理念全面整合了此前的环境保护、绿色生态、可持续发展、应对全球气候变化等思想成为指导生产、生活的新范式。在低碳发展范式之下,包括全球各领域的建设发展都面临衡量标准、发展思路的根本性调整。在城市发展层面,有关成功城市的基本标准可能发生彻底改变。充当全球化经济空间节点和流量枢纽的全球城市也面临低碳时代的考验。

在一些基本要素特征上,中国全球城市同理想状态下的低碳城市存在着相当显著的差异。在低碳潮流之下,全球城市可能面临的局面,一是作为一种城市发展的标杆、范式退出历史舞台,二是全球城市进行自我调整,将自身“染”绿,争取在低碳发面也发挥标杆作用。可以预见,只要全球化进程依然延续,全球城市就不会退出历史舞台。但是,增加低碳元素将是中国全球城市的必然选择,尽管并非每个全球城市都能够实现低碳发展。为此,现存的全球城市等级体系将不可避免地面临大调整。

同时,低碳发展对于中国全球城市也预示着一个新的战略机遇,即:新崛起全球城市在初步取得全球化积极效应而相应的社会分隔对立、资源环境压力等负面后果还没有完全显现之际,引入一个新的更为科学的标杆体系,开始了一场同老牌全球城市的初始差距并不那么大的新竞赛。

3. 创新枢纽功能

未来一个阶段,全球城市实现外部要素的配置与升级,将更多依托于城市的"创新"功能。这一点在全球金融危机后得到诸多城市的响应。"创新"功能，可概括为城市的"策源"能力。而从全球城市的功能发展特性上看，其"创新"功能可进一步分为创新枢纽功能和创新策源功能。

创新枢纽功能，主要指全球城市对于各类型创新要素和创新活动的汇聚、筛选、传播能力。创新策源功能，主要指全球城市对创新的塑造和原发能力。创新策源可分为应用性创新与文明型创新两类。其中，应用性创新主要指文化创意、科技创新、商业创新、管理创新等具有直接应用价值的"硬创新"，而文明型创新主要指知识创新、思想创新、体制创新、文化创新等"软创新"。

对于中国的全球城市而言，在城市的创新功能分解中，创新枢纽功能相对最为重要。这是由于中国全球城市具备独特的要素流动枢纽功能，因此，其资本、市场、服务等优质资源能够对于创新起到相较其他城市更为重要的支撑作用。中国全球城市形成创新的枢纽功能，能够识别、支持，乃至通过强大的市场力量塑造创新能力和创新路径。因此，中国全球城市的建设中，需要高度关注创新枢纽功能的重要地位。

第九章
上海全球城市功能建设的路径与特点

　　上海全球城市功能的发展演进之路,是这座城市基于自身过往功能定位及国内、国际战略环境发展趋势的自我更新之路。新中国成立后城市总体功能定位的调整,使上海在改革开放后重塑城市核心功能的迫切性不断提升。上海在改革开放后40余年中,响应中国改革开放不断深化的战略需求,敏锐观察经济全球化发展的重大趋势和变化,不断确定、调整自身的城市核心功能定位,使自身发展成为中国与世界经济交往的核心枢纽,以及全球城市网络的重要节点。对40余年来上海城市功能发展沿革的历史背景考察,应关注城市面对外部环境变化的阶段性特征,以及上海在各个阶段中对于自身城市功能定位的主导思想及规划方向,进而方能理解这种历史变迁的内在逻辑及脉络所在。同时,更应当深入思考的是,上海全球城市功能演进历程凸显的城市形态变化,城市功能提升,直至城市竞争力跃升的发展逻辑,以及这一独特发展路径对全球城市发展理论的贡献与借鉴。

第一节　改革开放前上海产业结构调整的探索历程

　　上海曾经作为远东最大的金融和贸易中心,在20世纪40年代之前发挥了重要的区域中心城市功能。新中国成立后,随着我国城市发展重心的变化,上海的城市功能实现了大幅度的转型。20 世纪 50 年代至改革开放前,上海的城市功能主要以计划经济体系为主要依托,尽管取得了较大的发展成就,但发展的效率仍然受到制约。在此背景下,上海城市功能调整与建设的必要性日益凸显。

一、1949 年至 20 世纪 70 年代我国城市功能重心的调整

上海作为我国的首位城市,其城市功能的发展与变化,与我国城市的整体功能定位息息相关。新中国成立后,工业化成为国民经济建设的核心工作,而城市无疑是工业化得以实现的空间载体与物质依托。因此,在大规模工业化建设的同时,中国现代意义上的城市化也得以快速发展。在这一时期,城市体系的建构与城市经济功能的提升也成为我国城市政策的主旋律。因此,新中国成立至 70 年代中期,"建设城市"成为这一阶段的整体特征。在城市的功能设定上,主要采取"以工业城市取代消费城市"的方针,使中国城市的性质发生了很大改变。

在这一阶段,我国城市政策最突出的作用,在于使中国传统城市的政治、文化、娱乐等以控制和消费为主的功能得到彻底转变。城市的功能转变为以生产为中心。社会主义三大改造的主要领域集中在城市的旧有资本主义和小生产者,这不仅改变了城市居民的阶层与产业结构,也为城市功能转变提供了劳动力基础。城市在"变消费城市为生产性城市"的方针指引下,融合到以工业化为核心的国民经济体系中。这与当时"重积累、轻消费"的经济发展总体方针相一致。在十年建设中,生产性建设投资在基本建设投资中的比重更一度达到 85.4%。[1]在这一发展趋势中,以城市为空间主体,城市工人阶级为建设主体,成为新中国成立后社会主义建设的重要特点。

从整体上看,这一阶段的中国城市完成了从传统城市向现代城市的转

---

[1]　中共中央党史研究室:《中国共产党历史:第二卷(1949—1978)》,中共党史出版社 2011 年版,第 742 页。

变,特别在工业化领域发挥了重要的作用。另外,城市在这一时期计划经济的影响下,更多被单纯地作为生产空间而纳入建设的视角。城市的工具性得到了高度的强化,其社会性和人文性则被有意无意地忽略了。上海作为该阶段中国最具经济实力的城市,其城市功能和形态也相应发生巨大变化。

二、上海城市产业转型的探索

上海在近现代史上,曾作为远东重要的中心城市以及中国最大的多功能中心城市,在地区经济、国际经济中发挥重要的枢纽功能。20 世纪 20—30 年代,中国最主要银行的总部均是在上海,外资银行林立,上海也成为中国乃至远东的金融中心。20 世纪初,上海就已形成内河、长江、沿海及外洋四大航线,出入上海的商船吨位数占全国 20% 以上。20 世纪 20 年代末,上海港的进口净吨位已跻身 14 个世界大港之列。上海的进出口贸易占全国的比重处于绝对优势地位,1948 年,上海的进口占全国 79%,出口占 71%。20 世纪 20 年代,上海 30 人以上工厂数占全国 12 个大城市总数的 36%,资本额占 60%,产值更达 66%。①

1949 年前,上海的城市发展方向,基本形成了以商业为主,工商业并重,兼具航运、金融、贸易、信息等功能的多功能经济中心格局。而新中国成立之后,中央对于上海的城市发展定位,与国家整体城市发展属性的战略调整密切相关。在从消费型城市向生产型城市的总体方针之下,上海的工业功能得到高度重视和突出。工业在上海经济总量的比重迅速上升,重工业比轻工业的发展速度更快。优先发展重工业的战略,使上海工业结构从解放前的加工型工业主导,转化为重工业主导的格局。如 1971—1975 年间的"四五"期间,上海重工业投资在工业投资总额中高达 83%。同时,在经济体制方面,1949—1978 年间,上海建立了高度的计划经济体制,在这一时期

---

① 张仲礼主编:《近代上海城市研究(1840—1949 年)》,上海文艺出版社 2008 年版,第 16—17 页。

也对上海工业城市的建设起到重要的基础性作用。

　　新中国成立后的 30 年间，上海的经济规模实现了较快的增长。1952—1978 年，上海的国内生产总值从 35.86 亿元增长到 272.81 亿元，年均增长率为 8.12％；人均国内生产总是从 421 元增加到 2 484 元，增加了近 5 倍。[①]但上海在这一阶段的增长更多体现在数量和规模上的扩张，其城市功能的发展重心主要集中在生产方面，形成工业为主、商业为辅的城市功能体系。同时，高度集中的计划经济体制使上海的中心功能更多反映在对国家建设工业体系的服务上，近代以来形成的贸易中心、金融中心、航运中心、文化交流中心的功能日渐淡化。当然，这种功能的变化，也与当时我国面对的冷战对抗、外部封锁等外部环境息息相关，因此也具有一定的必然性。

第二节　上海开放格局的调整与核心功能的重塑

　　改革开放为上海城市功能的发展带来重要机遇。而改革初期，我国的开放体系以经济特区、经济开发区、沿海城市逐步开发为主轴，开放政策在区域上的不平衡，使上海一度成为改革开放的"后卫"。但上海仍然进行了不懈的努力，对城市核心功能的重塑进行了理论和规划方面的不断尝试，并提出"远东中心"的战略构想。1992 年浦东开发开放，为上海的城市发展带来重要机遇，上海的开放全面加速，城市功能的塑造进入新的阶段，其战略发展愿景从"远东中心"跃升为"国际三中心"体系。上海逐渐建构起以"对内开放—横向经济联合"及"对外开放—发展外向型经济"为特色的双向开放体系。

---

① 熊月之主编：《上海通史》第十二卷，上海人民出版社 1999 年版，第 2 页。

一、20世纪80年代上海城市核心功能的定位与调整

1. 改革开放初期上海面对的转型挑战

1979年起的改革开放,尽管以农村所有制改革为发端,其实质性的推进在于真正实现了城市的全面发展。通过对外开放与体制改革,中国城市,特别是东部城市通过面向国内和全球两个市场,实现了内生资源与外部资源的集聚,并通过城市化的强大动力,实现了经济的迅速崛起。以城市经济发展方式为核心的"深圳模式""苏南模式""温州模式"成为中国社会经济发展方式多样、全面发展的标杆和缩影。城市经济在国民经济中已占据了绝对支配地位,成为中国经济发展的引擎。在将"发展作为第一要务"的方针之下,对城市的发展,已成为提升国家整体发展水平的关键环节。

然而,改革开放之初,我国开放的重心在南方,改革的重点在农村。为了使改革开放的试验能顺利而有效地进行,使全国的经济、社会稳定而有序地发展,基于上海在我国经济、社会中的特殊地位,上海成了为全国改革、开放和发展服务的"后卫"。改革开放之初的上海面临世界新技术革命的严峻挑战和国际、国内两个市场的激烈竞争。同时城市本身的一系列问题又制约着经济的发展,亟须做出新的战略决策。

2. 太平洋西岸经贸中心:20世纪80年代上海城市功能转型的尝试

面对我国改革开放的战略决策,上海尽管未能成为城市整体推进改革开放的先行者,但仍进行了从推进经济体制改革到扩大对外开放的城市功能转型尝试。20世纪80年代,上海在从计划经济向市场经济转变的过程中,对城市中心功能的塑造进行了积极的探索,并通过对外开放和多功能中心城市的建设,为进一步提升城市功能,扭转改革开放的"后卫"局面奠定了重要的基础。

1979年,上海市计划委员会提交了题为《上海国民经济三年调整方案》(1979—1981)的汇报提纲,该提纲提出上海要应对全市国民经济实施"调

整、改革、整顿、提高"的方针,提出 1979 年至 1981 年上海经济工作的基调是"调整"。对于上海的定位是"先进的工业基地、外贸基地和科学技术基地,为支援全国胜利进行四个现代化建设打下扎实的基础",其中"三个基地"是上海当时的定位,"支援全国"是上海当时的国家责任。

值得关注的是,浦东开发建设的构想在这一时期已初现雏形。1980年,上海市计划委员会向上海市委提交了《上海长远规划设想(1981—1990年)》(以下简称《设想》)。尽管该报告对 1990 年上海国民经济发展的主要定位仍然延续了解放以来的"社会主义工业城市"的定位,但文中已经提出发展浦东的远景构想。《设想》认为,浦东与市中心只有一江之隔,发展浦东可以较快松动全市人口密集最高的黄浦、南市、卢湾、杨浦等区;提出浦东的远景设想是在浦东大道与杨高路之间的 30 平方公里范围内,建设一个具有一定规模的,以住宅、旅游、贸易、科研、学校为主体的新市区。

随着改革开放政策的推进,上海以工业为主的发展路径和高度计划经济体制带来的问题愈发突出,上海的经济结构与战略功能调整成为从国家到上海市高度关注的问题。1984 年 9 月,中央派出由宋平和马洪等领导率领的上海经济发展调查组,对上海进行了为期半个月的调查研究。在沪期间,调查组邀请全国专家学者,召开了由近百人参加的"上海经济发展战略战役研讨会"。1984 年 12 月,上海市政府与国务院改革振兴上海调研组发布了《关于上海经济发展战略汇报提纲》(以下简称《提纲》),《提纲》中对于上海中心功能的主要定位进行了分析和展望。《提纲》提出,上海是我国实力雄厚的工业基地,有较好的工业基础和综合配套能力。同时,上海是全国最大的商业中心和重要的经济技术信息中心,它的经济联系和影响,辐射到全国各地。上海还是重要的交通枢纽,并具有丰富的智力资源,包括较多的科技人才、经营管理人才、国际金融和贸易人才,又是重要的人才培养基地。《提纲》指出,上海应当充分发挥这些优势,依托经济区,服务全中国,面对太平洋,通向全世界,勇当全国四化建设的开路先锋。这是党中央、国务院对上海的殷切期望,也是历史赋予上海人民的重任。①

国务院于 1985 年 2 月 8 日批准了上述《提纲》,在批转通知中指出:"要在 1990 年以前加快转上良性循环,力争到本世纪末把上海建设成为开放型、多功能、产业结构合理、科学技术先进、具有高度文明的社会主义现代化城市",从而首次设定了上海到 20 世纪末的城市定位。在批转意见中,对于上海的中心城市功能进行了界定,提出:"在新的历史条件下,上海的发展要走改造、振兴的新路子,充分发挥中心城市多功能的作用,使上海成为全国四个现代化建设的开路先锋。"②

1985 年 3 月,中共中央批复上海进一步对外开放的方案,上海利用外资工作迅速启动。利用外资,从补偿贸易为主转变为以合资、合作经营为主,并试办外商独资经营的企业;建设闵行、虹桥、漕河泾 3 个经济技术开发区;通过中外合资、中外合作、自建、内联合建和外商独资,中心城区兴建一批高级宾馆和办公大楼,相关城市配套基础设施建设也得到推进。

经过 1980—1985 年的调整和建设,上海的整体经济开始实现从半封闭型转向开放性的战略转变;城市建设加快步伐,人民生活水平有了比较明显的提高。这些都为上海的改造和振兴打下了基础。③80 年代,上海在外贸体制和经营体制上进行了以"简政放权、搞活经营"为中心的改革,响应国际贸易的发展方向,探索出口代理制,大力推进工贸结合、技贸结合,在外贸业务上进行了以"搞活经营"为主旨的探索,推进外贸承包经营责任制,进行以"改善环境"为重点的拓展。外贸进出口规模从 1979 年的 38.78 亿元发展到 1991 年的 80.33 亿元,年均增长 5.8%。④但应看到,上海城市的开放经济发展水平仍然有限。如 1979—1985 年间,上海仅批准外商投资企业 17 家,

① 上海市人民政府、国务院改造振兴上海调研组:《关于上海经济发展战略的汇报提纲》,1984 年 12 月 26 日。
② 中华人民共和国国务院:《上海经济发展战略汇报提纲》(国发〔1985〕17 号),1985 年 2 月 8 日。
③ 江泽民:《上海市国民经济和社会发展第七个五年计划报告》,1986 年 4 月 25 日。
④ 上海市商务委员会:《上海开放型经济 30 年》,上海人民出版社 2008 年版,第 4 页。

实际利用外资仅为 0.17 亿美元。

1986 年 4 月市人大通过了《上海市国民经济和社会发展第七个五年计划》，其中对于上海在 1986—1990 年的发展任务和主要目标中，表述为"多功能中心城市"，而针对涉外部分，在方针和原则上提出"进一步实行对内对外开放，增强出口创汇能力，更好地把本市地生产建设同扩大内外经济交流结合起来"。紧接着，1986 年 10 月国务院批复原则同意《上海城市总体规划方案》，这成为上海解放以来第一个城市总体规划，也是一个报经国家批准的城市总体规划。国务院在批复意见中指出："在指导思想上，应当从长远考虑，高瞻远瞩，面向世界，面向 21 世纪，面向现代化"，"把上海建设成为太平洋西岸最大的经济贸易中心之一"。

1986—1988 年的三年中，上海市在"六五"建设的基础上，保持了国民经济的稳定增长，三年国民生产总值增幅为 11.6%；对外开放取得较大进展，出口走出"六五"期间连年下降的低谷，转为逐年上升；城市基础设施建设有所加强，南浦大桥、中山北路高架、地铁等大型工程进行了前期工作；市民生活收入增长较快。但这一时期能源、原材料供应紧张、财政困难、资金供求矛盾、城市建设中的突出矛盾依然制约着上海经济和社会发展。上海经济依然处于投入多、产出少、消耗高、效益低的扩张型状态。①

二、浦东开发开放与 20 世纪 90 年代上海"国际三中心"城市定位

1. 浦东开发开放的历史机遇

20 世纪 80 年代，尽管进行了经济结构的调整，但上海的整体发展速度与质量相对沿海特区等开放型区域而言仍然处于较低水平，其对中国经济的引领作用受到影响，处于改革开放的"后卫"地位。1978—1991 年，上海年均经济增长率为 7.43%，低于全国平均水平（9.04%）近 2 个百分点，低于

---

① 　上海市计划委员会：《上海市三年治理整顿计划大纲和"八五"设想》，1989 年 10 月 16 日。

广东省(13.9%)近 6.5 个百分点。上海在全国 GDP 中的份额从 70 年代末的 7%下滑到 1990 年的 4.08%。上海迫切需要寻找撬动城市改革开放全局的一个战略支点。

浦东的开发开放就成为这样一个重大的机遇和支点。围绕浦东开发开放的战略设计,上海将从原来的浦东以居住为主的发展构想,果断调整为以金融、贸易为主,并提出了"以(浦)东带(浦)西、东西联动"整体发展上海的战略原则,一举改变了上海在改革开放初期的"后卫"局面,成为全国改革开放的"龙头"。

1990 年 4 月 18 日李鹏总理代表党中央、国务院宣布开发和开放浦东,同年 6 月国务院在《关于开发和开放浦东问题的批复》中指出:"开发和开放浦东是一件关系全局的大事,是我国深化改革、进一步实行对外开放的重大部署。上海有良好的政治经济基础……充分利用这些优势,有计划、有步骤、积极稳妥地开发和开放浦东,必将对上海和全国的政治稳定与经济发展产生极其重要的影响。"这是首次明确把上海开发开放浦东提升到国家战略的高度。邓小平提出:"机会要抓住、决策要及时,要研究一下哪些地方条件更好,可以更广大地开源。比如抓上海,就算一个大措施。上海是我们的王牌,把上海搞起来是一条捷径。"①

2. 一个龙头、三个中心:上海国际城市功能的重要提升

1992 年 10 月党的十四大报告以党的纲领性文件形式提出了中央对于上海、浦东的战略部署:"以上海浦东开发开放为龙头,进一步开放长江沿岸城市,尽快把上海建成国际经济、金融、贸易中心之一,带动长江三角洲和整个长江流域地区经济的新飞跃。"②这是正式文件中第 5 次修订上海的城市定位,其中提出了"一个龙头、三个中心"的指导思想,将上海的国际城市功

---

① 《邓小平文选》第三卷,人民出版社 1993 年版,第 355 页。
② 江泽民:《加快改革开放和现代化建设步伐,夺取有中国特色社会主义事业的更大胜利——江泽民在中国共产党第十四次全国代表大会上的报告》,1992 年 10 月 12 日。

能影响能级从"远东中心"提升到了"国际三中心"。

"八五"时期,上海全面实施中共中央、国务院开发开放浦东,把上海建设成为国际经济、金融、贸易中心之一的重大决策。1992年起,上海按照邓小平提出的上海要"一年一个样,三年大变样"的要求,实施"一个龙头、三个中心"的战略目标,修订"八五"计划纲要。上海着力推进产业结构调整,从"二、三、一"产业排序改为"三、二、一"。1992—1994年,把第三产业、城市基础设施和高新技术产业作为国民经济新的生长点,全面进行产业结构战略性调整,实现国民经济持续、快速、健康发展。探索建立社会主义市场经济运行机制,不断推进经济体制改革,建设现代大市场。第三产业占国民生产总值由1990年31.9%上升到1995年40.1%。工业行业结构开始由以劳动密集型的轻纺工业为主向以技术、资金密集型的重化工为主发展。汽车、电子信息设备、电站成套设备、石油化工和精细化工、钢铁、家用电器6大支柱产业迅速崛起,产值约占全市工业总产值45%。

同时,"八五"期间,浦东开发开放取得重要成果,该区域作为我国新的开放重点区域,从基础开发转向基础开发和功能开发并举。"八五"期间,浦东新区提前2年完成10个基础设施工程,新区国内生产总值连续3年增长30%,成为上海经济发展新的生长点。1995年9月,国务院进一步赋予浦东新区一系列扩大开放和对外经济的功能性政策。主要包括:外高桥保税区内可以开展除零售业务以外的保税性质的商业经营活动,并逐步扩大服务贸易;一旦中央政府同意外资银行经营人民币业务,将允许首先在浦东试点,进入浦东的个别外资银行将获得优先权等。

在浦东开放开发的引领下,上海不仅在对外开放方面取得了巨大进展,而且坚持以"立足大局、扩大开放、服务全国、互融共进"为主要精神,不断提升对内开放的合作水平。1998年,上海颁布了《关于进一步服务全国、扩大对内开放若干政策意见》,鼓励中央部委与兄弟省市各种经济成分的企业,特别是大企业来沪投资。工商行政管理部门实行专项服务,简化有关手续。长三角区域经济协调机制也在这一时期得以建立。1997年,上海、苏州、无锡、宁波等长三角15个城市组成的长江三角洲城市经济协调会成立。上海推动的长三角城市群内部的经济合作机制得以逐步建立。这些对内开放的举措推进,使上海的中心功能形成了"双向开放、东西联动"的全新格局。

关于20世纪90年代上海大发展的成效,2001年通过的《上海市国民经济和社会发展第十个五年计划纲要》中有一段比较全面的评价,即通过"八五""九五"的努力,整个城市发生了历史性变化:经济体制从传统的计划经济模式转向社会主义市场经济体制,城市性质从工商业城市转向经济中心城市,城市建设从还历史欠账转向建设枢纽功能性设施,经济运行从相对封闭转向对内对外全方位开放,经济发展重心从"调整中发展"转向"发展中调整",各项社会事业发展从量的扩大转向质的提高,城乡人民生活从温饱型转向比较宽裕的小康型,人们的活动方式从"单位人"转向"社会人"。

第三节　全面开放与上海全球城市功能跃升

21世纪前后,上海的国际城市功能经历了从确立到深化的过程。以加入世界贸易组织为标志,中国全面参与经济全球化为上海城市功能的跃升提供了巨大助力。上海的中心功能设定的方向,向集聚信息、经济、金融、贸易、人才要素"五流"转变,最终在21世纪初确立了"四个中心"的发展方向。全球金融危机及其影响带来的外部环境调整,为上海城市功能的深化提出了"倒逼"需求。创新能力成为新的城市中心功能趋向。在对城市国际化功能的认识日益深入的同时,上海开始谋划"卓越全球城市"的综合性全球中心城市目标,并进一步确立了"五个中心"的定位。

一、面向 21 世纪发展定位的探索

1. 对 21 世纪上海城市功能的前瞻定位

在 20 世纪 90 年代上海的转型与振兴快速发展的同时,面对 21 世纪经济全球化快速发展的全新趋势,上海开始谋划城市面向 21 世纪的主要定位和战略功能方向。自 1993 年下半年开始,上海就迈上 21 世纪的机遇与挑战启动了新一轮的战略研究"迈向 21 世纪的上海",该项研究高度关注世界经济和国际城市发展的总体方向,其目标设定起点是"要把上海未来的发展放到世界经济发展的大趋势中去把握,要研究世界大城市崛起的基本规律并借鉴正反经验,在此基础上,探索上海迈向新世纪的发展思路"①。

该研究对上海在 21 世纪初叶的发展提出了很多极为重要的判断。其中最为重要的贡献是基于世界经济增长重心转移的基本规律和发展趋势,提出了上海在全球意义上"再度崛起"的命题。研究报告指出,新的国际经济中心城市有可能在经济增长规模最大、经济发展速度最快的地区崛起。历史潮流已经把上海推到 21 世纪中国经济发展的前沿,上海面临着再度崛起成为国际经济中心城市的重大机遇。研究报告带有预见性地提出:**"上海到 2010 年基本建成国际经济、金融、贸易中心之一,浦东基本建成具有世界一流水平的外向型、多功能、现代化的新区,实现崛起成为又一国际经济中心城市。"**

在城市国际化核心功能定位的理论依托上,该研究报告的思路中敏锐地将 20 世纪 90 年代兴起的世界城市、全球城市理论作为重要的外部思路借鉴,提出"国际经济中心城市"完整内涵中就包含了"成为全球经济网络中的重要空间节点"②。

---

① 上海市《迈向 21 世纪的上海》课题领导小组编:《迈向 21 世纪的上海》,上海人民出版社 1995 年版,第 1 页。

② 同上书,第 36、68 页。

　　同时，该研究报告对上海作为国际经济中心依托的要素流进行了概括，提出了"五流"的概念，即上海应基本形成符合国际惯例的市场经济运行机制，建成能沟通国内外资金流、商品流、技术流、人才流和信息流的现代大市场体系。在此基础上，对上海定位国际经济中心城市的功能提出指引方向，认为上海应具备集散、生产、管理、服务和创新五大功能。

　　值得一提的是，《迈向21世纪的上海》规划中，对于**自贸区与创新中心功能进行了分析和阐述**。报告提出应以建立自由贸易区为重点，加快建设贸易中心。将外高桥保税区更名为"上海自由贸易区"，实现功能向自由贸易区转变，形成直接与国际市场接轨的自由贸易区，为上海成为国际贸易中心奠定基础。在极化、扩散与创新的关系方面，上海要真正形成在转移中实现持久发展的机制，必须在极化、扩散过程中把技术创新放到特别重要的位置，不断提高上海接受转移的层次，率先发展第五次长周期成长中具有导向性的产业，形成21世纪上海新一代的主导产业，争取下一世纪发展的主动权。

　　以《迈向21世纪的上海》为代表的这一轮上海战略规划中，对于城市国际化功能的认识进入了新的阶段，主要以国际大都市为标杆、以全球城市发展普遍规律为依据，以全球经济社会运行为视野，来谋划上海的发展、确立上海的中心定位。这同时也标志着上海的城市发展已经从恢复性发展阶段全面进入基于国际视野的复兴发展阶段。

　　2."四个中心"定位的雏形

　　随着浦东开发开放向纵深发展，以及城市国际经济影响力的不断提升，上海对自身城市功能的认识也日益深化。在20世纪90年代后半期的世纪之交阶段，上海进一步明确了在集聚以"五流"为代表的国际要素方面的枢纽定位，"四个中心"的城市定位初现雏形。1996年，上海在《上海市国民经济和社会发展"九五"计划与2010年远景目标纲要》（以下简称《纲要》）提出，新的城市奋斗目标是："到2010年，为把上海建成国际经济、金融、贸易中心之一奠定基础，初步确立上海国际经济中心城市的地位。"

作为对上海城市定位的第 6 次修订，此次在"国际三中心"之外，把"现代化国际城市"正式修订提升为"国际经济中心城市"，形成了"四个中心"的初步概念框架。《纲要》中首次对上海的中心定位进行了阐述，提出"六个基本形成"的发展目标指向："到 2010 年，上海要基本形成世界大都市的经济规模和综合实力；基本形成具有世界一流水平的中心城市格局；基本形成具有国内外广泛经济联系的开放格局；基本形成符合国际通行规则的市场经济运行机制；基本形成现代化国际城市基础设施的构架；基本形成以促进人的全面发展为中心的社会发展体系和人与自然较为和谐的生态环境。"

《纲要》还提出上海经济社会发展的具体目标，对经济总量、结构、发展发展速度提出指引方向。到 20 世纪末，上海经济总量规模将进入亚洲地区大城市前列，"九五"计划期间，要求全市国内生产总值年均增长 10%—12%，三次产业结构比重为 2∶53∶45；工业总产值年均递增 14%，其中高新技术产业约占 20%，初步实现产业结构合理化，基本确立高新技术产业在工业结构中的战略地位；物价上涨率低于经济增长率，财政收入和国民经济同步增长，人民生活稳步提高。

二、"四个中心"定位的确立与上海城市综合功能提升

进入 21 世纪，经济全球化的发展速度不断加快，拓展领域日益提升。中国以对外开放参与经济全球化的程度日益加深。2001 年，中国正式成为世界贸易组织成员，标志着对外开放与经济国际化程度进入新的阶段。上海抓住中国加入世贸组织的历史机遇，进一步推进全方位对外开放，积极实施"走出去、引进来"双向开放战略，充分利用国际分工合作体系，开放型经济的发展进入一个新的阶段。2002—2007 年间，上海对外贸易进出口额从726.6 亿美元迅速提升至 2 829.7 亿美元，年均增长率达到 31.25%。

2001 年，上海城市定位进行了进一步的修订提升。2001 年 2 月通过的《上海市国民经济和社会发展第十个五年计划纲要》提出："21 世纪初，是上

海加快建设国际经济、金融、贸易、航运中心的新时期,也是确立社会主义现
代化国际大都市地位、全面提高城市综合竞争力的新阶段。"同年 5 月,国务
院批复并原则同意《上海市城市总体规划(1999—2020)》,明确指出,上海是
全国重要的经济中心。上海应建设成为经济繁荣、社会文明、环境优美的国
际大都市,国际经济、金融、贸易、航运中心之一。由此,上海的城市定位从
"三个中心和国际经济中心城市"提升到"四个中心和国际大都市"。

中国加入世界贸易组织后,上海围绕"四个中心"建设目标,不断强化自
身的国际经济影响力,在优化对外贸易结构、提高利用外资水平、加速航运
中心建设等方面着力进行推进。2003 年,上海发布 11 条促进外贸出口的
配套政策措施,颁布《关于进一步深化本市"大通关"工作的若干意见》。
2005 年,上海提出吸收外资要力争做到"四个进一步",外贸增长要以"四个
大力促进"为抓手,"走出去"要力求体现"三个结合"。"十五"期间,上海在
经济中心建设方面,先后形成了《上海加速发展现代服务业实施纲要》和《上
海加速发展现代服务业若干政策意见》。①

在"十五"和"十一五"期间,上海的"四个中心"建设加速推进,基本形成
了国际化的中心功能体系。"四个中心"的硬件基础设施和主要平台已经达
到全球城市水平。国际金融中心建设形成了以陆家嘴功能区为代表的空间
载体和集聚区体系,以及较为完善的金融市场体系。国际航运中心依托的
航运集输运体系和航运服务体系建设水平不断提升。国际贸易中心依托的
口岸贸易中心功能基本形成。

三、后危机时期上海全球城市功能的创新转型与提升

1. 全球金融危机与外部战略环境的重大变化

2007 年 8 月,席卷美国、欧洲的"次贷危机"很快转化成一场影响全球

---

① 上海商务委员会:《上海开放型经济 30 年》,上海人民出版社 2008 年版,第 16 页。

的国际性金融危机。这次危机及之后引发的世界性经济衰退,对上海"四个中心"与国际化大都市建设而言产生了前所未有的挑战。全球金融危机的影响作用持续存在,世界经济增速减缓,需求结构显著变化,气候变化、能源资源安全等全球性问题更加突出,各种形式的保护主义抬头,同时,中国改革开放后快速发展中长期积累的矛盾还没有根本解决,不平衡、不协调、不可持续问题依然突出,上海发展环境的不稳定、不确定因素也明显增多。2010年后,世界经济在深度调整中逐渐曲折复苏,全球金融危机的深层次影响促使各国寻求新的发展依托,全球新一轮科技革命和产业变革正在孕育兴起,世界科技创新呈现新的发展态势和特征,一些重要科学问题和关键核心技术呈现革命性突破的先兆,互联网日益成为创新驱动发展的先导性力量,国际经济竞争更加突出地体现为科技创新的竞争。从总体上看,全球金融危机后,国际环境的不稳定、不确定因素增多,我国深化改革、扩大开放步入新阶段,上海发展既面临严峻挑战,也面临重大机遇。

　　2008年,成为上海经济增长的一个"拐点"。在此之前的1992—2007年,上海经济连续保持16年的两位数增长,平均GDP增长12.7%,增速超过全国(10.7%)2个百分点。但到2008年全球金融危机爆发,上海GDP增长率为9.7%,17年来首次跌入个位数。随后,2009年GDP增幅为8.2%,低于全国平均水平,在2010年稍有回弹达到10.3%后,2011年GDP增速继续放缓至8.2%,处于全国垫底水平。此后的数年中,上海的经济增速也一直低于全国平均水平。上海GDP增速与经济发展表现变化的背后,是经济转型的压力与挑战。作为开放型区域与国际性中心城市,上海不仅受到自身经济发展的影响,更受到国际经济环境与全国经济形势发展的影响,因此,较其他区域提前面对转型的挑战。

　　2. 上海发展转型与"四个中心"功能的深化

　　面对危机冲击及上海的转型需求,国家对上海中心建设提出了新的发展意见和转型导向,其着力点就在于"四个中心"功能的强化。2009年4

月,国务院正式发布了《国务院关于推进上海加快发展现代服务业和先进制造业　建设国际金融中心和国际航运中心的意见》(以下简称《意见》),从国家战略和全局的高度,进一步明确了加快上海国际金融中心和国际航运中心建设的总体目标、主要任务和政策措施,对上海加快建设"四个中心"具有重大的指导意义。在《意见》指导下,上海市委、市政府制定了《上海市人民政府贯彻国务院关于推进上海加快发展现代服务业和先进制造业　建设国际金融中心和国际航运中心意见的实施意见》,这标志着上海"四个中心"建设,特别是国际金融中心和国际航运中心建设进入新阶段。

面对外部环境的重大变化以及我国发展战略调整的新需求,上海在全球金融危机后主动进行全面调整,在"四个中心"战略功能定位的基础上,加入了创新与转型的新内涵。2011年1月发布的《上海市国民经济和社会发展第十二个五年规划纲要》(以下简称《十二五规划》)中,将创新驱动、转型发展与"四个中心"建设紧密联系起来,进一步丰富了上海的全球城市功能内涵。《十二五规划》中提出,上海应积极适应国内外形势新变化,顺应人民群众过上更好生活新期待,按照中央以科学发展为主题、以加快转变经济发展方式为主线的要求,紧紧围绕建设"四个中心"和社会主义现代化国际大都市的总体目标,坚持科学发展、推进"四个率先",以深化改革、扩大开放为强大动力,以保障和改善民生为根本目的,充分发挥浦东新区先行先试的带动作用和上海世博会的后续效应,创新驱动、转型发展,努力争当推动科学发展、促进社会和谐的排头兵。

《十二五规划》中,对上海"四个中心"的阶段性目标进行了界定,提出根据国家对上海的战略定位和要求,到2020年上海要基本建成与我国经济实力和国际地位相适应、具有全球资源配置能力的国际经济、金融、贸易、航运中心,基本建成经济繁荣、社会和谐、环境优美的社会主义现代化国际大都市,为建设具有较强国际竞争力的长三角世界级城市群作出贡献。此次规划的目标设定中,对"四个中心"的总体功能进行了概括,提出全球城市功能对国家战略及全球影响力的呼应。同时,上海的全球城市功能也首次与城市区域的整体国际化相关联。这一发展导向的内涵中,已具备"全球城市—区域"的特征。

在《十二五规划》的引领下,"十二五"(2011—2015 年)时期,上海从国家大局出发谋划自身发展,妥善应对全球金融危机持续影响,坚持以改革创新统领全局,加大稳增长、调结构、转方式、惠民生,四个中心建设、创新驱动发展、经济转型升级均取得重要阶段性进展。同时,聚焦制度创新,建立中国(上海)自由贸易试验区,在对外开放升级方面进行了重要的探索。

3. 全球科技创新中心的功能升级

"十二五"期间,上海全球城市建设获得了新的方向指引,城市创新功能成为新的中心建设重点。2014 年 5 月 22—24 日,习近平总书记在上海考察时提出,上海要努力在推进科技创新、实施创新驱动发展战略方面走在全国前头、走在世界前列,加快向具有全球影响力的科技创新中心进军。2015年 5 月,中共上海市委、上海市人民政府在《关于加快建设具有全球影响力的科技创新中心的意见》中明确提出,上海作为我国建设中的国际经济、金融、贸易和航运中心,必须服从服务国家发展战略,牢牢把握世界科技进步大方向、全球产业变革大趋势、集聚人才大举措,努力在推进科技创新、实施创新驱动发展战略方面走在全国前头、走到世界前列,加快建设具有全球影响力的科技创新中心。在目标方面,该《意见》提出,应努力把上海建设成为世界创新人才、科技要素和高新科技企业集聚度高,创新创造创意成果多,科技创新基础设施和服务体系完善的综合性开放型科技创新中心,成为全球创新网络的重要枢纽和国际性重大科学发展、原创技术和高新科技产业的重要策源地之一,跻身全球重要的创新城市行列。[①]

2016 年 2 月 1 日,《上海市国民经济和社会发展第十三个五年规划纲

---

① 中共上海市委、上海市人民政府:《关于加快建设具有全球影响力的科技创新中心的意见》,2015 年 5 月 25 日。

要》中提出，上海承担着到 2020 年基本建成国际经济、金融、贸易、航运中心和社会主义现代化国际大都市的国家战略。同时，上海《十三五规划》中提出了上海到 2020 年全球城市建设的主要目标，即到 2020 年，形成具有全球影响力的科技创新中心基本框架，走出创新驱动发展新路，为推进科技创新、实施创新驱动发展战略走在全国前头、走到世界前列奠定基础。到 2020 年，基本建成与我国经济实力和国际地位相适应、具有全球资源配置能力的国际经济、金融、贸易、航运中心。

4. 全球城市与"五个中心"：面向未来的愿景与新全球城市功能体系建构

2016 年后，全球化面临一系列新的变化，全球化与区域化的共同作用对世界经济格局的影响日益显现，全球经济、政治格局面临新的转型挑战。信息化推动的新技术发展浪潮反映出创新驱动的知识经济时代正在到来。城市在经济发展的主目标之下，其生态、人文、区域作用更趋凸显。而上海也面临城市功能转型、人口持续增长、环境资源约束等新的压力。

在这一背景下，上海首次编制面向 2035 年的中长期城市远景规划《上海市城市总体规划（2017—2035）》。该规划在"四个中心"及具有全球影响力科技创新中心战略定位的基础上，将上海未来的定位明确为"卓越的全球城市"。《上海 2035 规划》在城市发展的目标愿景中提出，上海至 2035 年，基本建成卓越的全球城市，令人向往的创新之城、人文之城、生态之城，具有世界影响力的社会主义现代化国际大都市。这一规划，首次将"全球城市"这一国际城市理论概念作为城市发展的主要定位，进而使经济、金融、贸易、航运中心与科创中心的功能，统一到"具有全球资源配置能力"①的新城市定位之中。

2017 年 12 月，国务院在《国务院关于上海市城市总体规划的批复》中，

———————

① 上海市人民政府：《上海市城市总体规划（2017—2035 年）》，2018 年 1 月，第 27 页。

明确提出上海国际经济、金融、贸易、航运、科技创新中心的功能定位。上海的全球城市体系确立了"五个中心"的新定位。2018 年 1 月,上海市委书记李强在市规划和国土资源管理局调研时强调,《上海市城市总体规划(2017—2035 年)》体现了党中央、国务院对上海发展的新要求,要充分发挥规划的引领作用,统筹抓好规划目标任务落实,进一步凝聚共识、形成合力,加快推进国际经济、金融、贸易、航运、科技创新"五个中心"建设,努力把上海建设成为卓越的全球城市和社会主义现代化国际大都市。①

专栏 1　上海 2035 年目标:追求卓越的全球城市

2018 年 1 月,上海市人民政府正式发布《上海市城市总体规划(2017—2035 年)》(以下简称《上海 2035 规划》)。《上海 2035 规划》明确了上海至 2035 年并远景展望至 2050 年的总体目标。规划中明确提出,上海的城市发展愿景为:"卓越的全球城市,令人向往的创新之城、人文之城、生态之城"。上海的城市性质为:我国的直辖市之一,长江三角洲世界级城市群的核心城市,国际经济、金融、贸易、航运、科技创新中心和文化大都市,国家历史文化名城,并将建设成为卓越的全球城市、具有世界影响力的社会主义现代化国际大都市。2035 年,上海的城市发展目标为:基本建成卓越的全球城市,令人向往的创新之城、人文之城、生态之城,具有世界影响力的社会主义现代化国际大都市。重要发展指标达到国际领先水平,在我国基本实现社会主义现代化的进程中,始终当好新时代改革开放排头兵、创新发展先行者。

上海 2035 年全球城市建设的分目标上,分为三个部分:

1. 更具活力:一座创新之城。强调聚焦与我国经济实力和国际地位

① 谈燕:《抓落实凝共识加快推进"五个中心"建设》,载《解放日报》2018 年 1 月 4 日,第 1 版。

相适应、具有全球资源配置能力的国际经济、金融、贸易、航运中心，具有全球影响力的科技创新中心和文化大都市建设，提升全球城市核心功能，增强城市综合竞争力。

2. 更富魅力：一座人文之城。强调坚持不懈提升城市品质，建设更具人文底蕴和时尚魅力的国际文化大都市。不断完善多层次高水平的公共服务和社会保障体系，满足人民日益增长的美好生活需要，成为城市治理完善、共建共治共享的幸福、健康、人文城市。

3. 更可持续发展：一座生态之城。强调聚焦城市生态安全和运行安全，提高人民群众的安全感，让人民群众生活得更放心。不断提升城市的适应能力和韧性，成为引领国际超大城市绿色、低碳、安全、可持续发展的标杆。

资料来源：上海市人民政府：《上海市城市总体规划（2017—2035年）》，2018 年 1 月。

第四节　上海全球城市功能的发展逻辑与理论意义

一、上海全球城市功能的发展路径

纵观上海的全球城市功能演变历程，可以发现，其中隐含着从城市形态完善到城市功能提升，最终提升城市综合竞争力的内在发展逻辑。上海的全球城市功能建设，促进了城市空间与经济形态的转型升级，城市形态的整体变化进一步使城市功能的能级与水平得到极大提升，进而促进城市竞争力的整体跃升。40 年来，上海的全球城市功能建设，使这一"城市形态—城市功能—城市竞争力"的三领域互动模式日益清晰，为新兴全球城市与全球城市提供了重要的发展借鉴。

1. 以中心功能建设促进城市形态完善

改革开放后,随着40年的中心功能定位不断提升,上海的城市形态也发生巨大变化。无论是城市空间形态,抑或经济形态,均在中心功能调整的过程中,逐步优化及完善。20世纪90年代之后,在浦东开发开放及从"三中心"到"四个中心"建设的背景下,上海的中心功能建设推动了城市经济空间形态的重大变革。上海经济发展的空间格局规划,超越城市新区建设的思维,从以浦西为主的单中心格局,向以"东西联动"为标志的多中心模式发展,城市总体空间形态不断完善。同时,浦东新区作为国际金融中心、航运中心的重要承载区,也成为上海城市经济发展的重要拓展空间。

从市域范围看,中心功能建设使上海经济空间布局从分散形态向区域集聚形态转变。改革开放前,上海的经济空间布局主要是以行业条线为划分的分散布局。而通过中心功能建设,大量高端要素和经济资源在上海市域的节点区域形成集聚趋势,进而带动了城区经济的作为中心功能的承载空间,浦东陆家嘴金融贸易区、外高桥保税区、张江高新区,与外滩金融集聚区、虹桥商贸区等功能区、园区形成多点有机互动,大量跨国公司地区总部、金融机构、研发中心与专业服务业机构的入住,在上海中心城区与周边区域形成极具特色的产业集群区域与企业集群区域,使上海的城市经济空间布局在范围上和质量上均得到跃升。"四个中心"和国际大都市建设,也使上海的生产、居住、服务的基础设施水平极大提升,城市服务体系日益完善。

在城市的经济形态上,上海通过中心功能建设,进一步优化了经济结构,使城市从以第二产业为主的工业生产型城市,向以第三产业为主导、第二产业为支撑的"二、三产融合"发展的均衡型国际化城市转变。在1992年浦东开发开放和2001年"四个中心"建设战略方向的引领下,上海的金融、贸易、航运、科技、信息、先进制造等行业得以迅速发展,进而使上海从20世纪80年代初以工业为主的产业结构,快速过渡到工业与服务业并重的经济体系,并在21世纪后,转向服务经济为主导的产业体系,呈现出高层次、国际化服务经济特征。

2. 以全球城市建设提升城市功能水平

40年来，上海通过"一龙头、三中心""四个中心"等战略规划引导和建设推进，使城市功能体系不断完善，功能水平不断提升。1984年，上海在提交中央的《关于上海经济发展战略的汇报提纲》中，就明确提出自身"由于历史条件的变化，加上30多年来过分强调发挥工业生产基地的功能，而忽视了发挥多种功能的作用"，并指出"上海要振兴，不能继续走过去的老路，必须走发挥以对外开放为重点的、多功能的中心城市作用的新路"。20世纪80年代后的40年中，上海不断强化中心城市的"多功能"规划与设计，其重心从国际经济和贸易中心功能，发展为国际金融中心与航运中心，直至科创中心功能。在这一过程中，上海的城市功能体系，从改革开放初期的生产功能为主、商业功能为辅的单一功能工商业城市，向具备国际影响力的综合性经济中心城市功能成功转型。城市的功能重心，从生产功能和流通功能，向国际要素的集聚功能跃升。城市功能的服务面向，从服务周边区域与本国需求，向同时服务本土与全球生产体系、创新体系转变。

在国际大都市与全球城市建设和提升的引导下，上海城市功能的能级得以提升。通过"五个中心"的建设，上海已具备对国际要素流量的集聚和扩散功能，其对国际资本、人才、技术的吸引力和影响力不断提升。在经济中心功能的基础上，上海的国际经济枢纽功能得到极大强化，成为国际要素流动的重要枢纽节点。1990—2015年仅25年间，上海市进出口总额从74.31亿美元猛增至4 517.33亿美元，增长达60倍。进出口总额相当于生产总值的比例从47%增长至111.7%。其中，最高值为2007年的179.3%。[①]

同时，上海成为以跨国公司总部为代表的全球经济机构的重要集中地，同时也成为国际金融部门和专业服务业机构集聚的地区。在流量枢纽功能

———————

① 上海市统计局：《上海统计年鉴2016》，中国统计出版社2016年版。

的基础上,上海通过科技创新中心建设,进一步集聚了国内外高科技企业的研发中心及创新创意部门,成为创新经济的重要策源地和源发区域,促进国际、国内流量在本地的配置与升级。2015 年,上海共拥有 45 个国家重点实验室。[①]2016 年上半年,外商在沪研发中心已突破 400 家,达到 402 家。其中,世界 500 强企业在沪设立的研发中心占 1/3,全球研发中心达到 40 余家。2015 年,科技研发(R&D)经费支出中,外商投资企业达到 204.9 亿元,占全市 43.2%。若加入港澳台商投资企业,则占比达 52.6%。[②]

3. 以全球城市建设推动城市竞争力跃升

上海通过全球城市建设,在促进城市形态优化的基础上,完善提升城市功能能体系及作用能级,进而使城市的综合竞争力得到快速提升。在城市层面,上海的"四个中心"建设,使城市实力和影响力在中国城市群体中迅速提升,从改革开放的"后卫"迅速变化为"先锋"。上海的全球城市建设,使其得以在国内和海外两个巨大体量市场之间形成联通作用,并为自身带来了在全球生产链和创新链中多环节的竞争优势。在这一过程中,上海成为中国最重要的国际资本、信息、决策的综合性功能平台。而在区域层面,上海的全球城市功能,使其自身的城市群核心城市地位得以凸显,在促进周边城市对接全球生产链、创新链的同时,进一步强化、带动了长三角城市群的整体国际化,促进这一全球城市—区域成为世界级城市群。

全球城市功能对上海城市竞争力的提升作用,鲜明地表现在上海在国际城市群体中的地位迅速提升,并成为东亚区域的重要全球城市与门户城市。上海在历次的城市功能的规划中,高度重视城市竞争力的提升,特别是城市在全球城市网络中的地位提升。20 世纪 90 年代初"迈向 21 世纪的上海"报告中就战略性地分析了经济全球化的发展趋势及世界城市网络体系的崛起方向,明确提出上海要"成为全球经济网络中的重要空间节点"。上

---

① 　上海市统计局:《上海科技统计年鉴 2016》,上海科学普及出版社 2016 年版。
② 　郁中华:《在沪外资研发中心达 402 家》,载《劳动报》2016 年 8 月 17 日。

海的金融、贸易、航运中心功能建设,也与建构全球城市网络的流量高度
相关。

进入 21 世纪后,上海在国际城市综合竞争力、外向度、金融中心、科创
中心等领域的排名位次迅速提升,反映出其城市竞争力在国际层面对比中
的提升趋势。例如,在评估城市全球经济枢纽水平的"全球化与世界城市"
(GaWC)排名中,上海仅用 10 年时间,就将排名从 2000 年的第 31 位,提升
至 2010 年的第 7 位,与东京、香港、新加坡等老牌全球城市一道,被视为具
有高度全球经济枢纽功能的重要节点城市。2020 年,上海排名已跃升至第
5 位,高度接近伦敦、纽约等最高层级全球城市。

表 9.1 上海在"全球化与世界城市"(GaWC)排名中的地位变化

年份	等级	排名(本等级内)	排名(总排名)
2000	Alpha⁻	14	31
2008	Alpha⁺	7	9
2010	Alpha⁺	5	7
2012	Alpha⁺	7	9
2016	Alpha⁺	7	9
2018	Alpha⁺	4	6
2020	Alpha⁺	3	5

资料来源:Globalization and World Cities(GaWC) Research Network,*The World According to GaWC*,2000,2004,2008,2010,2012,2016,2018,2020. http://www.lboro.ac.uk/gawc/gawcworlds.html。

二、对外开放战略与上海全球城市建设:从城市开放到开放城市

对外开放,是中国 40 年来社会经济发展的重大战略实践。上海城市的
功能建设与战略演进,也始终与中国对外开放经济战略的不断深化息息相
关,并成为促进中国经济开放的重要举措。同时,上海全球城市能级与功能
的调整与提升,也反映出中国不同阶段开放重心和开放方式的调整和发展

方向。

1. 上海全球城市建设与发展承载国家开放战略

上海从国际经济中心到"五个中心"的历史推进过程,与中国开放型经济战略的阶段性需求与推进方向有着重要关联。上海全球城市的谋划与建设,主要从国家战略需求出发,其目的更多在于承担与实现不同各阶段国家对外开放的重要战略目标。

20 世纪 70 年代后期至 80 年代,我国对外开放处于探索实验阶段,国家对外开放战略的重心在于获取国外资金资源,并引入国际通行经济管理体制和市场机制,推进国内改革。尽管这一阶段我国对外开放的重点开放区域集中在以经济特区为核心的"点状"新兴区域,但上海的"太平洋西岸国际经济贸易中心"规划定位,仍然以承担国家对外开放战略为己任,其目标在于为中国的开放提供面向国际的经济"通道"。20 世纪 90 年代之后,我国的对外开放进入加速深化阶段,在吸引外资和对外贸易的规模和速度方面进入新的水平。开放的空间格局也从以经济特区为核心的开放"点"向区域整体开放的"面"状开放转变。上海提出的"一龙头、三中心"的战略目标及其实施,使浦东新区开发开放成为中国对外开放规模和质量升级的样板实践。上海国际经济、金融、贸易中心的建设推进,在于承载这一阶段我国对外开放重点聚焦的外资、外贸规模扩张策略。

进入 21 世纪之后,特别是 2001 年加入世界贸易组织之后,我国的对外开放进入全面开放阶段。我国的国际商品贸易流量急剧提升,同时服务业开放也成为重点领域,对外开放政策的重点在于开放领域的扩大和开放模式的转型。上海在这一时期确立的"四个中心"目标,相较于"一龙头、三中心"增加了航运中心的定位,其目标内涵便在于配合国家开放战略调整,积极承担商品贸易和服务贸易的要素流量。

2008 年全球金融危机之后,在经济全球化发展进入新阶段的背景下,中国对外开放战略进入新的深化调整阶段。中国对全球经济的影响力不断提升,使其对外部高端要素的集聚能力及配置服务能力成为需要重点推进的领域。面对国际经济不确定条件下中国对外开放战略的深化调整,上海通过全球城市中心功能的升级及"五个中心"目标的确立,再次承担起开放战略探索者的角色。上海自贸试验区建设、国际金融中心建设、全球影响力科创中心建设战略的深化推进,以及卓越全球城市中长期定位的设定,使上海在集聚国际金融、创新、技术、信息资源,以及建构更高层次投资贸易规则等一系列开放升级举措方面走在国家前列,并形成了诸多"可复制、可推广"的经验和政策,进而成为中国新型开放道路的新"标杆"。

2. 上海全球城市发展对中国对外开放各阶段重点的支撑作用

40 年来,在中国对外开放的推进过程中,开放的领域与重点也呈现阶段性变化的特点。上海通过城市国际功能定位的调整,及重点领域的推进,积极服务于各阶段的开放重点,在促进中国的全面开放方面发挥了重要的推动作用。从总体上看,从 20 世纪 80 年代后,我国开放的重点领域经历了从加工工业、制造业、高技术产业到服务业,范围不断扩大,质量逐渐提升的多阶段变化过程。从浦东新区的开发开放,到经济、金融、航运、贸易中心的建构,直至创新中心的打造,上海国际化城市功能作用的不断拓展,对于我国各阶段重点领域的开放都起到重要的支撑作用。

改革开放初期的 20 世纪 80 年代,我国对外开放的目标主要通过引进外资以及加工贸易形式,推动国内产业水平的提升,开放的重点主要以"两头在外"的加工工业为主。上海在这一时期通过城市中心功能转型尝试,在"太平洋西岸国际经济贸易中心"目标的引领下,积极推动利用外资,尝试多种引进方法,建设了一批技术开发区和中外合资企业,出口加工工业与加工贸易得到快速发展。

20 世纪 90 年代后,随着国际新一轮产业国际转移趋势的到来,我国对外开放的范围进一步扩大,开放重点领域转向重化工、装备、电气设备为代表的制造业。上海通过浦东开发开放及"一龙头、三中心"建设,特别是引进外资项目和对外贸易规模,大量吸引跨国公司资本和技术资源,为本地及周边区域形成制造业产业集群创造了重要条件。上海的中心功能建设推动了城市产业发展从劳动力密集型向资本—技术密集型转变,进而为我国的外向型经济转型升级提供了标杆、窗口和重要支撑点。

21世纪我国加入世贸组织之后,对外开放进入全新阶段。我国开放区域与全球生产链全面对接,开放的领域不仅从重点制造业领域向制造业全产业领域扩展,而且从生产投资领域向服务领域扩展。上海确立的"四个中心"功能定位,将城市的中心功能进一步向国际服务经济功能转变,在提升商品贸易和服务贸易枢纽的基础上,以国际金融、贸易、航运功能的升级,提升现代服务业功能,并促进跨国公司总部经济的发展,为我国全局性对外开放提供要素流量枢纽功能和国际经济控制功能。

全球金融危机后,我国对外开放进入进一步深化阶段,在对外开放领域进一步拓宽的同时,更加注重开放的效益、质量,关注本国经济力量参与全球经济运行的影响力,特别是本土经济主体和要素的"走出去"。在这一背景下,上海"四个中心"功能架构之下强化发展的国际金融中心与航运中心功能,对中国经济影响力的"外溢"和话语权获取具有重要意义。同时,科创中心与自贸区战略的实施,对推进我国提升技术、制度的创新水平,在国际经济交往中获取优势地位,具有重要的意义。

三、上海全球城市功能拓展和发展:探索全球城市新实践

上海作为中国的首位城市及超大型城市,在对外开放的进程功能中,已经具备全球城市的部分特征,并成为世界城市网络的重要节点。同时,在上海城市核心功能不断提升的基础上,以上海这一崛起中全球城市为核心的长三角城市群,也成长为承接国际分工的重要经济空间。上海的全球城市功能发展进程,一方面遵循了全球城市与世界城市发展的基本规律,另一方面也对全球城市与世界城市理论的发展与创新产生推动作用。上海的全球

城市功能演进,使其具备传统意义上全球城市与世界城市的主要流量枢纽功能,也拥有与中国经济发展独特需求相匹配的特定功能及特点。通过以"四个中心"为代表的中心功能建设,上海作为中国最为重要的开放型城市之一发挥了国际资本进入中国集聚空间、参与国际分工承载主体、跨国经济活动控制中心等全球城市与世界城市共有的流动性功能;另外,上海的全球城市发展还承载了国家经济战略主要实施空间的独特职能,具备实体经济与虚拟经济均衡发展、流量枢纽功能与创新策源功能互动发展等新兴全球城市的独特功能。

1. 上海核心功能升级体现的全球城市功能内涵

第一,国际要素集聚枢纽。随着中国对外开放的不断深入,上海通过核心功能建设,依托政策、区位、基础设施、综合配套能力等重要资源吸引了大量国际资本与相关要素进入并开展业务,使自身成为外部资本在中国的重要集聚地和枢纽区域。同时,上海对周边地区也产生了巨大的辐射带动作用,外资、商品、技术、信息快速向周边地区流动。长三角区域以上海为核心的次中心城市也成为承载国际资本的重要节点,从而逐渐形成大量利用外资与国外市场,逐步实现市场体系培育发展、技术进步和产业升级的城市密集地区。

第二,参与国际分工承载主体。上海的全球城市功能提升,与城市及周边区域全面参与全球产业分工的程度息息相关。跨国公司通过在中国开放区域的产业布局,实现中国本土经济资源参与国际分工。而以上海为核心的城市区域则成为中国最主要的外向型经济发展区域。上海的国际经济、金融、航运中心功能,对于促进中国参与国际分工至关重要。

第三,跨国经济活动控制中心。在经济全球化的影响下,生产和管理在空间上的分离趋势使全球城市得以通过集聚跨国公司总部,而成为全球生产的控制中心。40年来,上海通过国际化功能提升,以及自身的区位优势、发达的基础设施、高级生产服务网络不断吸引诸多大型跨国公司总部,从而对全球生产及要素流动产生影响。截至 2015 年底,累计落户上海的跨国公司地区总部、投资性公司分别达 535 家、312 家,上海已成为中国内地跨国公司地区总部落户最多的城市。当年引进的外资研发中心为 15 家,累计达到 396 家。

2. 上海城市发展与全球城市功能发展新特征

第一,城市"实体经济"与"虚拟经济"的均衡协调。由于欧美全球城市发展模式的影响,长期以来,金融、贸易、专业服务、跨国公司决策等功能被视为全球城市的核心要件,经济体系的"虚拟化"程度和服务业绝对主导地位更成为评判全球城市发展水平的重要标尺。然而,上海的全球城市功能建设历程,恰恰反映出全球城市的发展可以实现"虚拟经济"与"实体经济"的平衡发展,服务经济与先进制造业可以相得益彰。上海的国际经济中心和科技创新中心等功能的建设内涵中,始终将先进制造业、科技创新作为城市发展的重要依托。上海的经济结构中,第二产业比重始终维持在 30% 以上。这也使得上海的经济结构更为多样化,在面对外部经济冲击时,能够具有更强的抵御能力。

第二,城市经济外生作用与内生作用的互动发展。上海的中心建设历程表明,新兴全球城市地位的迅速提升,并非单纯依靠外部资本、技术与分工体系,而是更多依托城市自身的内生作用和自主战略选择,以本土的优势要素资源吸引全球性资本,方能更好地推动全球性要素的地方化配置。上海的"一龙头、三中心""四个中心",以及"五个中心"功能定位,均体现了因势利导,推动全球化经济力量与地方经济优势相结合的趋势,其核心在于通过对外部资源的开放,促进内生经济力量的"激活"。这种发展模式,有别于传统全球城市网络中后发城市个体基于"中心—外围"模式的简单依附性发展,对新兴区域全球城市的动态发展具有典型的借鉴意义。

第三,城市发展的"流动性"与"根植性"的整合互动。一方面,欧美全球城市的发展经验表明,此类城市更多依托对国际经济要素流量的服务,其经济体系的外向性和流动性特征十分明显。另一方面,流量的增大也对全球城市带来风险与不确定性。上海的中心城市功能演变进程,体现出对要素"流动性"与本地发展"根植性"的平衡作用。上海"五个中心"的定位中,对于金融、贸易、航运等本土生产者服务业、先进制造业的推进,以及全球城市与其他经济功能之间的配合推进,都反映出上海在促进国际经济功能的同时,对"本土化""根植性"的坚守和担当。上海的全球城市功能建设,其对外及经济指向主要依托于外部要素流量的集聚辐射功能,但其战略内涵中,更关注外部流量对于地方经济、国家经济的倍增作用,进而针对外部环境和城市发展需求之间的变化进行不断调整。这种全球城市功能的调整与变化,有助于上海的发展在"流动性"与"根植性"之间取得平衡,从而持续增强自身的综合实力与可持续发展能力。

第五节　上海城市全球城市功能演变的历史特点和发展经验

一、全球城市功能演进响应国家战略需求

改革开放 40 年来,上海的全球城市功能的调整不断深化,其发展的依托,始终是对国家战略的高度响应。上海作为中国的首位城市,其城市功能的能级与作用水平,与国家整体发展水平息息相关。上海的中心定位无论是中心城市、太平洋西岸经贸重心,抑或四个中心、全球影响力科创中心、全球城市等,均承载了一定阶段的国家对外经济战略需求。特别是浦东开发开放以来,上海作为改革开放的排头兵、先行者,其四个中心的定位,主要在于承担中国扩大开放,进一步融入世界经济发展的要素枢纽功能和门户功能。上海的国际金融中心、贸易中心、航运中心建设,也与人民币国际化、国际贸易转型升级等国家战略关系紧密。因此,上海城市全球城市的演进,反

映出国家战略需求与上海城市对外影响力能级提升之间的双向互动。

二、跟踪全球城市前沿发展趋势

上海城市全球城市定位的变迁,与其自身在全球城市等级体系及世界城市网络中的地位变化息息相关。上海城市的定位从计划经济的生产功能占主导,向金融、贸易、航运、创新等专业服务业为主导的方向发展,遵从了20世纪80年代以来世界城市与全球城市理念发展的趋势。上海全球城市的规划与推进过程中,吸收了世界城市、全球城市前沿理论和理念的核心观点与主要精神,其独特的发展路径,一方面已成为全球城市理论在新兴发展国家实践的经典案例,另一方面也反映出对于传统全球城市理论的超越和创新。

三、把握发展大势利用重大发展机遇

上海全球城市的塑造与不断提升,与城市对世界经济、国内发展大趋势的准确判定,以及对重大发展机遇的充分利用有紧密的关联。上海对于面向21世纪城市中心地位、四个中心定位、科创中心定位的确定,均建基于对经济全球化发展趋势、中国加入世界贸易组织后对外开放新阶段,以及国际、中国创新转型等重大发展趋势的准确判断,同时充分利用了中国推动长三角整体国际化、加入世贸组织、举办世博会、国民经济结构性改革等重大发展机遇,顺势而为。这种对于宏观趋势的敏锐把握和重大机遇的及时利用,是实现城市核心功能不断提升的重要前提。

四、聚焦城市特质走出特色道路

上海全球城市功能的变化,也反映出对于城市自身特质的不断挖掘,以及对于创新发展道路的孜孜以求。在上海城市全球城市的多轮定位和推进中,其依托的始终是城市自身的综合配套能力和产业、人才、市场、科技等特色要素。上海的中心定位,始终坚持"综合功能"的方向。尽管在产业结构上确立了"三、二、一"的方向,但始终将以制造业为代表的实体经济影响能力作为中心功能建设的重要方向。这种注重多样性的发展路径,避免了国际城市"过度虚拟化"带来的波动风险。科创中心功能的注入,更体现出城市对于高端要素集聚和转化能力的关注。上海从三个中心、四个中心,到五个中心,以及追求卓越全球城市的中心功能不断完善,体现出"小步快跑"的独特发展路径,以及作为新兴全球城市对于国际城市发展道路的引领和贡献。

第十章
新冠肺炎疫情与全球城市
发展模式的新变化

　　2020 年全球蔓延的新冠肺炎疫情,使全球卫生治理领域的重大问题迅速演变为对国际经济、政治、社会关系产生重大影响的"多米诺骨牌"。疫情影响之下,各国纷纷采取内顾化的"邻避"政策,国际人员交流快速萎缩,各国国内的社会经济互动也趋于萎缩。疫情成为推动全球化格局变化、产业链结构变化的重要催化剂。在外部链接强度急剧下降的状况下,作为国际要素流动枢纽的全球城市将发展视野逐渐转向自身综合能力的提升,以及与周边区域与本土经济的联动。在疫情控制较好的区域,城市群与都市圈的发展成为新的城市合作热点。全球城市强化自身体系化运行的能力,以及与城市群、都市圈强化联系的举措,显示出城市与周边区域形成协作,在外部环境集聚变化过程中提升根植性与本土服务功能的新趋势。各国的全球城市都在谋划,或已事实上进入内外部互动并存,注重开放性与根植性均衡发展的"双循环"状态。

第一节　全球经济发展格局变化的城市影响

一、全球化进程加速变化的影响

　　近 30 年来,全球城市的快速发展与全球城市网络的建构,主要基于全球化在空间上的迅速拓展,以及要素在全球的快速流动。而2020年蔓延全球的新冠肺炎疫情,将加速推动作为国际城市发展的主要依托与外部变量的经济全球化在未来一个较长阶段进入重大调整期。疫情影响之下,尽管资本全球布局的总体趋势不会改变,但由于各国的"内顾"倾向明显上升①,全球化布局可能出现从"层级式"向"分布式"转变的过程,在发展速度上,快速推进的全球化(Globalization)将向慢速全球化(Slowbalization)②调整。如何适应"慢速全球化"的影响,是全球城市面临的共同问题。

1. 全球化的运行形态发生重大变化

20世纪90年代以来以"平滑推进"为特点的大范围全球化趋于终结,各主要地缘经济板块内部的区域一体化,以及各板块之间的"马赛克式"镶嵌互动将成为全球化的新互动形式。2018年以来,以美国退群、英国脱欧、中美贸易摩擦为表现形式的西方发达经济体的"逆全球化"倾向愈演愈烈,并逐渐成为相当一部分社会群体的重要认知,使全球化的推进遭遇较大斥力。而2020年影响全球的新冠肺炎疫情客观上进一步强化了各经济体之间的互动离散倾向。世界经济中短期的增长前景也面临重要考验。

在疫情影响下,以美、欧为主要代表的国际经济需求群体,以及以中国为核心的主要国际经济供应群体的增长都受到较大影响,甚至大部分经济体呈现负增长的情况。疫情与逆全球化认知的共同作用,带来各国更为内顾化的"邻避"政策,使美、中、欧、东亚、南亚、中东等主要经济体通过全球化形成的,维持平稳运行近40年的国际经济"增长机器"(Growth Machine)的运行速度大为减缓,各增长"部件"之间的润滑与咬合出现空隙。从这一角度看,全球经济的运行机制出现问题,是相较经济增长规模萎缩更为严重的情况。

① 习近平:《国家中长期经济社会发展战略若干重大问题》,载《求是》2020年11月。
② 该概念由《经济学人》(*Economist*)杂志于2019年1月号提出。The Economist Print edition, *Slowbalisation: The steam has gone out of globalisation*, The Economist, Jan 24, 2019, p.11.

2. 全球经济总量前景堪忧

未来一段时间,全球经济的增长将呈现与以往有较大差异的曲折发展态势。疫情导致主要经济体停摆,短期内可能出现全球经济负增长的情况,中长期增速将趋缓。联合国贸易与发展署(UNCTAD)2020 年 11 月发布的《新冠病毒对贸易与发展影响》报告指出,预计 2020 年全球经济 GDP 将萎缩－4.3％,发达国家经济下降幅度为 5.8％,远超发展中国家的 2.1％。这一下降幅度也大大超过 2009 年金融危机后的降幅,该年发达经济体下降幅度为－3.1％。并预计,2020 年国际投资额将大幅下降 40％,国际投资额自 2005 年以来首次低于 1 万亿美元。还预计国际投资最早到 2022 年才能止跌恢复增长。[1]国际货币基金组织(IMF)经济顾问兼研究部主任吉塔·戈皮纳斯(Gita Gopinath)的分析认为,这次全球"大封锁"将成为"大萧条"以来最严重的经济衰退,比全球金融危机时的情况糟糕得多。流行病危机造成的 2020 年和 2021 年全球 GDP 的累计损失可能达到 9 万亿美元左右,大于日本和德国经济之和。[2]

另外,各地区对疫情的不同应对模式,可能极大改变全球化的经济板块分布。欧美以"群体免疫"为特征的防控模式,在疫情发展后期将形成欧美区域内部的经济互动与流动格局。而东亚等区域以"严防严控"为特征的防控模式,在疫情后期可能形成该区域内人员相对低速流动,以货物贸易、数字贸易以及在线交流为主体的区域经济合作新格局。相较经济板块内部的紧密互动,几大经济板块之间的经贸联系将相对趋于减缓。

3. 全球化总体格局仍保持前行

尽管面对疫情的短期冲击与逆全球化思潮的影响,但全球化的总体发

---

[1]　UNCTAD, *Impact of the COVID-19 pandemic on trade and development: transitioning to a new normal*, 2020-11, pp.13—17.

[2]　Gita Gopinath, The Great Lockdown: Worst Economic Downturn Since the Great Depression, https://blogs.imf.org/2020/04/14/the-great-lockdown-worst-economic-downturn-since-the-great-depression/.

展趋势仍然显现出持续深化的趋势。长期形成的,由发达国家—新兴经济体—发展中国家共同构成的国际产业分工体系仍然是全球要素配置的有效手段。在新冠肺炎疫情的影响之下,部分新兴经济体以及周边区域的产业供给能力与恢复韧性表现突出。这表明,具备较为完备工业体系及生产储备能力的新兴经济体及周边区域,能够形成国际经济增长的重要"稳定器"。另外,在疫情与全球化新发展趋势影响之下,新兴经济体内部各国之间的经济发展走势可能出现新的分化。因要素条件的差异,部分国家将逐渐成为原料供应国及中低端产能的供给者,而部分新兴国家则能把握外部环境剧烈变化带来的新机遇,进一步跃升至高质量发展阶段。疫情之下,尽管所谓"脱钩"的声音不绝于耳,但国际资本追求利润与投资安全性的地缘选择的基本方向仍未发生根本性变化,部分发达经济体"制造业回归"政策的作用仍然有限。在疫情导致美欧大量失业,企业发展安全性得不到保障的情况下,制造业等产业与重要企业回归投资国仍面临诸多不确定性。

因此,经济全球化的总体推进趋势仍有望保持,但主要国家间的经贸关系重构将成为未来的主要趋势。为维持经济运行的安全性,发达国家与主要新兴经济体均将成为进出口相对更为均衡的经济主体,彼此之间的相互依赖相对降低,经济板块内部的经贸合作将进一步强化。"层级式"的全球化场景,将被"区块化""分布式"的全球互动体系所取代。

二、全球价值链与供需结构调整的影响

全球价值链在部分发达国家逆全球化政策取向,以及新冠肺炎疫情影响下将在中长期出现重组调整态势。全球价值链是指为实现商品或服务价值而连接生产、销售、回收处理等过程的全球性企业间网络组织,涉及从原料采购和运输,半成品和成品的生产和分销,直至最终消费和回收处理的整个过程。包括所有参与者和生产销售等活动的组织及其价值、利润分配,当前散布于全球的处于价值链上的企业进行着从设计、产品开发、生产制造、

营销、交货、消费、售后服务、最后循环利用等各种增值活动。全球价值链是国际经济互动的重要载体,也是全球城市间形成经济联系的重要依托。全球价值链的空间分布,是全球城市形成以生产性服务物业为核心的连接网络的重要基础,其结构调整,对于全球城市间的连接与互动模式将产生重要影响。

1. 价值链的结构变化

疫情影响下,经济与人际交流的停摆在短期内带来了跨国公司价值链前端的运行相对停滞,并连锁影响价值链生产、销售等的中后段的运行。另外,价值链上游供应中断,以及下游需求萎缩也将带来整体生产规模以及生产效率的下降。而且,对价值链体系的结构性冲击,还将随着疫情的持续时间延长而反复震荡。从中长期看,供应链的安全与效率,已成为跨国公司在成本—收益框架之外考虑的重要因素。在这种情况下,跨国公司将进一步调整价值链分工的空间布局。安全性将成为跨国公司进行要素配置的重要考量因素。国际人士的分析认为,追求冗余度(Redundancy),而非产业回归(Reshoring)是确保供应链安全的重要原则。①跨国公司供应链的全球布局以及服务机构的空间选址,是全球城市、世界城市网络得以形成的重要动力。在新的国际经济环境下,跨国公司基于安全性考量的供应链调整,将不可避免影响相关机构与生产体系的城市选址,进而带来全球城市力量对比的变化。

2. 贸易格局变化

部分国家逆全球化政策的中长期影响与新冠肺炎疫情的短期冲击相叠加,使全球化快速推进阶段形成的国际贸易格局发生变化。以大规模中间品贸易、生产要素全球性直接流动为代表的贸易格局将有所调整,在要素全球流动的总体背景下,将出现区域内多国贸易、两国间贸易规模增大的状

---

① Shannon K. O'Neil, Redundancy, Not Reshoring, Is the Key to Supply Chain Security, https://www.foreignaffairs.com/articles/2020-04-01/how-pandemic-proof-globalization, 2020-4-1.

况。世界贸易组织(WTO)2020年10月更新的《全球贸易数据与展望》报告预计,2020年全球商品贸易将下降9.2%。而全球金融危机期间,2008年和2009年两年,国际直接投资下降35%。2019年全球货物贸易量下降0.1%。2020年第二季度贸易降幅为14.3%,是有记录以来的最低值。[①]2020年,北美、欧洲等地区的贸易量基本将出现两位数的下降。而从行业来看,电子产品和汽车制造产业的贸易缩水将更为严重。从规模上,全球货物贸易的流量增长将相较以往进一步趋缓,而服务贸易、数字贸易的规模将可能进一步增加。在全球货物贸易流量发生变化的情况下,全球城市承载的贸易中心功能将发生重要变化,能够适应服务贸易、数字贸易发展的相关城市具备重要的发展潜力。

3. 国际供需结构变化

受新冠肺炎疫情的影响,在供需两端对全球经济产生巨大冲击,进而影响价值链的布局。此次疫情主要影响人的生命健康安全与社会运行,对经济运行的硬件环境、生产设施、流量枢纽设施与其他基础设施并无直接破坏影响。因此,疫情后并无重大基础设施与经济发展硬件的重建机遇,疫情主要影响和抑制的更多为各国人员流动以及与之相关的生活生产需求。因此,在疫情结束后的经济重启阶段,难以出现二战后曾出现的"战后重建发展红利"形式的全球性重建高潮。

在疫情的影响之下,发达经济体的总体需求在短期内迅速萎缩,各国国内失业状况的加剧以及经济重启步调的不一致,将带来总体需求在一个较长时期内呈现震荡趋势。而这种需求的变化,也将直接影响能源、原材料与大宗商品的价格剧烈变化。如全球石油价格的暴跌与反弹,就将极大影响能源输出国的生产效能与能源进口国的储备消费体系的稳定度。从供需两端的力量对比上看,国际供给、需求力量的对比将发生重要变化。发达国家

---

① World Trade Organization, *Trade Statistics and Outlook*, 2020, p.1.

在国际产业体系中的需求者地位将在后疫情阶段下降,中国等新兴经济体和发展中区域不仅成为供给侧的重要角色,逐渐以更为成熟和规模不断增长的市场,成为全球价值链相关的重要需求增量的提供者。供需结构的变化,对全球城市的区域力量对比有重要影响。在发达国家担当市场中心与需求中介功能的部分城市将受到重大冲击,发展速度减缓,城市规模逐渐萎缩。而新兴经济体与发展中国家的部分城市,受益于市场规模和质量的提升,将成为新的要素配置中心,城市规模与影响力将快速提升。

三、全球产业格局重整的影响

在全球化变化与全球价值链调整的影响下,全球产业发展格局与空间布局将相应出现多元化、分散化的新方向,部分行业甚至面临全面洗牌。这种注重冗余性与分散布局的新趋势,将促进区域内城市形成较为完备的产业合作体系的趋向,进而形成区域内城市产业内部合作与外部全球产业体系互动的态势。

1. 产业发展的重心变化

随着以中国为代表的新兴经济体产业发展水平持续提升,先进制造业的发展重心已逐渐向亚太地区倾斜。新兴经济体在制造业领域创新研发能力的提升,进一步促使制造业行业在发展中区域进一步逐渐扩散。在美国着力与中国等新兴经济体"脱钩"或"准脱钩"的"倒逼机制"下,主要新兴经济体将被迫在核心技术与创新领域推进升级。在传统制造业等优势领域,新兴经济体与发展中国家为核心的产业替代雁行模式有望初见雏形。以数字经济为代表的数字、在线新兴产业也成为新兴经济体赶超传统制造业强国的重点领域。数字基础设施、数据量的规模优势与新技术标准的制定优势,有望使新兴经济板块成为新产业的集聚区。在此次疫情中,新兴经济体的城市利用数字技术形成的新产业模式,将有助于其逐渐建构起具备自身特色及后发优势的产业集群。

2. 产业的多中心分布格局

新冠肺炎疫情导致的对供应链的担忧,使发达经济体经济政策的内顾化加强,为对冲风险,各国对外投资将有所收缩。联合国2020年《世界经济形势与展望》指出,对负收益率主权债券的强劲需求意味着许多投资者更愿意承受小损失,而不是进行生产性投资,表明投资者们对未来的经济增长非常悲观。由于近期没有明显的投资复苏迹象,生产率增长在中期仍将疲弱。①过去一个阶段发达国家政府帮助跨国公司"走出去",扩大对外市场的趋势将趋于收缩。而由疫情带来的失业压力引发的发达国家的国家补贴政策等制度刺激,以及对供应链的安全考虑,将使发达国家层面的产业回归意愿相对加强。但应看到,相关企业出于经营安全性考虑的多点布局,可能成为产业重新分布的重要影响因素。这将使部分制造业行业,以及产业的部分相关环节回归发达经济体本土。机器人、人工智能的应用,也将使发达国家优势产业的大规模离岸布局情况出现变化。欧洲、北美有望形成新的先进制造业中心以及服务业中心。原本以垂直一体化为主要模式的产业分工格局,将被多中心、分散化的"竞争性"产业分布格局所替代。在这一趋势下,全球城市的产业发展导向,将更倾向于以本地要素与技术体系为核心形成具有"自持"能力的产业体系。

3. 部分行业内部多类型运行主体与跨国企业面临全面洗牌

疫情带来的需求萎缩、经济停滞与资金链断裂,使航空业、先进生产者服务业、娱乐业、餐饮业、旅游业等行业遭受重大打击。国际间人员流动的减少,使航空业、邮轮业等人员运输行业陷入困境。国际航空协会(IATA)2020年的报告显示,2020年全球客运收入急剧下降66%,4月至11月,国际航班数总体下降了94%。在疫情最严重的4月,全球航空业务额下降了90%。②全球化的降速,生产活动的减缓以及人员接触的降低,使咨询、法

---

① 联合国:《世界经济形势与展望2020:执行摘要》,2020年1月,第4页。
② IATA. *Annual Review 2020*,2020-11,p.11.

律、金融、会计等行业的业务量快速下降,跨国业务活动无法展开。相关行业的企业破产、重组成为普遍现象。在这一趋势之下,一方面,跨国企业群体的内部结构将出现重要变化,企业间的兼并重组可能大量出现;另一方面,受疫情影响行业的大量中小企业受资金压力与需求不振的双重压力,或将出现大规模破产情况。美国人力资源管理协会(SHRM)2020 年 4 月 15 至 21 日期间,对 375 家公司进行了调查,结果显示 52% 的小企业预计在 6 个月内倒闭,62% 的公司收入整体下降。[①]

在这一背景下,未来一个阶段,先进生产者服务业、航空业等受冲击行业的跨国企业以及龙头企业间的大规模兼并重组与地位消涨将成为普遍现象,受安全因素考量影响,各区域的本土企业及生产者服务业企业发展将更为迅猛。适应远距离在线互动的本土新兴企业有望快速发展,相关行业的中小企业面临整体洗牌前景。在这种情况下,能够适应本地发展需求的行业,将成为城市发展的重要支撑。

四、全球科技发展变革的影响

科技创新是全球城市发展的重要动力,在疫情影响之下,创新对于城市可持续发展的意义更为凸显。与经济全球化及各国经济互动面临的复杂局面相比,为应对外部的危机与压力,国际科技创新发展进入活跃的新阶段。科技发展更强调成果的转化应用,重视本地社会的普惠影响。城市创新体系能否响应科技发展的新需求,将决定相关城市未来发展的质量与水平。

1. 创新体系化竞争成为焦点,并与产业、社会发展呈现融合互动新趋势

在疫情催化下的全球化新格局下,科技创新的竞争态势,已从点状的技术领域和顶级比拼,演化为创新体系的竞争。在国家之间竞争方面,发达国

---

① SHRM. Survey：COVID-19 Could Shutter Most Small Businesses, https://www.shrm.org/about-shrm/press-room/press-releases/pages/survey-covid-19-could-shutter-most-small-businesses.aspx, 2020-5-6.

家在科技方面的优势地位相对下降,新兴经济体向中高端跃升的趋势更为明显。在高科技企业层面,新兴国家与亚太区域的创新型企业快速发展已成为新趋势,上述企业与发达国家企业之间竞争也将更趋激烈。

2. 新领域技术快速发展助推新兴经济体本土创新

从领域上看,新一代信息技术、新能源、新材料、生物医药、高端装备等领域技术创新的重要性是各国聚焦的重点,在未来一个阶段,上述领域仍然是科技创新的竞争主战场。但在疫情催化作用下,以信息技术为核心的远程、线上、无人化技术,有望成为巨大现实需求催生的引领性技术。该领域牵引的物联网、人工智能、机器人、量子计算等新兴领域能够极大提升经济活动的效率,并适应后疫情时期社会经济发展的现实要求。同时,生物科技在疫情影响下有望得到各方的高度重视与快速发展。

国务院发展研究中心的《未来国际经济格局十大变化趋势》报告指出,预计未来15年,信息技术与新兴数字经济发展将为新兴经济体赶超提供机遇。数字经济兴起将加快知识向发展中国家扩散,有助于本地化生产,助推发展中国家的工业化进程。[1]新兴经济体与发展中国家的创新型城市与本土创新体系、产业体系的联系将更为紧密。

3. 技术应用层面"新技术、新业态、新模式、新产业"的相互渗透与互动响应更为紧密

在创新要素从"全球流动"向"区域集聚"的发展过程中,技术与产业需求之间的边界更趋模糊。这就带来了不同经济主体之间在创新人才、无形资产、创新模式、创新企业、产业迭代等方面的综合比拼,上述领域也成为科技竞争的重要环节。城市由于兼具创新要素的集聚与配置能力以及对高技术产品的需求能力,因而成为新技术、新业态、新产业相互融合的重要平台及应用空间。同时,新兴技术带来的新基础设施建设需求,也成为城市下一

---

① 国务院发展研究中心课题组:《未来国际经济格局十大变化趋势》,载《经济日报》2019年2月12日,第12版。

轮投资的重要热点。

4. 技术成果的效益分配强调"本土普惠"

如何实现技术效益的本地社会"普惠",迅速填补"技术鸿沟",充分发挥技术对本地社会的积极效应,是科技发展的重要诉求。信息技术快速发展以来的此轮技术发展潮流之下,技术的收益在社会层级及国家分布上均极不均衡,且具有"马太效应"。新技术精英阶层与金融资本相结合,成为"收割"技术红利的社会主体。在利益分配上,西方发达国家成为技术收益的主要赢家。这种技术收益的社会层级与国家分布的极不均衡,带来了"技术鸿沟"、社会对立等一系列问题。未来一个阶段,全球城市在"技术的社会形成"同时,达成城市本土的"技术社会普惠",降低技术收益不均衡带来的负面效益,创造技术收益在城市中的庞大中产阶层,需要形成城市在技术应用、分配机制、社会参与等多领域的系统性设计和推进。

五、全球治理格局变化的影响

与全球化发展趋势变化相伴生的,是国际政治格局进入重要转型期。国际体系的力量对比发生结构性变化,全球治理的行为体意愿与合作模式将变得前所未有的复杂。在这一变化之下,城市作为全球治理的亚国家行为体,其国际间互动的空间及议题参与能力相对加大。

1. 国际力量对比变化

冷战以来形成的国际治理体系及政治互动框架受到重大冲击,国际间政治力量对比面临重大变化,主要国际行为体间互动的不确定性加强。中国等新兴经济体国家实力的稳步提升以及对疫情的有效控制和应对,与此次疫情带来的发达国家经济社会停摆状况相叠加,将极大改变全球的国家间力量对比。在疫情"重启"经济恢复速度差异的影响下,中国与亚洲国家有望进一步确立全球经济规模最强大板块的地位。2020 年 RCEP 等区域经济合作协定的签订表明,经济规模形成的引力效应,使得亚洲,特别是东亚一体化的实现前景更为明朗。这种变化,带来亚太地区国际枢纽城市以区域治理形成跨国事务互动的新机遇。

2. 在政治治理体系方面

随着美国等主要西方国家对全球化及新兴经济体的态度转变,全球金融危机以来形成的全球治理氛围面临破碎化的前景,主要国际行为体之间的国际事务协调将更趋复杂和困难。新冠肺炎疫情之下的国际政治互动显示,美国在全球危机之中,已无意担当全球治理的职责,不愿提供"公共品",并退缩为以本国及本集团利益为优先考虑的区域性权力主体。后疫情阶段,全球事务的协调将缺乏主导性权力。同时,随着国家之间的相互隔离,全球治理的难度将进一步加大。后疫情时代,全球共同问题的政府之间互动将更趋困难,各国之间的多边合作意愿下降,双边与区域性合作的作用相对增大。而民间互动,特别是城市等亚国家行为体互动的空间将相对更大。全球城市在气候变化、跨国卫生治理、网络治理、移民管控、跨国犯罪防范等治理议题上有更大的合作需求与互动空间。

第二节 全球城市的"双循环"趋势

疫情带来的全球化、全球价值链、国际产业、创新与治理体系的一系列影响,对于全球城市的发展模式与运行趋向产生了重要影响。一方面,由于全球城市间的人员流动趋缓,以及不同区域城市经济复苏程度的差异,20世纪90年代以来形成的世界城市等级体系面临重构。疫情带来的外部环境不确定性,与相对收缩的慢速全球化共同作用,使全球城市更加关注本地以及周边区域的创新体系构建,以及城市体系化能力的打造。城市对于"在地化""根植性"发展的回归,事实上也是对前一阶段快速全球化带来的负面效应的自我更新。另一方面,也应看到,全球城市仍然注重自身对外部要素资源的集聚与配置能力，城市之间的合作，以及开放包容，依然是城市得以发展壮大的基石。其中不同的新特点，在于开放功能与要素集聚配置能力，更多依托于城市—区域的多主体合力。因此，全球城市的发展，逐渐进入重振本土服务能力与升级对外服务能力并重的新阶段，在运行模式上则体现出城市—区域内部循环与城市之间合作外部循环的双重互动。

一、疫情影响下全球城市等级格局面临重大调整

疫情影响之下，全球城市等级将面临重大调整。从总体格局上看，纽约、伦敦等欧美城市受疫情影响损失惨重，流量萎缩，服务经济主导的经济结构受到重击，而东亚城市总体保持稳定，部分城市的地位将相对快速提升，全球城市群体的相对地位与等级体系将呈现剧烈变化的趋势。新加坡总理李显龙在 2020 年 6 月 7 日的讲话指出，2020 年度新加坡国内生产总值预计萎缩 4％至 7％，这将是新加坡有史以来最大幅度经济萎缩。未来几年，新加坡将迎来充满变革的时期，新加坡人民必须做好面对未来的准备。从发展的内在机制上看，由于人员流动的减缓与跨国业务的相对缩减，发达国家城市中先进生产者服务业（APS）在此次疫情期间受到重大打击，此类行业内部企业间的兼并重组与业务重整趋势明显，这将使全球城市能级判定的基础因素产生重大变化。APS 企业活动的规模下降，布局的分散化，将降低相关全球城市在全球化快速推进阶段形成的国际要素配置能力。另外，疫情影响下，跨国企业的兼并重组，新兴地区跨国企业地位的相对提升，跨国企业海外业务开展模式的调整，以及"在岸经营"倾向的出现，将使新兴经济体国际化城市与欧美全球城市的力量对比发生重大变化。

二、区域成为全球城市稳定发展的基石

疫情影响之下，实体经济与虚拟经济的平衡发展，服务业与制造业的均

衡互动,将成为全球城市保持经济社会发展的新动向。而单一城市个体,难以形成对多元经济结构的全面承载,这就更加凸显周边城市化区域的支撑作用。疫情反映出,全球城市与所在都市区、城市群的经济体系配合程度,成为城市经济稳定发展的重要基石。全球城市需要充分考虑城市区域对于经济稳定发展的重要性。疫情引发的全球供应链调整,显示出传统全球城市—区域(Global City-Region)体系中的多城市独立对接全球产业链、价值链的垂直一体化联系方式面临的巨大风险与问题。例如,中国长三角城市群内部长期存在的产业同质化问题,相较珠三角城市间集群互动体系的发展差异,较为明显地体现出单纯依赖外部要素流动的全球城市—区域,在全球化变动格局下的风险。在这一背景下,全球城市与区域融合互动的发展模式需要反思过去 30 年的垂直一体化模式,开拓走向"区域水平一体化"的新路径。全球城市在都市圈、城市群范围的引领作用和引领方向需要新的调整,以促进所在城市群形成双向开放为特征,以专精互补为特色的"水平一体化"发展体系。

三、体系化创新策源与转化能力成为全球城市新追求

在国际要素流动趋缓的背景下,城市自身的创新能力,特别是创新的协同能力,成为城市可持续发展的重要基础与动力来源。科技创新能力,以及创新体系水平、创新人才集聚能力,成为全球城市竞争的重要领域。其中,体系化的创新能力与创新策源功能,是全球城市在创新要素流动趋缓背景下,需要重点关注的领域。在需求端,城市对于创新成果的转化能力与应用能力,成为城市打造创新链的重要内容。后疫情时期,城市个体在创新领域的投入与推动,需要综合考虑周边区域的承载与配合能力。创新要素在国际化城市以及城市区域的合理配置,是形成创新重要平台与枢纽的前提。其中,区域多城市共同参与的创新生态系统、创新人才流动机制、创新成果转化机制是关键环节。在这一前提下,全球城市需要更多考虑释放自身策

源能力与区域范围内配置完备创新链的问题。

四、体系能力与包容性成为城市社会治理方面新需求

　　新冠肺炎疫情对城市的冲击提示，城市功能之间的有机联系至关重要，某一领域的突出发展优势并无法保障城市的整体保障，而卫生、安全领域的短板引发的"木桶效应"将导致优势环节成果的迅速坍塌。作为要素高速流动的承载空间，全球城市需要具备较为齐备、均衡的体系化城市功能。后疫情时期，城市安全、应急反应能力等原本被忽视领域的关注度迅速提升。另外，城市作为抗疫"安全岛"的作用，也成为各国社会治理的重要关注点。此外，在各国为控制疫情采取社会隔离政策而导致部分城市社会对抗状况延续的状况下，全球城市的社会包容性就成为人才流动与集聚的重要影响因素。全球城市在经济、社会、治理、安全等多领域协同配合的体系运行与应对能力，以及社会包容性与政策的适应性，成为衡量城市发展水平，保持社会稳定的重要基石。

五、从单一枢纽到都市圈、城市群多点枢纽网络化布局

　　从长时段看，国际经济交往的需求仍将维持，疫情的影响仍然是短期性的，因此全球城市的流量枢纽地位，在后疫情阶段仍然具有重要意义并需要得到进一步强化。但疫情带来的安全性隐忧，使全球城市在人员流动方面的核心枢纽地位需要重新配置，依赖单一枢纽的风险，需要由更具冗余性的区域性多口岸布局进行对冲。在这一需求与变化之下，全球城市与周边城市共同形成的区域性的多点综合门户枢纽体系相较单一城市的点状枢纽功能具有更大优势。这一变化提示，各地区的全球城市门户布局面临新的调整。全球城市的要素枢纽功能体系，乃至交通、通信等基础设施的布局，需要考虑在都市圈、城市群范围的多点网络化配置。

第三节　中国全球城市的"双循环"发展趋势与策略

中国的全球城市是全球城市体系中的重要组成部分,特别是沿海与中西部的主要城市绝大部分均为与国际经济体系有紧密互动的国际型城市。2020 年的新冠肺炎疫情发展过程中,中国城市遭受冲击最早,恢复也最为迅速。特别应当注意的是,中国的全球城市是率先响应"双循环"新格局的城市群体。中国全球城市的双循环发展趋势,一方面反映出其对于国家开放战略调整需求的整体响应,另一方面也体现出全球城市发展的新特征。

一、开放战略的调整

在全球化深化以及疫情因素影响下,中国的开放战略将随之有重大调整的趋势。改革开放 40 年来形成的以市场换技术,以生产换资源,以"大进大出"为特点的开放模式在新的环境下将面对诸多挑战。中国自身经济结构与发展质量的提升,也决定了在全球价值链体系中的新定位,国家开放战略、开放模式、开放面向将根据战略条件变化进行新的调整,更多强调以发挥中国大市场作用为核心,形成国际要素配置能力。这种开放战略的调整,要求中国的主要国际门户城市与枢纽节点城市,进行城市对外开放模式的整体迭代,以适应新的开放环境要求。

中国的开放目标,从利用外部资源促进自身规模性发展,逐渐转变为引导、配置国际要素提升自身竞争力升级。开放政策将更多聚焦外部高端要素的引入与配置,并内化为中国自身的产品、技术、品牌,进一步提升中国在全球价值链中的地位。同时,开放政策的引导性更强,将充分运用中国在全球经济中的重要地位,发挥对国际经济互动的积极作用。在这一趋势下,中国沿海国际城市的城市开放功能,将从以配合要素流动为主的枢纽门户导向,向集聚转化高端要素,释放对外经济引导能力的平台与策源导向转变。

二、开放模式的转变

改革开放以来,中国开放型城市与欧美城市差异较大的一个重要特点,是形成了较为强大制造能力,主要以生产端对接国际经济体系。而中国下一个阶段的对外开放,在继续强化自身完备的制造与服务能力的基础上,将更为注重本国市场的对外影响能力,以需求侧因素影响国际互动。全球经济不断深化发展的经验表明,高质量的需求与市场是集聚外部资源,进而形成全球经济控制能力的核心。在疫情引致各主要经济体普遍需求不振的情况下,哪个经济体率先形成新的需求规模,哪个经济体就有望率先走出"重启"的艰难阶段和供需失衡的经济危机陷阱。与发达国家的消费增幅有限的状况相对,中国当前正处在消费升级、需求升级的转型阶段,恰恰具备以巨大需求侧力量牵引内部经济增长以及外部经贸合作的独特优势。而中国城市则是需求升级的主体力量,也是国内市场质量提升的主要载体。中国城市中基础设施、企业、居民高品质需求的形成与外溢,是下一阶段对外经贸合作的重要契机。

从进出口结构角度看,中国在未来一个阶段,以自身高质量市场与金融体系,提高进口流量与质量,改变"两头在外"的国际投资模式,形成进出口平衡的格局,是开放模式变化的重要方向。美国经济学家尼古拉斯·拉迪的研究认为,尽管中国仍然是出口大国,但出口在中国 GDP 中的比例,已经从 2008 年的 31％,下降到 2019 年的 17％。而国际咨询机构麦肯锡公司的《中国与世界:理解变化中的经济联系》报告则认为,世界对中国经济的依存度上升,则表明中国作为消费市场、供应方和资本提供方的重要性日益凸显。在供应方面,中国贡献了全球制造业总产出的 35％。根据世界银行的数据,尽管目前中国在全球家庭消费中的占比仅为 10％,但在 2010—2017 年间,中国贡献了 31％的全球家庭消费增长额。因此,中国全球城市在长期以来承载出口与中间品进口枢纽功能的基础上,在下一阶段亟需提升对国际进口的服务能力,以配合形成进出口平衡的开放模式。

三、开放效益评价导向的调整

引进外资对中国全球城市的发展起到了重要的促进作用,也使沿海城市成为国际企业的重要集聚空间。外资的集聚程度,成为中国城市开放经济发展水平的重要衡量标准。而新的发展阶段,外资对于中国城市开放升级的意义也将发生新的变化。在双循环新格局下,中国开放的效益评价将从"扩大规模"向"提高水平"转变。改革开放 40 年间形成的"开放规模越大,引资数量越多,开放效益评价越高"的评价标准发生变化。只要引入外资就必然提升城市开放水平的时代已经过去。而新开放格局下对外资的引进效益评价,核心在于促进本国创新水平提升与产业水平发展。

在新的开放阶段,无论是外资引进来,还是"走出去"对外投资,中国开放的核心目标都是形成自主可控的价值链体系。外资企业的集聚,目标在于通过合作提升我国产业链价值链水平。而中国企业走出去,更多靠企业的对外投资获得创新新优势。新一轮的开放,不再是"产品出去、资金进来",而是包含"企业出去、跨国经营、二次创新、链条打造"。因此,中国城市的开放将承担相较以往更为多样的职责。一方面,对于外资企业的引入,需要考察企业的技术水平以及合作领域,而高技术水平的外资项目,也对城市提出了更高的服务要求。另一方面,中国全球城市在服务于外资企业本地经营的同时,还需要形成对本土企业更高质量对外投资的服务能力,在金融、贸易、人才、技术方面提供质量更高的保障与服务能力。从这个意义上看,中国全球城市服务外资企业融入"内循环",保障本土企业进入"外循环"的能力,是承载双循环功能的重要表现形式。从表 10.1 可以看出,中国国内生产总值排名前十位的主要城市,对外贸易依存度基本保持较为平衡的态势,在北京、上海等对外贸易依存度较高的城市中,进口依存度相对出口依存度已经实现较高程度的反超。这显示出我国的全球城市与新兴国际化大都市整体上已经逐渐摆脱了对出口的过度依赖,形成了进出口较为均衡的开放发展模式。这为我国的全球城市在新发展阶段更高水平地提高开放效益提供了较为坚实的基础。

表 10.1　2020 年中国主要城市进出口总额及对外贸易依存度

	国内生产总值(GDP)亿元	货物进出口总额(亿元)	出口额(亿元)	进口额(亿元)	出口依存度(出口额/GDP)	进口依存度(进口额/GDP)	对外贸易依存度(进出口总额/GDP)
上海	38 700.58	34 828.47	13 725.36	21 103.11	35.47%	54.53%	89.99%
北京	36 102.6	23 215.9	4 654.9	18 561	12.89%	51.41%	64.31%
深圳	27 670.24	30 502.53	16 972.66	13 529.86	61.34%	48.90%	110.24%
广州	25 019.11	9 530.06	5 427.67	4 102.39	21.69%	16.40%	38.09%
重庆	25 002.79	6 513.36	4 187.48	2 325.88	16.75%	9.30%	26.05%
苏州	20 170.5	3 223.5	1 868.7	1 354.8	9.26%	6.72%	15.98%
成都	17 716.7	7 154.2	4 106.8	3 047.4	23.18%	17.20%	40.38%
杭州	16 106	5 934	3 693	2 241	22.93%	13.91%	36.84%
武汉	15 616.06	2 704.3	1 421.7	1 282.6	9.10%	8.21%	17.32%
南京	14 817.95	5 340.21	3 398.92	1 941.3	22.94%	13.10%	36.04%

资料来源:上海市统计局:《上海市 2020 年国民经济和社会发展统计公报》,2021 年 3 月 19 日;北京市统计局:《北京市 2020 年国民经济和社会发展统计公报》,2021 年 3 月 12 日;广州市统计局:《广州市 2020 年国民经济和社会发展统计公报》,2021 年 3 月 28 日;深圳市统计局:《深圳市 2020 年国民经济和社会发展统计公报》,2021 年 4 月 23 日;重庆市统计局:《重庆市 2020 年国民经济和社会发展统计公报》,2021 年 3 月 18 日;苏州市统计局:《2020 年苏州经济和社会发展概况》,2021 年 3 月 17 日;成都市统计局:《成都市 2020 年国民经济和社会发展统计公报》,2021 年 3 月 29 日;杭州市统计局:《2020 年杭州市国民经济和社会发展统计公报》,2021 年 3 月 18 日;武汉市统计局:《武汉市 2020 年国民经济和社会发展统计公报》,2021 年 4 月 25 日;南京市统计局:《南京市 2020 年国民经济和社会发展统计公报》,2021 年 4 月 14 日。

四、开放合作对象的调整

从总体上看,改革开放以来,中国的国际性城市主要以欧美城市为主要互动伙伴。而未来一个阶段，中国的开放合作的区域重心将有较大调整，这也带来了全球城市合作方向的变化需求。近期美国等国家的制造业回归以及对抗性贸易政策，将使上述国家与中国的经济与产业合作的意愿与水平下降。中国与欧美国家的经济互动形式，将更趋复杂。中美之间的经济互动，在未来一段时间内，将更多带有竞争性意味，中国在美国的项目投资风险将进一步加大。而欧盟的内部经济多样性特点，则与中国开放新阶段的特点既有合作空间，也有先进制造业等领域的竞争性特征。中欧之间的经贸关系，在未来将进入"竞合"的新阶段。在与欧、美经贸关系复杂化的情况下，中国的国际经济合作方向将更多呈现多方向互动的格局。"一带一路"沿线国家以及东北亚、东盟区域国家，将成为新一轮开放合作的重要合作伙伴。这种开放面向的变化，将促使中国的全球城市拓展合作网络，由面向发达国家城市的单向合作，转向发达国家与"一带一路"区域并重的多向合作模式。

五、"双循环"背景下中国全球城市发展的主要策略

1. 科学设定新发展格局城市战略功能体系

在双循环新发展格局下，我国主要全球城市的功能谋划方向，需要通过国内、国际要素的集聚、配置与创新，形成对"双循环"格局具有积极贡献作用的、具有内外部影响力的高质量经济空间。因此，主要全球城市需要考虑核心功能与枢纽门户地位的整体升级，需要系统谋划通过体制机制创新，打造以自贸试验区等新形态开放空间为主体的对外经贸合作重要载体与平台，形成对国内国际人员、物资、信息的高质量服务体系。

2. 培育国际国内市场的双向链接能力

在外部环境发生重大变化，国际要素流动不确定因素增加的情况下，我国全球城市需要进一步重点响应国内市场的整体升级与国际市场的联动需求，构建以优势产能同步带动国际市场和高品质国内市场的能力，进而在优

势行业逐渐形成高质量的要素资源配置与流通能力。主要全球城市需要在对外部市场的服务与枢纽能力之外,注重培育对国内市场的服务与带动能力,为国内国际市场的连接提供平台与环境保障,进而成为双向链接的节点。

3. 塑造自主创新支撑能力

我国全球城市需要响应国内全面形成自主创新能力的需求,以自身长期积累的创新要素为基础,注重形成特色领域创新引领的探索能力及多领域协同创新的"体系创新"能力。主要城市应当主动担当制造业自主创新的科创"策源—应用"主体,在自身优势领域形成有利于自主科技创新的城市创新体系,强化在关键领域的产学研互动以及创新体系与创新能力建设。同时,需要注重创新城市集群的建设,全球城市应当引领所在城市群的创新型城市,共同建构形成多城市共同参与的、聚焦重要领域的自主创新体系。

4. 构建自主可控产业链体系

我国全球城市需要响应战略新兴产业的推进以及新增长极的形成,注重建构起具有核心技术控制力和引领力的产业先锋区域,加快培育具有核心竞争力和优势的自主可控产业链环节,在优势产业链方面形成影响力与话语权。全球城市应利用与全球创新链长期对接的优势,注重打造自主产业链的核心环节,以国家的产业链、供应链优化稳定需求为己任,充分利用自身在特色产业领域的优势环节,促进专精产业环节的打造,并与区域内其他城市产业体系相衔接,担当起区域产业链、供应链的重要承载中心。

5. 强化区域开放服务能力

我国全球城市需要响应新阶段区域经济合作的战略需求,依托地缘优势以及开放前沿的重要地位,承担我国推动建设开放型世界经济的战略职责,承载中日韩、RCEP 等重要国际经贸区域与国内双循环的战略链接功能。应注重与区域合作伙伴群体及关键国家形成新的合作机制,推动双向开放,拓展区域合作的新格局,进而高水平地建构起亚太及周边区域市场与国内市场深度互动的枢纽门户职能。

参考文献

Allen Scott, *Global City-regions: Trends, Theory, Policy*, New York: Oxford University Press, 2001.

Allen Scott, *Regions and the World Economy: The Coming Shape of Global Production, Competition, and Political Order*, Oxford University Press, 2000.

Allen Scott, *Social Economy of the Metropolis: Cognitive-Cultural Capitalism and the Global Resurgence of Cities*, Oxford University Press, 2009.

Allen Scott eds, *Global City-Regions*, New York: Oxford University Press, 2001.

B. Sherwood, London Cooling, *Financial Times*, 2009-2-11.

Ben Derudder, Frank Witlox eds, *Commodity Chains and World Cities*, Wiley-Blackwell, 2010.

Ben Derudder, Peter Taylor, Pengfei Ni, Pathways of Change: Shifting Connectivities in the World City Network, 2000-08, *Urban Studies*, 2010 (8): 1861—1877.

Bruce Katz, Julie Wagner, *The Rise of Innovation Districts: A New Geography of Innovation in America*, Brookings Institution, 2014.

Christof Parnreiter, Global Cities and the Geographical Transfer of Value, *Urban Studies*, 2019(1):81—96.

City of London, *The Global Financial Centres Index 6*, 2009

City of London, *The Global Financial Centres Index 7*, 2010.

D. Kaufmann, T. Arnold, "Strategies of cities in globalised interurban competition: The locational plicies framework", *Urban Studies*, 2018(12):2704—2720.

D. Massey, *Spatial Division of Labour*, Macmillan, 1985.

David Jin, David C. Michael, Paul Foo, Jose Guevara, Ignacio Pena, etc, *Winning in Emerging-Market Cities: A Guide to the World's Largest Growth Opportunity*, The Boston Consulting Group, Inc., 2010.

De Blasio Administration Launches Major Manufacturing Expansion at Brooklyn Navy Yard, http://www1. nyc. gov/office-of-the-mayor/news/521-14/de-blasio-administration-launches-major-manufacturing-expansion-brooklyn-navy-yard#/0, 2014-11-17.

Edward W. Soja, *Postmetropolis: Critical Studies of Cities and Regions*, Wiley-Blackwell, 2000.

EUROCITES, *Eurocities in 2009*: Annual Report, 2009.

Gita Gopinath, The Great Lockdown: Worst Economic Downturn Since the Great Depression, https://blogs. imf. org/2020/04/14/the-great-lockdown-worst-economic-downturn-since-the-great-depression/, April 14th 2020.

Greater London Authority, *London Environment Strategy*, 2018.

IATA, *Annual Review 2020*, 2020.

IEA, *Global Energy Review 2020: The impacts of the Covid-19 crisis on global energy demand and CO_2 emission*, 2020.

J. Robinson, "Global and world cities: a view from off the map", *International Journal of Urban & Regional Research*, 2002(3):531—554.

J.V. Beaverstock, R. G. Smith, and P. J. Taylor, A roster of world cities. *Cities*, 1999(16):445—58.

John Friedmann, The Spatial Organization of Power in the Development of Urban Systems, in L.S. Bourneand, and J.W. Simmonseds, *Systems of Cities*, Oxford University Press, 1978.

John Friedmann, "The World City Hypothesis", *Development and Change*,

1986(17):69—83.

John Friedmann, "World City Futures: the Role of Urban and Regional Policy in the Asia Pacific Region", *Cities and Design*, 1997(12):1—25.

John Friedmann and G. Wolff, "World city formation: an agenda for research and action", *International Journal of Urban and Regional Research*, 1982(3): 309—344.

John Vidal, UN report: World's biggest cities merging into 'mega-regions', *Guardian*, 2010-3-22

K. Martinus, M. Tonts, "Powering the world city system: energy industry networks and interurban connectivity", *Environment and Planning*, 2015(7): 1502—1520.

K. O'Neil Shannon, Redundancy, Not Reshoring, Is the Key to Supply Chain Security, https://www.foreignaffairs.com/articles/2020-04-01/how-pandemic-proof-globalization, 2020-4-1.

Klaus Segbers, *The Making of Global City Regions: Johannesburg, Mumbai/Bombay, São Paulo, and Shanghai*, The Johns Hopkins University Press, 2007.

LaSalle Investment Management, *The European Regional Economic Growth Index(E-REGI) 2009*, 2010.

London Development Agency, *GLA Economics*, Greater London Authority, 2010.

Manuel Castell, *The Information City*, Blackwell, 1989.

Manuel Castells, *The rise of network society*, Blackwell, 1996.

Mark Abrahamson, *Global Cities*, Oxford University Press, 2004.

Mayor of London, *The London Plan: Spatial Development Strategy for Greater London*, Greater London Authority, 2009-10.

Michael Storper, *The Regional World: Territorial Development in a Global Economy*, The Guilford Press, 1997.

Neil Brenner eds, *The Global Cities Reader*, Routledge, 2006.

NYCEDC, *Green NYC 2025: Opportunities in Cleantech's Digital Evolution*, 2013.

Office for National Statistics, *Regional Labour Market Summary—Civilian Workforce Jobs*, 2010.

P. L Knox, P. J. Taylor, *World Cities in a World System*, Cambridge University press, 1995.

Peter Dicken, Philip Kelly, Kris Olds, Henry Wai-chung Yeung, "Chains and networks, territories and scales: towards an analytical framework for the global economy", *Global Networks*, 2001(2):89—112.

Peter Franz, Christoph Hornych, "Political Institutionalisation and Economic Specialisation in Polycentric Metropolitan Regions: The Case of the East German 'Saxony Triangle'", *Urban Studies*, 2010(11):2667.

Peter Hall, Globalization and the world cities, in Lo F-c & Yeung Y-m(eds.) *Globalization and the World of Large Cities*, United Nations University Press, 1998, pp.17—36.

Peter Hall, Kathy Pain, *The Polycentric Metropolis: Learning from Megacity Regions in Europe*, Routledge, 2006.

Peter Hall, *The world cities*, Heinemann, 1966.

Peter J. Taylor, David R.F. Walker, Gilda Catalano, Michael Hoyler, "Diversity and Power in the World City Network", *Cities*, 2002(4):231—241.

Peter J. Taylor, E. Brown, B. Derudder, C. Parnreiter, W. Pelupessy and F. Witlox, "World City Networks and Global Commodity Chain: towards a world-systems' integration", *Global Networks*, 2010(1):12—34.

Peter J. Taylor, "Regionality in the world city network", *International Social Science Journal*, 2004(181):361—372.

Peter J. Taylor, Specification of the World City Network, *Geographical Analy-*

sis, 2001(33):181—94.

Peter J. Taylor, World Cities and Territorial States under Conditions of Contemporary Globalization, *Political Geography*, 2000(19):157—162.

Peter J. Taylor, *World City Network*, Routledge, 2004.

Peter Taylor, *Extraordinary cities: millenia of moral syndromes, world-systems and city/state relations*, Edward Elgar Press, 2013.

Peter Taylor, Pengfei Ni, Ben Derudder, Michael Hoyler, Jin Huang, Frank Witlox eds., *Global Urban Analysis: A Survey of Cities in Globalization*, Earthscan Publications Ltd. 2010.

R. J. Cohen, "The new international division of labor, multinational corporations and urban hierarchy", in M. Dear, A.J. Scott, eds., *Urbanization and urban planning in capitalist society*, Methuen, pp.287—318.

R.J. Johnston, *The American Urban System*, Longman, 1982.

Research Triangle Foundation of North Carolina, *Research Triangle Park: Master Plan*(2011), Research Triangle Foundation of North Carolina, 2011.

Revilla Diez, J.M. Breul, J.Moneke, "Territorial complementarities and competition for oil and gas FDI in the SIJORI Growth Triangle", *ISEAS Economics Working Paper*, 2018(2):1—49.

Richard Child Hill, June Woo Kim, 2000, "Global Cities and Developmental States: New York, Tokyo and Seoul", *Urban Studies*, 2000(12):2167—2195.

S.Krätke, "Global Pharmaceutical and Biotechnology Firms' Linkages in the World City Network", *Urban Studies*, 2014(6):1196—1213.

S.Krätke, "How manufacturing industries connect cities across the world: extending research on 'multiple globalizations'", *Global Networks*, 2014(2): 121—147.

Saskia Sassen, *Cities in a World Economy*, Pine Forge Press, 2006.

Saskia Sassen, "Cityness in the Urban Age", *Urban Age Bulletin*, 2005(Autumn):1—3.

Saskia Sassen, *Global Networks*, *Linked Cities*, Routledge, 2002.

Saskia Sassen, "The Global City, Strategic Site/New Frontier", in E.F. Isin, eds, *Democracy*, *Citizenship and the Global City*, Routledge, 2000.

Saskia Sassen, *The global city*: *New York*, *London*, *Tokyo*, Princeton university press, 1991.

SHRM, *Navigating COVID-19*: *Impact of the Pandemic on Small Businesses*, 2020-4.

SHRM, *Survey*: *COVID-19 Could Shutter Most Small Businesses*, https://www. shrm. org/about-shrm/press-room/press-releases/pages/survey-covid-19-could-shutter-most-small-businesses.aspx, 2020-5-1.

Susan Helper, Timothy Krueger, and Howard Wial, *Locating American Manufacturing*: *Trends in the Geography of Production*, Brookings Institution, 2012-4.

T.G. McGee, "Restructuring the Southeast Asian City in an Era of Volatile Globalization", *Asian Journal of Social Science*, 2002(1):8—27.

The Economist Print edition, "Slowbalisation:The steam has gone out of globalisation", *The Economist*, 2019-1-26:11.

U.Mans, "Understanding the position of end nodes in the world city network: using peer city analysis to differentiate between non-hub cities", *Global Networks*, 2014(2):188—209.

UNCTAD, *Impact of the COVID-19 pandemic on trade and development*: *transitioning to a new normal*, 2020.

UNDP, *Recovering from COVID-19*: *Lessons from Past Disasters in Asia and the Pacific*. 2020.

William H. Frey, *American Young Adults Choose "Cool Cities" During Recession*, https://www. brookings. edu/blog/up-front/2011/10/28/young-adults-choosecool-cities-during-recession/，2011-10-28.

World Economic Forum，*The Competitiveness of Cities*，2014.

World Trade Organization，*Trade Statistics and Outlook*，2020.

Wu Fulong，*China's Emerging Cities：The Making of New Urbanism*，Routledge，2008.

白永秀、王颂吉：《丝绸之路经济带的纵深背景与地缘战略》，载《改革》2014 年第 3 期，第 64—73 页。

保罗·贝尔琴、戴维·艾萨克、吉恩·陈：《全球视角中的城市经济》，刘书瀚、孙钰译，吉林人民出版社 2003 年版。

陈存友、刘厚良、詹水芳：《世界城市网络作用力：评 Taylor 等人的相关研究》，载《国外城市规划》2003 年第 2 期，第 47—49 页。

陈建华：《全球城市的空间二元机理研究》，载《社会科学》2018 年第 5 期，第 42—52 页。

陈天、臧鑫宇：《绿色街区规划设计》，江苏凤凰科学技术出版社 2015 年版。

陈先枢：《建设国际性城市——中心城市面临的新战略任务》，载《城市问题》1996 年 1 月，第 21—23 页。

褚劲风、崔元琪、马吴斌：《后工业化时期伦敦创意产业的发展》，载《世界地理研究》2007 年第 3 期，第 23—28 页。

崔林涛：《加强陆桥区域合作　共创现代丝路辉煌》，载《中国软科学》2001 年第 10 期，第 1—3 页。

傅兰妮主编：《全球化世界中的城市：治理、绩效与可持续发展》，胡光宇译，清华大学出版社 2006 年版。

高新才、杨芳：《丝绸之路经济带城市经济联系的时空变化分析——基于城市流强度的视角》，载《兰州大学学报：社会科学版》2015 年第 1 期，第 9—18 页。

国务院发展研究中心课题组：《未来国际经济格局十大变化趋势》，载《经济日报》2019 年 2 月 12 日，第 12 版。

何雪松、袁园：《全球城市的流动性与社会治理》，《华东师范大学学报（哲学社会科学版)》2017 年第 6 期,第 37—42 页。

黄建富:《世界城市的形成与城市群的支撑——兼谈长三角城市群的发展战略》,载《世界经济研究》2003 年第 7 期,第 17—21 页。

黄哲、钟卓乾、袁奇峰、班鹏飞:《东莞样本:全球城市区域腹地城市的发展挑战与地方响应》,载《城市规划学刊》2021 年第 3 期,第 36—43 页。

李庚等:《北京与世界城市发展水平比较研究》,载《城市问题》1996 年第 2 期,第 53—59 页。

李健:《全球城市——区域的生产组织及其运行机制》,载《地域研究与开发》2012 年第 6 期,第 1—6 页。

李兴江、马亚妮:《新丝绸之路经济带旅游业发展对经济影响的实证研究——基于甘肃省数据的模型检验》,载《开发研究》2011 年第 5 期,第 56—58 页。

李志刚、吴缚龙、卢汉龙:《当代我国大都市的社会空间分异——对上海三个社区的实证研究》,载《城市规划》2004 年第 6 期,第 60—67 页。

联合国:《世界经济形势与展望 2020:执行摘要》,联合国报告 2020 年 1 月。

刘铭秋:《全球城市的空间扩张与地方逻辑》,载《重庆社会科学》2020 年第 7 期,第 89—99 页。

刘荣增:《跨国公司与世界城市等级判定》,载《城市问题》2002 年第 2 期,第 5—8 页。

罗思东、陈惠云:《全球城市及其在全球治理中的主体功能》,载《上海行政学院学报》2013 年第 3 期,第 86—95 页。

曼纽尔·卡斯特:《网络社会的崛起》,夏铸九等译,社会科学文献出版社 2003 年版。

倪鹏飞:《中国城市竞争力报告 2003》,社会科学文献出版社 2003 年版。

宁越敏:《世界城市的崛起和上海的发展》,载《城市问题》1994 年第 6 期。

皮埃尔·雅克等主编:《城市:改变发展轨迹》,潘革平译,社会科学文献出版社 2010 年版。

Peter Hall、陈闽齐:《全球城市》,载《国际城市规划》2009 年第 1 期,第 240—

245 页。

任远、陈向明、Dieter Lapple 主编：《全球城市—区域的时代》，复旦大学出版社 2009 年版。

沈金箴：《东京世界城市的形成发展及其对北京的启示》，载《经济地理》2003 年第 4 期，第 571—576 页。

斯奇雅·沙森：《全球城市：纽约、伦敦、东京》，周振华等译，上海社会科学院出版社 2005 年版。

苏宁：《金融危机后的世界城市：影响、变化与新趋势》，载《世界经济研究》2011 年第 9 期，第 10—15 页。

苏宁：《美国大都市连绵带产业协同模式及启示》，载《科学发展》2017 年第 8 期，第 47—50 页。

苏宁：《美国大都市区创新空间的发展趋势与启示》，载《城市发展研究》2016 年第 12 期，第 50—55 页。

苏宁：《未来 30 年世界城市体系及全球城市发展趋势与上海的地位作用》，载《科学发展》2015 年第 12 期，第 12—20 页。

苏宁：《"一带一路"沿线新兴发展节点的功能认知与发展策略》，载《当代世界》2017 年第 7 期，第 46—49 页。

苏宁等：《全球经济治理——议题、挑战与中国的选择》，上海社会科学院出版社 2014 年版。

苏宁等：《"一带一路"倡议与中国参与全球治理新突破》，上海社会科学院出版社 2018 年版。

苏宁、屠启宇：《全球城市吸引力、竞争力、创造力的内涵与互动特点》，载《同济大学学报（社会科学版）》2018 年第 5 期，第 115—124 页。

苏宁、王旭：《金融危机后世界城市网络的变化与新趋势》，载《南京社会科学》2011 年第 8 期，第 60—66 页。

苏宁、杨传开：《"丝路城市"：一带一路沿线城市节点的特征与发展意义》，载《世界经济研究》2017 年第 8 期，第 74—83 页。

苏雪串:《西方世界城市理论的发展和演变综述》,载《现代城市研究》2006 年第 12 期,第 56—59 页。

孙伊然:《从国际体系到世界体系的全球经济治理特征》,载《国际关系研究》2013 年第 1 期,第 83—96 页。

汤正刚:《国际城市的基本特征与形成条件》,载《城市问题》1993 年第 3 期,第 16—19 页。

唐子来、李粲:《迈向全球城市的战略思考》,载《国际城市规划》2015 年第 4 期,第 9—17 页。

陶希东:《全球城市移民社会的包容治理:经验、教训与启示》,载《南京社会科学》2015 年第 10 期,第 49—56 页。

屠启宇:《金融危机后全球化态势与世界城市发展模式的转变》,载《南京社会科学》2009 年第 11 期,第 6—11 页。

屠启宇:《21 世纪全球城市理论与实践的迭代》,载《城市规划学刊》2018 年第 1 期,第 41—49 页。

屠启宇:《"世界城市":现实考验与未来取向》,载《学术月刊》2013 年第 1 期,第 19—27 页。

屠启宇、金芳等:《金字塔尖的城市:国际大都市发展报告》,上海人民出版社 2007 年版。

汪明峰:《城市网络空间的生产与消费》,科学出版社 2007 年版。

王成至、金彩虹:《世界城市的经济形态与空间布局——经验与启示》,载《世界经济研究》2003 年第 7 期,第 11—16 页。

王姣娥、王涵、焦敬娟:《"一带一路"与中国对外航空运输联系》,载《地理科学进展》2015 年第 5 期,第 554—562 页。

卫玲、戴江伟:《丝绸之路经济带:超越地理空间的内涵识别及其当代解读》,载《兰州大学学报:社会科学版》2014 年第 1 期,第 31—39 页。

吴缚龙、李志刚、何深静:《打造城市的黄金时代——彼得·霍尔的城市世界》,载《国外城市规划》2004 年第 4 期,第 1—3 页。

吴乐、霍丽:《丝绸之路经济带节点城市的空间联系研究》,载《西北大学学报:哲学社会科学版》2015年第6期,第111—118页。

习近平:《国家中长期经济社会发展战略若干重大问题》,载《求是》2020年11月,第4—10页。

肖亦卓:《国际城市空间扩展模式—以东京和巴黎为例》,载《城市问题研究》2003年第5期,第30—33页。

谢守红、宁越敏:《世界城市研究综述》,载《地理科学进展》2004年9月,第56—66页。

徐巨洲:《对我国发展国际性城市的思考》,载《城市规划》1993年3月,第20—23页。

姚士谋、陈振光、朱英明等:《中国城市群》,中国科技大学出版社2006年版。

姚为群:《全球城市的经济成因》,上海人民出版社2003年版。

余丹林、魏也华:《国际城市、国际城市区域以及国际化城市研究》,载《国外城市规划》2003年第1期,第47—50页。

袁国敏:《城市核心竞争力探析》,载《辽宁大学学报(哲学社会科学版)》2005年第1期,第128—132页。

张婷麟、孙斌栋:《全球城市的制造业企业部门布局及其启示——纽约、伦敦、东京和上海》,载《城市发展研究》2014年第4期,第17—22页。

赵可金、陈维:《城市外交:探寻全球都市的外交角色》,载《外交评论》2013年第6期,第61—77页。

赵峥:《亚太城市绿色发展报告:建设面向2030年的美好城市家园》,中国社会科学出版社2016年版。

郑伯红:《现代世界城市网络化模式研究》,华东师范大学人文地理学博士论文,2003年。

周一星:《新世纪中国国际城市的展望》,载《管理世界》2000年第3期,第18—25页。

周振华:《崛起中的全球城市》,上海人民出版社2008年版。

周振华:《崛起中的全球城市:理论框架与中国模式研究》,上海人民出版社 2008 年版。

周振华:《全球城市:演化原理与上海 2050》,上海人民出版社 2017 年版。

周振华:《全球城市的理论涵义及实践性》,载《上海经济研究》2020 年第 4 期。

周振华:《全球城市发展报告 2020:全球化战略空间》,上海人民出版社 2021 年版。

周振华:《全球城市区域:全球城市发展的地域空间基础》,载《天津社会科学》2007 年第 1 期,第 67—71 页。

周振华:《全球化、全球城市网络与全球城市的逻辑关系》,载《社会科学》2006 年 10 月,第 17—26 页。

周振华:《上海迈向全球城市:战略与行动》,上海人民出版社 2012 年版。

周振华:《世界城市理论与我国现代化国际大都市建设》,载《经济学动态》2004 年第 3 期,第 37—41 页。

周振华、陈向明、黄建富主编:《世界城市——国际经验与上海发展》,上海社会科学院出版社 2004 年版。

朱杰进、何曜:《全球治理与三重体系的理论探述》,载《国际关系研究》2013 年第 1 期,第 71—82 页。

朱颖、张佳睿:《全球城市的经济地位研究》,载《城市发展研究》2016 年第 1 期,第 105—110 页。

竺暐、侯京辉:《伦敦金融城的"力量"》,载《银行家》2007 年第 11 期,第 100—102 页。

后 记

本书系国家社会科学基金一般项目"'一带一路'新兴战略支点城市发展路径研究"(批准号:18BGJ019)的研究成果,得到上海社会学院重要学术成果出版资助,笔者在此深表谢意。感谢上海社会科学院世界经济研究所赵蓓文副所长、胡晓鹏副所长对本研究和书稿写作的指导和鼓励,感谢世经所张幼文研究员、黄仁伟研究员、刘杰研究员、金芳研究员、黄烨菁研究员等前辈多年来的帮助和点拨。特别感谢城市与人口发展研究所屠启宇研究员对本书的关心和指正,以及对书中观点和思路的诸多启发和修正。

在上海这座中国首位城市进行全球城市的研究,于我而言既是幸福,亦是鞭策。十余年中,上海与中国城市的巨大变化,折射出全球城市异彩纷呈、快速迭代的特点与魅力。这种快速变化的特点,也带来全球城市研究的难度。本书的撰写,力图探索全球城市变化中的脉动规律,限于研究功力,论述中难免挂一漏万,期待得到前辈、专家的批评指正。

城市研究充满乐趣与挑战,在探研中,有幸和诸位同仁共同切磋,受益良多。尤为感谢孙伊然、何曜、黄超、黎兵等研究室同仁,以及林兰、邓智团、李健、陶希东、阎彦明、纪慰华、丁馨怡等院内外好友,与你们的交流与探讨,时常令我深感如沐春风。

深深感谢我的家人,你们的陪伴、理解和支持,是我完成此书的最大支持和动力。

苏 宁

2021 年 10 月 12 日

图书在版编目(CIP)数据

全球城市迭代发展的理论探索与中国实践/苏宁著
.—上海:上海人民出版社,2022
(上海社会科学院重要学术成果丛书.专著)
ISBN 978 - 7 - 208 - 17538 - 9

Ⅰ.①全… Ⅱ.①苏… Ⅲ.①城市-发展-研究-世
界 ②城市建设-国际化-研究-中国 Ⅳ.①F299.1
②F299.21

中国版本图书馆 CIP 数据核字(2021)第 272725 号

责任编辑 于力平
封面设计 路 静

上海社会科学院重要学术成果丛书 · 专著
全球城市迭代发展的理论探索与中国实践
苏 宁 著

出 版 上海人民出版社
(201101 上海市闵行区号景路 159 弄 C 座)
发 行 上海人民出版社发行中心
印 刷 上海商务联西印刷有限公司
开 本 720×1000 1/16
印 张 16.25
插 页 2
字 数 208,000
版 次 2022 年 1 月第 1 版
印 次 2022 年 1 月第 1 次印刷
ISBN 978 - 7 - 208 - 17538 - 9/C·648
定 价 68.00 元